本书由复旦大学出版基金资助出版

HEALTH RIGHTS, HEALTH GOVERNANCE AND PUBLIC POLICY
The Practice and Experience in China

健康权利、健康治理与公共政策

中国的实践与经验

马 婷 ◎ 著

复旦大学出版社

序

健康治理的权利视角：重新评估公共政策的角色

唐贤兴

　　《健康权利、健康治理与公共政策》一书的作者马婷向读者展现了她在两个重大问题上的思考。第一个问题是，健康治理虽然并不是总与权利（或者健康权）联系在一起，但从权利视角来审视健康治理，尤其是中国的健康治理实践，是一个被证明为很重要也很必要的途径。而在这一点上，很多有关（中国）健康治理的研究文献，恰恰没有对这个研究视角予以必要的关注。第二个问题是，与权利和人权的研究一样，从健康权利的视角来探讨健康治理，一直被视为法学家的领地。然而，透过对"健康中国"战略下的健康治理实践的考察，人们可以发现，与健康问题相关联的很多治理行动，并不都是根据法权意义上的"权利"展开的。这给政治科学和公共政策这样的研究者提供了一个样本和机会，以便重新评估公共政策在推进健康治理、增进健康权利中所扮演的角色。

　　读者应该可以从这两个问题的思考中看到本书写作的具体背景，以及相应的研究价值。但是，实事求是地说，这两个问题的任何一个方面,本身都是很宏大的主题,因此,要在有限的篇幅里试图对它们进行深入的研究,是一项相当困难和具有挑战性的工作。这本书是作者在其博士学位论文的基础上修改而成的。作为博士学位论文,自然有它自身的规范和要求,所以,在正式出版之前,作者根据正式出版物的规范和要求,对题目和一些章节的内容进行了一定幅度的修改。当初,马婷博士的学位论文被盲评专家认定为优秀学位论文,这说明作者对上述两个问题的回答和思考是有一定见地的。

  为了便于读者更好地理解本书的脉络、逻辑和作者的见解,我想,有必要在我这篇序言里对有关问题做一些解释和说明。

  我首先想解释和说明的是有关概念的问题。贯穿本书的一个核心概念是"积极公共政策"。作者使用这个概念,源于我和她合作的一篇学术论文。① 在以往的公共政策学术研究文献里,我们未曾看到这个概念。显然,它是我们杜撰出来的一个操作性的、分析性的而非规范性的概念。我们从法学家和人权研究者关于"积极人权"(positive human rights)与"消极人权"(negative human rights)类型学里获得了灵感,认为相对于健康权这样的积极人权而言,尤其需要通过积极公共政策才有可能使之成为人们能够真实拥有或享有的"实质性人权"(substantive human rights)。

  学术界较早从积极/消极两个面向对人权进行分类的,是美国学者亨利·苏(Henry Shue)。② 在苏看来,正是那些积极的权利,需要国家/政府采取积极行动,才有可能实现。在中

---

  ① 参见唐贤兴、马婷:《积极的公共政策与健康权保障:新议题和新框架》,《复旦政治学评论》2018年第1期。
  ② Shue, H., *Basic Rights: Subsistence, Affluence, and U.S. Foreign Policy*, Princeton University Press, 1980.

国法学界，李步云老先生早在20世纪90年代初也表述过类似观点。① 在较新近的一篇重要文献中，李步云先生按照国家公权力保护人权的方式和人权实现的模式，系统阐述了积极人权和消极人权的含义及其关系。② 可以说，国内外法学界关于人权的这个二分法是被普遍接受的，尽管也引起了学术界的一些争议。我们从"积极人权"那里引申出"积极公共政策"的概念，可以较好地分析健康权利及其实现问题。在联合国的《经济、社会及文化权利国际公约》里，作为一种社会权的健康权，与其他各种经济、社会和文化权利一样，经常被人们认为是一种积极人权，即这些人权的实现是国家必须履行的义务，它们是依赖于政府的积极措施才能实现的权利。这个观点或假设，还可以从"人权世代说"那里获得某种支持。联合国教科文组织前法律顾问卡雷尔·瓦萨克（Karel Vasak）于1977年在法国斯特拉斯堡的国际人权研究院的一次演讲中首次提出了"三代人权"的观点。③ 在瓦萨克那里，第一代人权是指"自由"时期的权利，是以公民的自由和政治参与为重心的基本权利，比如生命权、人身自由权、言论自由权、选举权、公正审判权等。这类权利的基本精神是"自由"，即，要求国家以消极不作为的方式来保障其实现。因此，人们把它们视为消极人权。瓦萨克所说的第二代人权正是《经

---

① 参见李步云：《社会主义人权的基本理论与实践》，《法学研究》1992年第4期。但是，在20世纪90年代，李步云先生的著述中尚未在明确的文字上使用"积极人权"和"消极人权"的分类。直到1998年中国大百科全书出版社出版的《中国人权百科全书》（李步云任第一副主编），以及高等教育出版社2005年出版的《人权法学》教科书（李步云任主编），中国法学界才正式普遍认可和使用了这样的二分法类型学。
② 李步云：《中国特色社会主义人权理论体系论纲》，《法学研究》2015年第2期。
③ Vasak, K., "Human Rights: A Thirty-Year Struggle: The Sustained Efforts to Give Force of Law to the Universal Declaration of Human Rights", UNESCO Courier 30: 11, 1977.

济、社会及文化权利国际公约》里所规定的那些基本权利,它的基本精神是"平等",即,要求国家以积极作为的方式来保障其实现。

显然,法学家尤其是人权法学家对积极人权和消极人权的划分,明显受到政治哲学家关于积极自由和消极自由这个二分法的影响或启发。关于这一点,马婷的这本著作里已经有了较多的阐述。我在这里还想强调的一点是,积极权利与消极权利的二分法以及积极自由与消极自由的二分法并不是对立的两极。由此,当我们使用"积极公共政策"概念的时候,并不意味着我们还需要去阐述什么是"消极公共政策"。马婷博士当初在进行毕业论文答辩的时候,有一位答辩委员会教授质疑说,"积极公共政策"这样的术语或提法是不严谨、不规范的,既然有"积极的"公共政策,那还应该阐述什么是"消极的"公共政策。在这里,我不想就这个问题为马婷的论文作"辩护",但想解释和说明的一点是,现有学术文献里把"自由"和"人权"做出积极-消极的二元化划分,容易让人们(读者)误以为国家和政府的行为(政策)也必然存在着积极的和消极的这种对立之分类。事实上,上述关于自由和人权的两个二分法,使用者和支持者本身并没有把它们视为对立的两极,相反,他们一般都把二分法中的两个面向看作相辅相成、相互促进的关系。因此,"对立说"是对这种二分法的误读或误解。反观"积极公共政策"这个术语,它既指向国家/政府的行为,也指向国家/政府的立场和态度。比如说,国家或政府对公共事务乃至民生问题进行大包大揽式的管理,在改革开放前可以被视为一种"积极行动"的话,那么,在改革开放尤其是当前强调社会治理(协同治理)的背景下,它所产生的影响或许有很多方面恰恰是消极的。因此,考虑到时间和空间的变化,国家/政府进行简政放权,创造条件让更多的社会行为体参与到人权治理的行动中,我们并不认为这是一种消极的政策,反而是一种积极的态度。

在马婷博士的这部著作(以及她和我合作的一些论文)中,"积极公共政策"是一个用来解释和分析中国在卫生健康治理实践中的公共政策(即国家和政府的相关行动和态度)在增进、促进和保障人民的健康权方面到底扮演了什么样的角色的概念。我们已经解释和强调,这是一个解释性和分析性概念,因此,我们并没有过多地对它做规范和严谨的定义,尽管这种界定看似很有必要。我个人认为,比概念界定更重要的,是有效的分析框架的建构。

因此,我想解释和说明的第二个问题,是关于"积极公共政策"的分析框架。

改革开放以来,尤其是实施"健康中国"战略以来,党、国家、政府在增进人民健康、维护和保障人民健康权益的建设事业上取得了举世瞩目的成就。在新型冠状病毒肺炎疫情(简称"新冠疫情")肆虐整个人类的一年多时间里,中国的抗疫斗争及其所取得的经验和成就,很好地检验了中国是如何通过"积极公共政策"来促进和保障人民的健康权的。眼前中国的抗疫斗争及其成就,只是中国公共卫生和健康治理政策的一个缩影。[1] 那么,经由积极公共政策的途径,中国是如何做到增进和保障人民的健康权利的呢?马婷在本书中建构了由四个维度构成的分析框架,通过这个框架,她很好地向我们展现了公共政策设计与人权

---

[1] 关于中国的抗疫与人权保障的经验总结,参见 Chinese Society for Human Rights Studies, ed., *Human Rights Protection during China's Fight against COVID-19*, China Intercontinental Press, 2020。

保障之间的逻辑关联。

积极公共政策的第一个维度是国家义务。这个维度的本义是国家有义务和责任来保障和实现人民的健康。这当然不是一个新的思想,因为近代欧洲的社会权理论,就是以这个思想或观念为基础而得以确立的。体现国家保护义务的积极公共政策体系,至少包括:国家有义务制定法律、法规和其他规范性文件以确保公民的健康权;国家有义务制定确保公民的健康权政策;国家有义务建立保障公民健康权的基本制度、基础设施。在中国,经过几十年的制度变革,已经形成了比较完善的保障人民健康权的立法、政策和制度体系。中国并没有像一些国家那样把健康权上升到宪法层面加以规定,①不过老的《中华人民共和国民法通则》第 98 条规定了"公民享有生命健康权"(诚然,在那里,健康权还没有被当作一项独立的权利),直至在最新的《民法典》第 1004 条中,"自然人享有健康权"的规定使健康权获得了一项独立权利的地位。

保障和实现人民健康权的积极公共政策的第二个维度是权利本位。早在 20 年前,WHO 就提出了"基于权利途径"的 (rights-based approach,RBAs)卫生/健康政策(health policy)。② 权利途径意味着:第一,在健康发展中要充分运用人权框架;第二,要对任何健康政策、项目和立法所蕴含的人权含义(和意义)

---

① 但有研究者指出,这并不等于可以说,我国宪法不承认健康权是人民的一项基本权利,事实上,宪法中有多个条款可以作为健康权的法定依据,比如第 33 条、第 36 条、第 45 条,因此可以说,我国宪法以规范国家义务的方式承认了健康权在我国的存在。参见焦洪昌:《论作为基本权利的健康权》,《中国政法大学学报》2010 年第 1 期。

② WHO,*The Right to Health*,2000;WHO,*25 Questions and Answers on Health and Human Rights*,2002.

进行充分的评估和描述;第三,在所有的政治、经济和社会领域,跟健康相关的政策设计、执行、监督和评估须充分考虑人权这个不可或缺的维度。从权利视角来审视中国的卫生健康治理政策及其变迁是非常重要的。如果我们细心地去观察,就可以发现,中国正是通过逐渐把(健康)权利和(健康)权利平等这种价值理念纳入公共卫生和健康治理政策过程中,才非常积极和生动地展现了卫生健康政策的变迁。国家的政策已经非常明确地承认健康权是一项基本人权。① 中国还是世界上第一个把 WHO 的"将健康融入所有政策"(Health in All Policies,HiAP)的理念在国内政策中加以采纳和实施的国家。这些政策行动,结合习近平主席多次强调的"没有全民健康,就没有全面小康",以及中共十九大确立的"以人民为中心"的价值理念,我们应该看到并肯定,在中国的公共政策体系中,人民是作为健康权的权利主体地位而被尊重和保障的。在西方的话语体系、学术范式和政治过程那里,人权(包括健康权和其他领域里的基本权利)通常被视为民众通过抗争而获得的权利。然而在中国,人权往往是政策设计主动回应民众关切,执政党及其政府积极和主动作为的结果。②

本书作者所建构的积极公共政策分析框架的第三和第四个维度分别是消除障碍论和协同治理论。

实现人民的健康权,国家法律和政策哪怕规定得再怎么完善和细致,也依然受到各种障碍因素的制约。制约健康权实现

---

① 2017年9月国务院新闻办公室发布的《中国健康事业的发展与人权进步》白皮书,明确提出了"健康权是一项包容广泛的基本人权",并指出健康权"是人类有尊严地生活的基本保证,人人有权享有公平可及的最高健康标准"。

② 马婷、唐贤兴:《脱贫攻坚中的健康扶贫》,李君如主编:《中国人权事业发展报告(2019)》,社会科学文献出版社2019年版,第67页。

的因素是结构性的。环境污染将直接损害人们的健康。经济落后和收入减少等贫困因素将恶化人们的健康状况。缺乏良好教育的人群将在获得有关健康信息方面丧失其应有的机会和能力。显然,健康权虽然是一项独立的权利,但它"几乎超越了其他任何单一的权利"[①]。也正因为如此,联合国经济、文化和社会权利委员会发布的"第14号一般性意见"从健康的基本决定因素的角度定义健康权,其第8条提出"健康权包括多方面的社会经济因素",就包括了比如食物和营养,住房,使用安全饮水,以及得到适当的卫生条件、安全而有益健康的工作条件和有益健康的环境等方面。国家和政策唯有经由积极的系统的行动来打破这种结构性因素的限制,才会降低甚至消除健康问题的脆弱性。马婷博士从消除障碍的维度探讨了中国相关领域的政策变迁,这告诉我们,讨论健康治理和健康权保障问题,我们不能只局限于公共卫生这个狭隘的领域。中国在打破健康权的结构性障碍方面的政策实践及其取得的成就,同样可以为国际社会的健康治理提供有益的借鉴。

至于协同治理的视角,这是一个学术界的热门研究主题。本书作者巧妙地运用各种协同治理理论的知识、观点和方法,并敏感地抓住了中国国家治理中政府-市场关系、国家-社会关系等领域所发生的深刻变化。当前中国抗击新冠疫情的阶段性胜利既是党和国家"以人民为中心""人民健康至上"的价值理念的胜利,也是卫生健康治理中全社会动员、全民参与的胜利。中国

---

① Gruskin, S., Ferguson, L., & Bogecho, D., "Beyond the Number: Using Rights-based Perspectives to Enhance Antiretroviral Treatment Scale-up", *AIDS*, 2007, 21(5), p. 18.

在各个治理领域推进的协同治理，可以为解决和弥补现有各种治理理论的局限提供答案。回到我们的论题上，我认为，以党的十八届三中全会决议为标志，中国在塑造国家治理体系和治理能力现代化方面所形成的积极公共政策，为形成包括健康治理在内的全社会协同治理提供了良好的制度土壤。

上述四个积极公共政策的分析维度是相辅相成、层层递进的。通过这些维度，我们足以认识中国在卫生和健康治理领域的公共政策设计是如何有效地推进人民的健康权的。通过上述的解释、说明（这也是我个人对本书的一些理解），现在我们可以回到本篇序言一开始提到的两个重大问题。一方面，本书毫无疑问是一本关于人权（健康权）的著作。人权和健康权问题确实是一个跨学科研究主题。目前，法学（包括国际法、人权法学）、政治科学、社会学、国际关系理论（包括外交理论）、公共卫生等学科都参与到人权与健康权问题的讨论中来，这是很好的事情。然而，在公共政策研究领域，就我目前的目光所及，我认为对人权、健康权和中国健康治理的研究还是重视不够、参与度不高。这种情况亟待改变。从这个意义上来说，作为公共政策和公共管理领域的研究者，马婷博士的著作对于学科建设而言是有积极意义的。另一方面，就中国的健康权问题，仅有法学角度的研究是不够的。健康权和人权问题首先是伦理和政治哲学问题，有效的立法保障只有在伦理和政治哲学问题得到解决的情况下才会有可能。纵观中国有关健康治理政策的变迁，我们无法否认的一点是，良好的健康政策设计和有效的治理，在理念和价值层面上，在实际行动上，很多时候是超前于立法行动的。法律的滞后性是一个客观的现象，如果仅从立法局限来审视中国的健康权建设事业，我们就无法看清中国的健康治理政策何以会越来越把权利纳入政策体系这个事实。从这个意义上来说，马婷博士的著作对于读者更好地理解中国的公共政策变迁是有助益的。

当然，本书的不足之处也是显而易见的。一方面，关于积极公共政策的分析框架虽然在逻辑上能够自洽，但在运用这样的分析框架来解释中国内容丰富、领域广泛、成果卓著、挑战依然很多的健康治理问题时，在制度文本的梳理、多样性案例的使用、实证数据的应用等方面，本书显得还不够。事实上，正如《中国健康建设事业的发展与进步》（白皮书）所展现的，中国在这方面的重视、投入和努力是相当巨大的。针对不同的人口群体，比如妇女、儿童、残疾人、贫困者等，积极公共政策表现出来的结构、特征、能力和绩效都是有差异的。如果要验证和评估这个分析框架的解释力，今后需要在这些方面进行深入的研究。另一方面，从权利的视角来分析中国健康治理政策的变迁，尚有一系列重大的理论问题需要去探究。比如，在中国的健康治理政策变迁中，我们确立健康权、把权利纳入政策体系的设计之中的动力到底是什么。对于这样的问题，我们必须去充分关注中国自身的国家治理建设，以及改革开放以来中国参与全球卫生健康治理的历史进程。中国对人权建设的重视是中国与国际体系的互动过程的产物，这里既存在政策学习和政策扩散，也存在中国为国际社会作出的贡献。上述这些问题，每一个都是大问题和大主题，我十分期待作者本人和学界其他同仁能够在未来的研究中，就上述这些问题贡献他们的智慧和创见。

2021 年 7 月

目 录
CONTENTS

第一章　绪论　　　　　　　　　　　　　　　001

第二章　文献世界：不同视角　不同声音　023

第一节　健康权与人权的关系：长久以来的
　　　　争论　　　　　　　　　　　　　023
第二节　作为人权的健康权的内容　　　　031
第三节　不同视角下的健康权利保障　　　034
第四节　促进健康的积极公共政策　　　　045

第三章　健康治理与健康权利：积极公共
　　　　政策的框架　　　　　　　　　　057

第一节　健康权概念的模糊性：定义上的困难　058
第二节　健康权与人权的关联：实践和学理的
　　　　解释　　　　　　　　　　　　　061
第三节　积极人权与积极公共政策：概念和

　　　　　　逻辑上的关联　　　　　　　　　　　069
　　第四节　积极公共政策与健康权利的实现途径：
　　　　　　分析框架　　　　　　　　　　　　074
　　第五节　经由积极公共政策增进健康权利：
　　　　　　中国的治理经验　　　　　　　　　081

第四章　中国实现健康权利的国家义务：
　　　　动力、内容及政策含义　　　　　　**087**
　　第一节　将健康权利确立为国家义务的动力　　088
　　第二节　健康权利实现中国家义务的内容　　　117
　　第三节　确立国家义务：积极公共政策的含义
　　　　　　和意义　　　　　　　　　　　　138

第五章　将健康融入所有政策：权利本位的
　　　　政策设计与实践　　　　　　　　　**142**
　　第一节　基于权利路径的全球健康战略　　　　144
　　第二节　权利意识的提升及其积极公共政策
　　　　　　内涵　　　　　　　　　　　　153
　　第三节　将健康融入所有政策：中国基于权利
　　　　　　的健康保障战略　　　　　　　　168

第六章　健康权利的基本决定因素与消除
　　　　障碍　　　　　　　　　　　　　**184**
　　第一节　健康权利的障碍性因素　　　　　　　185

第二节	防护型障碍的消除	190
第三节	保障型障碍的消除	198
第四节	参与性障碍的消除	208

第七章　健康权利与协同治理：积极公共政策的中国实践　219

第一节	协同治理的机理及其中国表述	220
第二节	促进健康权利的协同治理：结构与过程	228
第三节	协同治理与健康促进：关于社会组织角色的案例	245
第四节	多重协同：健康治理的中国经验	259

第八章　结语　263

主要参考文献　270

后记　289

第一章
绪 论

一、研究背景

人权是每个人作为"人"而拥有的权利,其在本质上是一项最高的道德权利,也就是作为让每个人获得过上有尊严的生活(decent life)的权利。《世界人权宣言》明确指出,人权是人的"固有尊严",这就是说,人之所以"需要"人权,不只是为了生活,而更是为了一种有尊严的美好生活。从这个意义上来理解健康、健康权利和健康治理问题,我们认识到,人不是为了获得健康而追求人权,而是追寻一种有尊严的生活。正如一些学者所指出的那样,对于这种作为人而向往的生活,没有人权就不可能享有,此时,人权(权利)是生活的"需要"。①

包括健康权利在内的人权是一项最高的道德权利,并不意味着人们在权利受到伤害或侵害时只应从道德上进行诉求;相反,对于这些权利施以有效的法律和政治(政策)等力量,正是争取人权的最终目标。这就是说,国家(政府)有义务来保障人权的实现。在现代政治学和政治思想那里,这个观念从来没有受

---

① [美]杰克·唐纳利:《普遍人权的理论与实践》,王浦劬等译,中国社会科学出版社2001年版,第12—15页。

到多少争议,因为普遍的看法是,人权是一种政治合法性的标准,在潘恩和洛克看来,政府在做出保护人权的行动和作为之时,政府本身及其一切相关活动就是合法的。①《世界人权宣言》提出,人权是"所有人民和所有国家努力实现的共同标准",中国国家主席习近平也充分肯定"实现人民充分享有人权是人类社会的共同奋斗目标"②,由此有理由认为,保障人权(权利)是现代国家治理的一个核心价值。显然,第一,为了实现关于人的可能性的基本道德观(那些权利的实施和保护),人权要求特定类型的制度和实际活动。人权在本质上是一种旨在通过制度化的基本权利实现有关人的尊严和潜能的特定观念的社会活动。因此,现代法律活动和政治活动必须与人权的需求和要求相吻合或衔接,才能提高政府的合法性。第二,作为共同标准和共同奋斗目标的人权,它使公民有能力去表达自己的渴望、建议和要求,去争取和辩护自己的权利。人们所要表达的,实际上是他们对于社会变化的期望,是一种以权利为基础的要求,它必然会对既有的制度(尤其是法律制度和政策)、实际活动或者规范提出挑战,或者要改变它们。第三,在上述所说的道德观和政治现实之间、在个人和社会(尤其是国家和政府)之间,存在着建构性的相互作用。③一方面,人权(以人性为基础的权利)对国家活动(法律和政策)施加了特定的限制;另一方面,由人权引导的

---

① 参见[英]潘恩:《人权论》,《潘恩选集》,吴运楠等译,商务印书馆1989年版,第214页;[英]洛克:《政府论》下篇,叶启芳、瞿菊农译,商务印书馆2019年版,第77页。
② 《习近平致"2015·北京人权论坛"的贺信》,《人民日报》,2015年9月17日。
③ [美]杰克·唐纳利:《普遍人权的理论与实践》,王浦劬等译,中国社会科学出版社2001年版,第14页。

第一章 绪 论

国家和社会在塑造、保护和实现人权(权利)的过程中发挥着重要的作用。

正是在这样的背景下,积极公共政策对于优化健康治理和增进人权的实现具有至关重要的意义。本书将在第三章对积极公共政策做出相应的界定,并提出一个简单的用以解释积极公共政策与健康权利的实现之关联的分析框架。所谓积极公共政策是指在那些基础性的领域里,人权的实现必须依赖于国家和政府的积极行动,否则,哪怕通过立法保护的有关人们应该享有的权利,也无法转化为人们实际拥有的人权;特别是,在有些国家,比如中国,在宪法和法律上虽然尚未明确规定某些基础性领域的权利为人们的基本权利或人权,但并不妨碍它们在实际的政治、政策、社会活动中采取积极的行动。这样的积极行动是人权建设的内在要求,体现甚至包含了人权的价值。当国家(政府)与社会一旦认识到这些基础性领域的人权的实现必须依赖于积极公共政策体系的设计和贯彻,基于权利的路径(rights-based approach)来建构有效的公共政策必然会成为人权建设的一个基本方向。中国在健康权利领域的政策行动与治理过程,就体现出这样的逻辑。

为了对这些认识和观点进行详细的考察,本书选取了健康权利这个基础性的人权领域,以中国健康领域的公共政策及治理行动作为具体的研究对象,来分析公共政策与权利实现之间的内在关联。这一研究有着特定的历史与现实背景。

首先,近几十年来,全球公共卫生治理与全球化发生深刻的变革。一方面,健康权越来越成为一项人权,已成为国际社会的一项共识。在过去的近 20 年里,人权和健康几乎同时成为国际社会的热点问题,并成为全球公共卫生治理的一个重要议程。作为人权的基础性组成部分,许多国际人权公约和一些国家的宪法把健康规定为一项人权来保障。① 而这同时也是人类可持续发展的一项关键议题。另一方面,改革开放 40 多年来,中国与国际社会的互动愈加频繁与深入。这是理解中国人权建设及其进程的一个重要背景。有国际关系理论研究者提出,从 1949 年到 21 世纪初,中国与国际社会的关系大体上经历了"从拒绝到承认、从观望到参与、从扮演一般性角色到力争重要发言权"的变化。② 21 世纪已经过去了 20 年,这种变化还在持续并深化,中国力争发言权的努力,在提出"人类命运共同体"和"一带一路"倡议、主导亚洲基础设施投资银行等战略与行动上,都取得了进展,显示出中国不仅是国际社会的融入者和学习者,也要做国际制度的倡导者和建构者的决心和信心。这种转型、发展和进步,在健康权利和其他领域的人权建设中都有生动的体现。本书第四章在考察积极公共政策的国家义务维度时,将分析中国与外部世界的互动是如何推进健康权利保障的。

其次,中国在人权领域的治理实践正越来越在广度和深度上稳步推进。最近一些年来,在过去几十年经验与教训的基础上,符合国家治理体系和治理能力现代化建设的需要,中国在健康权利和其他领域的人权建设所取得的成就,受到国际社会(如世界卫生组织、联合国人权委员会等)的充分肯定。自中共十八

---

① Kinney, E. & Clark, B., "Provisions for Health and Health Care in the Constitutions of the Countries of the World", *Cornell International Law Journal*, 2004, 37(2), pp. 315-355.

② 王逸舟:《启动中国与国际组织关系的多维度研究》,王逸舟主编:《磨合中的建构:中国与国际组织关系的多视角透视》,中国发展出版社 2003 年版,第 11 页。

大以来,中国把人民健康放在优先发展的战略地位,把创新、协调、绿色、开放、共享的发展理念贯穿于健康权利的保护增进中,以普及健康生活、优化健康服务、完善健康保障、营造健康环境、发展健康产业为重点,加快推进健康中国建设,努力为人民群众提供全生命周期的卫生与健康服务,提升了中国的健康权利保障水平,使中国的人权事业得到长足发展。2017年中国发布的关于健康权问题的白皮书,很恰当地概括了中国健康权利保障的制度与政策结构和行动战略:"中国已形成了以宪法为总领,以民事法律法规、卫生行政法律法规、地方性法规等为实施基础,以健康领域各种纲要、纲领、计划为行动指南的健康制度体系……切实实现公民健康权。"[1]然而,在充分肯定这种基于权利的制度与政策结构和行动战略在推进健康权的实现上所取得的成就的同时,我们要清醒地看到,作为一种人权的健康权依然在路上,尤其是健康领域中仍然存在许多亟待解决的紧迫问题,比如:作为一种公共产品,将基本医疗卫生和其他健康服务及相关制度提供给民众的健康权利理念尚未很好地确立起来,公共医疗卫生等健康领域的产品和服务的公益性质有待制度上的完善;在国家履行保障健康权利义务的标准上,中国与国际社会提出的要求还有不小的距离;[2]国家在资源配置、公共服务、制度安排等方面,还不能充分满足健康的基本决定要素,这些要素

---

[1] 国务院新闻办公室编:《〈中国健康事业的发展与人权进步〉白皮书发布》,《人民日报》,2017年9月30日。
[2] 国际社会对国家为民众提供的健康产品与服务规定了一些要求,包括必须具有便捷性、可获得性、可接受性和高质量等方面的特点和要求。参见联合国人权事务高级专员人权事务中心:《国际人权文书:各人权条约机构通过的一般性意见和一般性建议汇编》,联合国,2004年,第90页。

涉及基本生活的方方面面,包括安全卫生的饮用水及充足的供给、良好的生活与职业健康环境、充足的基本健康服务与卫生设施等。这些健康领域中日益凸显的重大问题已经成为影响经济社会持续成长的关键性因素,并对建构中的积极公共政策体系提出严峻的挑战。

对中国的积极公共政策与健康权利的实现之间的内在关联进行考察,人们将会发现两个基本问题。首先,中国发展和进步中的健康权利在相当大程度上是由积极公共政策通过推进健康治理来实现的。虽然我们还无法把这种实践经验提升或理解为人权建设的一种新模式,但是,它的确与西方自由主义传统下的人权观念和实践路径存在很多方面的差别。在那种传统下,人权(权利)更多地意味着是对政府和制度的限制和挑战,也就是说,人权(权利)诉求是人们针对政府而提出来的,政府在人权方面的义务更多的是消极义务。在中国,人权的诸多领域,哪怕是社会权之外的其他政治和公民权利,若离开了政府积极作用的保障与促进几乎是无法想象的。其次,改革开放以来,尤其是最近一些年里,人权(权利)价值越来越被嵌入中国的公共政策设计中,按照一些研究者的说法,当前和今后中国公共政策变迁的一个基本趋势表现为以人权为价值来引导或指导公共政策的变革。[①] 这一点在健康权利问题上尤为明显。当前正在推进的"健康中国"建设提出了要"将健康融入所有政策,人民共建共享"的目标,这应该被视为基于权利而进行的政策建构行动。这样,通过积极的公共政策来促进健康治理从而增进人权,和以人

---

① 唐贤兴、王竞晗:《转型期公共政策的价值定位:政府公共管理中功能转换的方向》,《管理世界》2004年第10期。

权为价值或方向来设计公共政策从而促进和保障健康,在这里形成了"合流"。这两个方面实际上可以被看作同一个问题或一个问题的两个方面。当然,就实现人权(健康权)的路径来说,它们却是两种多少有些不同的方式。①

本书认为,把增进健康列入公共政策的重要议程之中,对于增进人权是有重要意义的。健康权利的实现依赖于社会具备一系列基础性条件,包括公共卫生体系的建构、必要的公共财政投入、健康知识的宣传以及其他领域(如环境保护)的政策推进等,这些基础性条件的建设,恰恰依赖于政府积极的政策行动。若没有这些积极的公共政策,光有程序意义上的立法行动,公民的健康保障就无从谈起。正因为健康是属于"积极人权"(positive human rights)范畴的权利,因此,经由积极的公共政策来优化健康治理进而保障健康权,自然包含增进人权的价值。本书提出,当我们对那些正规的法律文书中没有明确健康权利,但致力于通过积极的公共政策来促进民众健康的国家的人权状况进行考察时,在积极公共政策与权利的实现之间建立起某种联系,是非常必要和迫切的。这种联系不仅仅是理论上的,也是实现人权的一种可能的实践逻辑。

二、研究方法

本书在本质上是一个质性研究。作者通过广泛搜集各种研究文献,整理和梳理有关制度文本,试图对中国的公共政策与健康权利实现之间的关系进行整体性研究,由此形成本书的解释

---

① 唐贤兴、马婷:《积极的公共政策与健康权保障:新议题和新框架》,《复旦政治学评论》2018年第1期(总第19辑)。

框架和逻辑结论。在这样的思路下,本书具体采取跨学科研究、制度分析、文献研究和案例分析四种研究方法。

(1) 跨学科研究法。健康权(健康权利)是一个跨边界的议题,需要进行跨学科的研究。包括健康权在内的人权问题是跨学科的问题,需要多个学科的相互渗透和合作,共同进行研究。目前,国内学术界在研究人权(健康权)问题上的这种跨学科的整合研究并不令人满意,学科之间的区隔现象较为严重。其中,人权、健康权研究主要集中在法学领域,而健康问题研究主要集中在卫生领域,主要讲卫生保障而很少讲权利。尤其是,公共政策领域的学者几乎把人权问题的研究留给了其他学科。基于此,本书将广泛利用和借鉴公共卫生、全球治理、法学、政治学等多学科的知识、分析框架和观点,来对中国的健康权、人权、健康治理和公共政策之间的内在关联进行深入的探究。作为一个公共政策的学习者和研究者,非常有必要运用跨学科研究方法,因为公共政策理论本身具有跨学科性质;同时,在健康权领域,中国的公共政策有着丰富的实践,但缺乏学术上的总结和研究。本书大量引用了法学、公共卫生与健康治理、国际关系、经济学、政治学等学科领域的研究成果,把横跨于这些领域的重要问题——健康权、人权、义务、权利、立法、政策、管理、治理等——有机地联结起来,从而丰富跨学科研究的特色。

(2) 制度分析法。人权(健康权)的实现是一个制度化的过程,各种行为体都在特定的制度框架下参与到人权的治理中来。尤其是,积极公共政策体系也是在既定的制度框架下形成和变化的。因此,我们可以有效地运用已有的制度分析方法,对积极公共政策的建构进行制度分析。我们要分析的制度问题包括：国际制度如何塑造和影响中国的健康政策和在健康问题上的积极公共政策的设计和实施；法律制度是如何对政府的观念和行为产生影响的；健康权利的协同治理制度是如何形成的；积极公共政策体系在健康权利实现问题上最终产生了什么样的制度绩效，等等。

（3）文献研究法。文献研究法主要是指通过收集、鉴别和归纳整理学术界的已有文献，形成对研究议题的科学认识的方法，其实质是对文献信息的分类归纳和科学推理。本书通过对现有关于健康权利的文献进行广泛收集和整理，对相关文献进行系统鉴别、分类、提炼和分析，帮助研究者在充分利用已有研究成果的基础上开展研究。一是通过广泛的跨政治学、法学、公共管理学、国际法学、经济学、公共卫生学、国际关系学等学科的文献，获得了有关健康权利的内涵、外延、影响因素和实现方式等不同学科的相关理论知识。二是通过对已有文献的系统梳理，形成我们对已有研究现状的多层面和多角度的认识，形成健康权利研究的知识谱系与理论脉络，归纳总结出已有研究的核心问题、主要观点、分析框架与局限性。三是在学习与借鉴这些研究文献的概念和理论主张等内容的基础上，明确了本书从公共政策视角对健康权保障进行研究的重要意义，并建构积极公共政策与优化健康治理的一般性分析框架。

（4）案例研究法。案例研究方法是基于特定研究目的，选择单个或少量有代表性的事件、事例或事物进行深入挖掘、分析与解释的一种方法与路径。从人权的角度来理解健康权问题，从中透视公共政策在推动健康治理从而促进健康权利的实现上扮演的角色,是一个世界范围内的大课题,也是国际学术界关注的研究领域。各个国家的实践存在多方面的差异,为更好地认识它的全貌,就需要开展跨国比较研究。但是,限于篇幅、资料和研究能力,本书不尝试做这方面的比较研究,而是将中国在妇女健康和职业健康等方面的一些生动实践作为具体案例来进行考察。由此,本书致力于为读者呈现:中国的多元行为体(尤其是社会组织)在健康权利发展上发挥了什么样的作用,存在哪些方面的问题,积累了哪些方面的经验,这些又体现出政府怎样的政策考量和治理逻辑。

本书希望通过对为保障健康权利的积极公共政策变迁的研究,透视中国正在进行的以权利为基础的治理变革,尝试为政府在人权领域提升治理能力贡献一些政策建议,进而为世界人权建设提供中国经验做些许基础性工作。

三、研究价值与可能的创新

本书不尝试对中国在保护、保障和促进健康权利方面的实践经验进行全面的总结,而是试图通过梳理关于健康与健康权利问题的认识和治理,来探究和发现中国公共政策的变革逻辑。本书以人权为视角,解释中国促进健康保障的治理实践是如何一步步确立起健康权的观念,实施以权利为基础的健康发展战略,并以此为目标来变革公共政策的。通过这种以权利为本位的治理路径或战略,公共政策的变革获得了全新的价值,从而实现了人权与政策之间的互动性建构。

另外,从时间的角度来说,本书重点考察改革开放以来尤其是最近二十多年来中国在健康治理上所表现出来的人权含义。

当然，人权的发展是一个历史的积累，当今中国的健康权发展在很多方面得益于历史上的经验和成果的积累。比如，健康服务网络建设在20世纪80年代前后的一段时间里有了一定的基础。世界银行等机构和研究者在20世纪80年代开展的研究（分别从社会经济、农村发展、医疗保健等视角出发）发现，当时的健康服务网涵盖面广，包括赤脚医生、公社诊断、互助医疗制度及公共卫生设施普及等方面。① 从某种程度上讲，这为后来保障与增进健康权利的工作打下一定的基础。

本书认为，对公共政策、健康治理与健康权利的实现之内在关联及其逻辑的研究，具有相当大的学术研究空间和重要的实践指导意义。

尽管健康权是一个模糊性很强的概念，但学术界依然把它当作一个重要的研究对象。不过，该研究领域的学科分布是不平衡的。就本书检索到的文献资料来看，80%以上的文献是由法学（包括国际法）研究者贡献的，他们是意料之中的人权研究领域的主要力量。研究健康权的另一个主要力量来自公共卫生学（包括医学伦理）和全球治理理论，一方面，前者是直接研究不同群体的健康状况及其影响因素的专业学科领域，后者则对全球或国际层面上的卫生和健康等问题的治理表现出巨大的关切；另一方面，人权、公共卫生与健康等都是具有跨域性质的议题，公共卫生学和全球治理理论在这个议题上找到了多学科交叉研究的领域。值得注意的是，政治科学（主要是国际关系理

---

① see World Bank, *China: Socialist Economic Development*, 1983, p. 232; Perkins, D. & Yusuf, S., *Rural Development in China*, Johns Hopkins University Press (for the World Bank), 1984, p. 235; Shao, Y., *Health Care in China*, Office of Health Economics, 1988, pp. 28-39.

论)的研究者也是人权研究的一个主要力量,然而,这些多侧重于围绕人权问题而展开的国际关系的研究文献,较少直接论述作为人权的健康权问题。在这些政治科学的研究文献里,几乎看不到公共政策分析者的影子,这种情形在中国学术界尤其明显。这样的学术研究格局和现状,决定了本书从公共政策角度来研究作为人权的健康权的巨大空间。

上述各学科在其对健康权利的关注侧重点上也有所不同。大致而论,来自法学(国际法学)和全球治理理论的研究者多从人权的角度来理解和解释健康权问题,承认或主张健康权是一项基本人权。有一些学科的研究者,如公共卫生学(包括医学理论)和公共政策理论,并不刻意强调健康权的人权属性,而更多地关注与健康问题相关的管理、政策和制度问题。这后一种取向在中国的立法和政策实践中也有明显的体现。事实上,健康问题是一个跨域问题。从医学和公共卫生的角度来说,它涉及身体和心理的健康维护、相关疾病的防治问题。从伦理上来说,健康的获得则是一个事关权利的获得和拥有的问题,就是前述的道德观念问题。当然,这种权利(即便被视为天赋的人权)也需要通过实在法的规范和保障,才能转化为实然权利,因此,健康权必然会被法学研究者视作一个需要通过立法和司法保障的权利。上述这些学科并没有把健康(权利)当作一个跨越问题从而实现整合的研究,因此,存在着健康权研究的碎片化现象。如果公共管理理论(特别是公共政策研究)能够在人权与健康的关联领域找到合适的研究空间和位置,就有可能在打破这种碎片化的努力上作出他们应有的贡献。

这样的可能性是存在的。以解决现实世界的问题为导向的公共政策研究，重点关注政府实际应该做什么。① 美国政治科学家托马斯·戴伊（Thomas Dye）给出了一个特别简洁的公共政策的定义，即"政府选择要做或者不做的事项"②。简单地说，研究公共政策就是研究政府的行为，包括政府在做什么、为什么这么做以及这么做有什么结果或后果。我们要分析国家（政府）的健康政策，就必须考察这是什么样的政策、为什么会采取这样的政策以及这些政策的制定和实施带来了哪些方面的影响。显然，任何旨在促进健康和优化健康治理的公共政策与政府管理，都无法回避价值评判问题，而不能仅仅关注政府在制定和实施什么样的健康政策。毕竟，公共政策研究关注的是政府政策产品的变化和分配问题，③而政策产品与公共服务的分配方式与分配制度的性质，会给大众的生活带来不同的影响。正因为如此，我们不能因为公共政策的实践性和应用性而忽视其更崇高的价值追求，即为民主的人道主义作出贡献。公共政策研究必须去考察政策提高人类尊严的方法和途径，正如拉斯韦尔所强调的，具体说明如何依靠福利、影响、尊敬、力量、财富、启蒙、技术和公正来提高人类尊严，是非常重要的。④ 这样，通过对政府

---

① 政策科学的创始人之一哈罗德·拉斯韦尔（Harold Lasswell）曾提出，政策科学作为一门独立的学科，具有不同于其他业已存在的学科的一些特点，其中包括政策科学的多学科与跨学科特点、以解决问题为导向的特性以及明确的学科规范性。参见 Lasswell, H., "The Policy Orientation", in Lerner, D. & Lasswell, H., eds., *The Policy Science: Recent Developments in Scope and Method*, Stanford University Press, 1951。

② Dye, T., *Understanding Public Policy*, Prentice-Hall, 1972, p. 2.

③ 政治科学家戴维·伊斯顿（David Easton）把公共政策界定为"对全社会的价值进行权威性的分配"。参见 Easton, D., *The Political System*, Alfred A. Knopf, 1953, p. 129。

④ Lasswell, H., *A Preview of Policy Science*, American Elsevier, 1971, p. 3.

在健康及其相关领域的政策与治理的分析，我们可以在人权和健康权问题上整合法学、公共卫生学、政治科学、公共管理乃至社会学等学科的知识，尤其是，可以借此建构起政府行为、健康权利和人权之间的关联，从而拓宽和深化人权研究的领域，为公共政策研究者在人权研究领域找到合适的位置。

本书尝试从公共政策的角度来透视中国的健康治理和人权（健康权）建设问题，这应该是人权研究领域的一个新视角和新途径。这个新视角和新途径，考虑到了中国的健康治理和人权建设的一些基本事实。首先，改革开放以来，中国在经济、社会、政治等领域里的变化、发展和进步，在很长时期里依赖于有效的政策设计和政治-行政力量的驱动。这一点已为很多制度经济学的研究文献所肯定，在那里，政府自身是中国很多领域制度变迁的一个内生变量。[①] 在过去的几十年里，中国政府制定、实施和完善了一系列的法律、法规和政策，来解决伴随着经济高速增长带来的严重的危害人民健康的问题，在这个过程中，国家和政府的投入不断加大，与健康相关的大量政策项目逐渐推进。所有这些行动最终"汇入"到当前的"健康中国"建设和发展战略之中，形成了"将健康融入所有政策"的政策体系结构。这个发展过程，在很大程度上是逐步确立健康权保障上的国家和政府的义务的过程。如果说在这个过程中民众的确日益获得和拥有了相应的健康权利，那么，民众的健康权主要不是通过他们向政府、权力和既有制度的抗争而得来的——就像传统的人权理论认为和主张的那样，而是通过国家和政府有意识地政策调整和

---

① 参见唐贤兴在《产权、国家与民主》（复旦大学出版社 2002 年版）一书中对产权和民主的演进过程中政府所扮演的角色的分析。

再设计,在实施积极公共政策的过程中实现的。确立国家义务是考察积极公共政策的一个重要维度,在这里,人们可以发现,政府是如何在促进健康权利方面扮演积极角色的。

其次,认识停留在这里是远远不够的,因为仅仅从国家义务的确立无法对健康权是如何在实践中被确立为人权的这个重大问题做出更深刻的认识。国家在健康权上的义务,当然可以在法律体系中做出规定,但国家如何在政策实践中体现这种义务,则又不是通过立法就能得到解决的。为此,公共政策分析途径又必须跳开国家义务的法学研究途径,将目光转移到基于公民权利的公共政策设计和变革上来。在我们的分析框架中,以权利为本位(或基础)是考察积极公共政策的另一个重要维度。之所以说致力于实现健康权利的政府治理是积极公共政策,一个重要原因在于,政府在推进相应的政策、项目和行动时,是基于尊重、保护和保障民众的健康权利而做出的积极回应。事实上,中国在基本公共卫生服务逐步均等化的改革、人均基本公共卫生服务经费财政补助标准的不断提高、对特定群体(妇女、儿童、老年人和残疾人等)健康权利的重视和保障等众多领域里的政策行动,都是基于民众的需要和权利而展开的。多年来,中国的公共政策在很多领域已经呈现出以私权制约公权、以人权为价值来进行重构的景象。[①] 若不从权利的角度来认识相关问题,我们就无法对中国正在发生的转型和变化保持敏感性。

在本书的分析框架中,消除障碍和协同治理是考察和理解积极公共政策的另外两个基本维度,本书第三章中将详细解释

---

① 唐贤兴、王竞晗:《转型期公共政策的价值定位:政府公共管理中功能转换的方向》,《管理世界》2004年第10期。

它们的含义。把这两个维度纳入分析框架是非常重要的,因为它们正是中国通过健康治理在促进健康权利的实现道路上很重要的经验。我们之所以说中国正在积极推进的健康权利是一种积极人权,主要理由在于政府正在大幅度地推进各种公共政策,试图努力解决那些影响民众健康的结构性障碍因素,如教育和医疗等资源的匮乏、贫困、饮用水污染、信息不畅等。不解决这些障碍,法律意义上确立和赋予的民众健康权利无法从根本上得到保障。然而,中国现有的公共政策理论研究几乎没有把消除这些障碍纳入相应分析,从而无法从人权和权利的角度把公共政策与健康权的实现有机地联系起来。另外,对健康权的保障不只是国家(政府)的责任与义务,还需要全社会的共同努力,这正是通过积极公共政策优化健康治理的题中应有之义。中国正在有效地开展各种政治和社会动员,对政府之外的其他行为体参与到"健康中国"的建设中来抱着积极的态度,充分发挥各种行为体的积极性,提高它们的参与能力,从而形成政府主导和推动、全社会积极参与的健康治理格局。需要指出的是,对消除障碍和公众参与重要性的强调,也是权利本位要求的,它们在本质上都是民众过有尊严的生活的需要。

显然,实现健康权的公共政策分析途径和框架,能够更好地解释中国的健康治理和公共政策正在发生什么样的变化。在这个分析框架下,通过解释和回答一系列重要的问题,比如:中国的公共政策在增进和促进健康权的实现上扮演着何种角色;为什么在健康权立法不甚完善的情况下,积极公共政策依然起到促进健康权的作用;健康权保障上的国家义务和健康治理过程中的权利本位是如何在立法和决策中确立起来的;推动中国逐渐把健康权规定为一项基本人权的国际和国内动力是什么;从实现人权的价值要求来衡量,中国现有的公共政策治理体系还存在哪些方面的问题。这些实践中产生的问题需要我们对它们进行学理上的解释。虽然我们的研究不是对中国现有经验的一个总结,但本书的分析框架和研究结论有助于我们更好地认识中国人权建设的逻辑。

本书可能的研究创新主要体现在以下几个方面。

首先是研究内容和研究视角。往大了说,本书研究的是人权问题,但它不是一个关于人权理论和实践的一般性研究,而是重点研究人权领域中的健康权问题;往小了说,本书仅探讨健康权利的实现对于人权而言意味着什么的问题。为了探讨这个问题,本书选取中国在这方面的实践为具体的研究对象或素材。以人权和健康权这两个层次的关联为基础,对中国实践素材的选择和取舍也存在同样的考虑。往大的方面讲,本书研究的是中国的人权建设问题,讨论了中国在人权治理和建设事业上的进展和存在的问题。但本书不是一个关于中国人权建设实践的一般性理论探讨,因为这是一个非常宏大的主题,中国的人权建设是全方位和全领域的。所以,本书选择健康权利领域里中国的建设实践,试图通过相应的叙述和分析,来折射中国人权建设的经验、逻辑、问题和方向。因此,往小的方面说,本书不是对中国健康权利领域的建设实践进行全面的回顾,仅仅围绕其中的一些问题从理论上来探究中国促进健康和实现健康权的治理理念、战略安排、政策设计和行动路径。

从目前中国学术界的研究状况来看,公共管理和公共政策学科领域对人权问题的关注还较为缺乏,似乎把人权研究留给了法学家。实际上,人权的实现不只是法学和法律上的问题,它在相当大程度上取决于积极的公共行动,无论是国内还是国际都是这样。因此,从权利和人权的角度(或高度)来审视和变革公共政策,应该成为公共政策理论研究和实践部门认真去关注的课题。在本书的分析框架下,人们可以看到,中国在促进健康权利实现的治理过程中,健康权利理念的确立是一个漫长的过程,但这种理念一旦确立了起来,以权利为基础的健康治理和健康战略,就成为公共政策设计的一个变革方向。中国在健康促进和健康权利实现的领域,出现了人权(权利)和政策之间的互动性建构。公共政策研究不应该失去对道德和权利的关怀。

其次是研究框架和研究方法。本书对中国的积极公共政策与健康权利的实现之间的内在关联进行了理论上的考察,以探究和发现中国公共政策的变革逻辑。在健康权这个人权领域,中国开启了多方位、深层次的公共行动。在这里,国家和政府的主动性、社会的能量和自主性都得到了生动的展现。如何对可以观察到的这种充满活力的公共行动进行恰当的解释,这是一个具有挑战性的工作。作为一项人权的健康权,是一个综合性的复杂问题。要对复杂问题进行探究和认识,迫使人们去"寻找能够简化情形的方法,以便有机会更好地理解整个形势"[①]。事实上,不单是公共政策研究者,其他学科的研究者所选择的研究对象也具有复杂性的特点,因此,每个研究者建构的分析框架都是一种简化的方法。任何人都不可能很简单地探究或发现一切,但人们通常可以借助某些假设来观察社会现象,从而提供一

[①] [美]保罗·A.萨巴蒂尔:《寻求更好的理论》,[美]保罗·A.萨巴蒂尔编:《政策过程理论》,彭宗超等译,生活·读书·新知三联书店2004年版,第5页。

个简约化的解释这些现象的分析框架。

本书的假设是：旨在促进健康的积极的公共行动，是使健康权利成为可以让人们真正享有的实质性权利的必要途径。为了有效地解释这个问题，本书建构了一个简约的分析框架，用以解释积极公共政策与健康权利实现之间的关联。这个框架涵盖了健康权利的核心内容和基本范围，这一点已经在法学研究中形成了基本共识。但是，本书的分析框架超越了法学研究对研究范围的界定。在积极公共政策（公共行动）的范畴里，确立国家义务，把健康权确定为基本人权，消除健康权利的障碍，有效协同所有与健康和健康权利相关的行为体的力量和能量，都是考察公共行动的重要维度。因此，本书的研究框架从研究内容上来说是整合性的。

这种整合性可能具有研究方法上的创新含义，最主要的方面是本书尝试对健康权问题进行跨学科的研究。健康和健康权利问题是一个跨域问题，这是我们认识健康权利实现途径的一个逻辑起点。因此，从学理上说，对复杂的跨域问题的探究，必须实现多学科、跨学科的整合和合作。如今，法学、公共卫生与健康治理、国际关系、经济学、政治学、社会学等众多学科，都已经参与到健康权利研究的阵营中来。然而，这种情况只能说研究是多学科的，而不是跨学科的，因为真正意义上的跨学科研究，是要实现多学科的渗透、整合和合作。显然，本书不太可能在实际的研究中实现与其他学科的合作和整合。为了尽可能弥补这方面的局限，本书大量搜集并引用了上述学科的研究文献及其研究成果，以丰富甚至佐证公共政策研究的视野、领域和观点。由于健康权利问题横跨于国际和国内多个层次上的人权、立法、政策、管理、治理等问题领域,对上述这些学科的文献的利用和相关理论工具的运用,就多少使得我们的分析框架表现出跨学科研究的特色。正是在这个意义上,前文才说研究内容的整合性"可能具有研究方法上的创新含义",我们强调和承认的是"可能"。

四、本书的结构安排

本书将通过积极公共政策来建构保障健康权的框架,并对中国推行的保障健康权的积极公共政策的动力、变迁、困境与成效等方面进行分析,认为通过积极公共政策来推进健康治理从而实现和增进健康权利是中国的实践与经验。

全书共八章。

第一章介绍了研究背景、研究方法与研究意义。

第二章从健康权利与人权的关系、作为人权的健康权的内容、不同视角下的健康权利保障以及促进健康和优化健康治理的积极公共政策四个方面对已有研究进行了文献梳理。

第三章在对健康权和积极公共政策等关键概念进行界定的基础上,从实践和学理上分析了健康权与人权之间的关联,并从概念和逻辑上分析了积极人权与积极公共政策的关联,进而建构了通过积极公共政策推进健康治理从而实现健康权利的一般性分析框架。

第四章至第七章详细阐述了中国通过积极公共政策来优化健康治理、从而保障与增进健康权利的具体理念、战略、制度、行动、途径与过程。其中,第四章分析了保障健康权的国家义务,中国对国家义务的理解主要通过尊重义务、保护义务、保障义务和实现义务来体现,与之相应的积极政策的变迁过程由来自国际社会的外部动因与来自中国自身的内部动力共同作用而成。

第五章分析了以权利为本位的政策途径、设计与实践,即"将健康融入所有政策"。以权利为本位的战略是全球健康治理的新途径,这种"新"既指治理范式从公共卫生升级为民众健康,也指治理内容与路径是以权利为本位的。中国"将健康融入所有政策"的动力和基础来自民众权利意识的确立和强化、公共健康事件的发生与化解、国家治理体系与治理能力现代化的要求等多方面。实际上,"健康中国"战略的本质就是以权利为本位的国家战略,但实践中仍存在不小挑战。

第六章分析了健康权利的基本决定因素与消除障碍的努力。首先,本章在阐述为消除障碍而积极行动的必要性的基础上,按照内容对健康权的障碍性因素进行了粗略的分类。接着,笔者分三节分别对防护型障碍(环境污染和教育发展)、保障型障碍(贫困的多维性和特殊群体的脆弱性)、参与性障碍(不均衡的基本公共服务、信息公开不足、民众有效参与不足)及其消除进行了分析。

第七章从协同治理的视角分析了中国健康治理中的公共政策。保障健康权利需要协同治理,社会与NGO、市场与企业、家庭与个人等非政府行为体都可以发挥积极的作用,这需要政府对自身局限以及协同治理的重要性与必要性有清晰的认识,并通过公共政策积极开展多层次的协同合作。本章通过妇联组织农村妇女推行"两癌"免费检查项目和大爱清尘对尘肺病患者及家庭的帮助两个案例,来分析非政府行为体在健康(权利)协同治理中的作用、策略、过程与成效。

  第八章是本书的结语部分。笔者尝试对中国继续推动保障健康权的积极公共政策来优化健康治理，进而推动人权建设的治理努力提出政策启示，并指出亟待进一步思考和解决的理论与现实问题。

第二章
文献世界：不同视角　不同声音

健康（权利）是一个跨域问题，而本书使用的积极公共政策是一个整合性的概念，因此，探讨健康问题的解决，尤其是从积极公共政策的角度来探讨健康权利的实现，需要综合法学（国际法学）、政治学（国际关系理论）、公共卫生学、经济学、社会学、公共管理学等学科的知识、方法和研究成果。

本章主要从以下几个方面介绍已有研究：围绕健康权与人权（权利）之间的关系所展开的学术争论；有关健康权的含义和内容；有关保障健康权的不同视角；与积极公共政策这个术语相关的一些学理问题。

第一节　健康权与人权的关系：
长久以来的争论

在学术界，关于健康权（健康权利）与人权之间的关系始终充满着争论。至今还有人不认为健康权属于一项基本人权。这种争论在某种程度上反映了健康权的复杂性和对它的认知存在模糊性。

健康权与人权之间关系的争论,主要体现在对健康权的权利属性存有不同的认识。在以英国思想家、哲学家约翰·洛克(John Locke)为代表的自然法学派眼中,健康权是一种天赋人权,即健康权是先验的。在《政府论》一书中,洛克从政治哲学的视角指出每一个人都应该遵守理性,其中明确包括不得侵害他人的健康,因为健康是一种不可转让和不可剥夺的自然权利。① 澳大利亚学者罗斯·霍恩(Ross Horne)在对现代医疗进行批判的医学著作中也认为健康是人与生俱来的权利,②但他强调的是个人能力对于健康的重要性。

自由主义学派对自然法学派的基本观点进行了扬弃。杰瑞米·边沁(Jeremy Bentham)和约翰·斯图亚特·穆勒(John Stuart Mill)等思想家主张更加开明和更有效率的政府以提升社会整体幸福,包括在保障健康权问题上使政府在改革中发挥积极作用,比如19世纪在英国推行保护公共卫生的机构的发展,③这是当时保护公共利益的一种措施,实际上表明了民众的健康权利不只是不被侵害的消极权利或自然权利,而是一种可以增进的积极权利。

将健康权作为一种私权、作为一种独立的权利专门提出来并进行研究,是一种历史的进步,但作为私权的健康权依然缺乏

---

① [英]洛克:《政府论》下篇,叶启芳、瞿菊农译,商务印书馆2019年版,第4—5页。
② [澳]罗斯·霍恩:《现代医疗批判——21世纪的健康与生存》,姜学清译,生活·读书·新知三联书店2005年版,第1页。
③ [美]乔治·霍兰·萨拜因:《政治学说史》(下册),[美]托马斯·兰敦·索尔森修订,刘山等译,商务印书馆1986年版,第769页。

完整性。一些学者对作为人权的健康权和作为私权的健康权进行了辨析,指出作为私权的健康权仅是作为人权的健康权的体现之一。① 美国学者杰克·唐纳利(Jack Donnelly)以人权理论为基础对健康权的私权性质进行了反驳。他从人区别于动物的角度出发,指出人生存的含义之所以多于动物生存的含义,非常重要的方面就在于人要求包括健康权利等在内的经济和社会权利。② 学术界已经认识到健康权不应仅仅是私权或道德权利,而应该是一种社会权利或法定权利。霍贝尔·埃德蒙斯(Hoebel Adamson)从法学角度分析了健康权已从私权转变为社会权,主张对侵害民众健康权利的不法行为进行追究与制裁的权利,这种权利已从最初的个人或社会性团体的权利,逐步转化为法律明确规定的、代表整个社会的公共权利。③ 有学者认为健康权是一种人格权,主要能够保障人的生理机能、机体功能和生命活动都正常运作和发挥完善。④ 然而,如果只注意到健康权主体天然的生理机能,却忽视其作为社会成员的心理因素、政治因素、文化因素与其他影响因素,对于现代国家治理而言,就无法从立法与政策上提供救济或加以促进。

随着社会变迁与时代进步,越来越多的人认识到,健康权已逐渐上升为一项人权,因此,它是一种最低限度的人格利益,人

---

① 田开友:《健康权的贫困:内涵、根源和对策》,《中南大学学报》(社会科学版)2012年第5期。
② [美]杰克·唐纳利:《普遍人权的理论与实践》,王浦劬译,中国社会科学出版社2001年版,第21页。
③ [美]E.A.霍贝尔:《初民的法律》,周勇译,中国社会科学出版社1993年版,第367页。
④ 杨立新:《人格权法专论》,高等教育出版社2005年版,第156页。

是其主体,这种人权或者说人格利益是人作为主体而存在的必要条件,基本人权是人作为主体所获得和享有其他权利或利益的必要前提。① 有学者甚至进一步认为,健康权是人权的核心,是民众享有其他权利的基础。② 尽管在事实上人没有了健康就难以行使其他权利,但把健康权视为人权的核心,则是一个夸张的观点。当然,社会的发展必然会把健康纳入人权的范畴,因此,正如一些人所认为的,以人权为视野是对社会因素的综合体现,人权视野下健康的基本目标就是健康权利的实现。③

可以看出,健康权大致经历了从私权到社会权再到基本权利与人权的发展过程。蒋月和林志强提出的健康权发展的三阶段论,即朴素的私权观阶段、萌芽的社会权观阶段、基本权利和现代人权观阶段,④基本体现了健康权发展的历史轨迹。经过从私权逐步上升为人权的发展,在现代国家,健康权不再只是消极权利,而是可以主张的积极权利,⑤这意味着除了保障消极面向的自由权以外,健康权的积极权利面向要求国家与社会中的各种行为体采取积极行动,以增进与民众健康相关的经济、政治、社会及文化教育等方面的权利。健康权由历史上纯粹的由个人主张的私权转变为国家和社会共同负有责任和义务的人权,充分体现了国际人权观的进步、国家现代化的趋势与世界政

---

① 莫纪宏:《现代宪法的逻辑基础》,法律出版社2001年版,第292页。
② 参见王利明:《人格法研究》,中国人民大学出版社2005年版。
③ 朱伟:《人权视角下的健康问题》,《中共中央党校学报》2009年第3期。
④ 蒋月、林志强:《健康权观源流考》,《学术论坛》2007年第4期。
⑤ Chowdhury, O., Gunatilleke, G., & Duggal, R., "Comparative Studies and the Right to Health", FXB Center for Health and Human Rights of Harvard University, 2008, p. 15.

治文明的发展。

反对将健康权视为人权的主张与认知有关。在人类社会发展的历史进程中,人们多将健康视为一种需求,而没有意识到这是一种权利。实际上,以需求为本位(needs-based)的途径和以权利为本位的途径最重要的区别在于,前者并不隐含责任主体,权利很容易受到威胁。[1] 布拉德利·克莱蒙德(Bradley Crammond)指出,在健康领域,虽然人权框架很难给出关于资源具体如何配置的清晰答案,但这不意味着两者之间没有关系,而意味着它们的关系要视情况而定。[2]

健康权是一项基本人权,在不同学科领域里已逐渐达成共识,也因此引致学术研究范式的转换。在有关健康权利的研究范式上,学者已进行了一些有益的跨学科的努力。

公共卫生领域的研究者以饱满的热情对健康权与人权之间的关系给予了极大的关注。在20世纪90年代举行的第二届国际健康与人权大会上,哈佛大学公共卫生学院教授乔纳森·曼因(Jonathan Mann)指出,健康与人权运动的交融及其范式的精妙转变,是人类正在见证、参与和创造的非凡历史,作为人权的健康权已日渐得到国际社会的认可与增进。[3] 之后,曼因等人进一步明确提出"促进和保护人权与促进和保护健康密不可

---

[1] Jonsson, U., *Human Rights Approach to Development Programming*, United Nations International Children's Emergency Fund, 2003, p. 20.

[2] Crammond, B., "The Instrumental Value of Human Rights in Health", in Taket, A., *Health Equity, Social Justice and Human Rights*, Routledge, 2012, pp. 146-155.

[3] Mann, J., "Health and Human Rights: If Not Now, When?", *Health and Human Rights*, 1997, 2(3), pp. 113-120.

分"①。格鲁斯金等人强调人权是获得健康的一个先决条件,②斯蒂芬·马克斯(Stephen Marks)等人通过比较视角支持了这一判断。③ 有学者指出,公共卫生政策研究范式的转变,直接反映医学(教育)模式和健康照护服务体系的结构性变化,人们越来越注重通过改善社会环境和结构来增进个人健康。④

在法学领域,焦洪昌从立法和司法两个层面阐述了健康权与人权的关系,指出作为人权的健康权已被世界多数国家公认,是一项被宪法实定化的基本权利,这虽然不一定直接体现在各国的宪法文本中,但在各国的司法实践中正逐步得到验证。⑤在管理学与公共管理学领域,也有人认为"保护人权就是保护公众健康,充分保护人权是保护公众健康的关键"⑥。还有学者从社会治理的角度分析了以权利为基础的健康保障的价值,认为基于人权的促进公众健康的努力,比忽视或侵犯人权的公共健康努力更有效。⑦ 在经济学与金融学领域,边沁和穆勒等功利主义思想家关于社会有机体的学说奠定了西方社会福利思想的

---

① Mann, J. & Gruskin, S., *Health and Human Rights: A Reader*, Routledge, 1999, p. 445.
② Gruskin, S., Ferguson, L., & Bogecho, D., "Beyond the Numbers: Using Rights-based Perspectives to Enhance Antiretroviral Treatment Scale-up", *AIDS*, 2007, 21(5), pp. S13–S19.
③ Marks, S., ed., *The Right to Health in Comparative Perspective*, Harvard School of Public Health, 2008, p. 8.
④ 刘继同、郭岩:《从公共卫生到大众健康:中国公共卫生政策的范式转变与政策挑战》,《湖南社会科学》2007年第2期。
⑤ 焦洪昌:《论作为基本权利的健康权》,《中国政法大学学报》2010年第1期。
⑥ Jürgens, R. & Cohen, J., "Human Rights and HIV/AIDS: Now More than Ever", Open Society Institute (Law and Health Initiative), 2007, p. 7.
⑦ Menon-Johansson, A., "Good Governance and Good Health", *BMC International Health and Human Rights*, 2005, 5(4), pp. 1–10.

理论基础,他们提出"最大多数人的最大幸福"主张,[①]认为健康是重要的社会保障问题,国家负有责任与义务,这意味着与之相应的另一面则是民众的健康权利。很多学者深受这种思想的影响,比如杨志良通过比较研究发现,各国际组织和绝大多数国家已将基本健康照护及其相关民众教育的获得视为基本人权,并认为应由国家承担相关保障费用。[②]

健康权上升为一项人权,体现了权利本位的价值回归。要人人享有健康权,意味着作为人权的健康权关注那些处于社会劣势地位群体的健康权,如妇女、儿童、年长者、残障人士等,这是权利本位在道德层面的价值回归,体现了应有的社会公平与正义。安妮·塔科特(Ann Taket)指出,人权框架为健康公平提供了一个绝好的基础,使健康获得与保障从商品或服务回归到应有的权利价值,这也为公共健康从慈善或公益中脱离出来提供了机会。[③] 同时,相关国际人权机制也为新型民主政府解决现实的与预期的国内挑战提供了民主获得(democratic gains)的有力工具。[④] 尽管以人权为本位的途径(rights-based approach)不能对所有挑战给予回应,但当我们面对国际性、国家性和地方性的健康不公平时,它可能提供最有用的分析框架。[⑤]

[①] 丁建定、魏科科:《社会福利思想》,华中科技大学出版社2005年版,第78页。

[②] 杨志良:《健康保险》,巨流图书公司2003年版,第5页。

[③] see Taket, A., *Health Equity, Social Justice and Human Rights*, Routledge, 2012.

[④] Munro, J., "Why States Create International Human Rights Mechanisms: The ASEAN Intergovernmental Commission on Human Rights and Democratic Lock-in Theory", *Asia-Pacific Journal on Human Rights and the Law*, 2009, 10(1), pp. 1-26.

[⑤] Taket, A., *Health Equity, Social Justice and Human Rights*, Routledge, 2012, p. 169.

健康权包含着对社会公平与正义的要求,如果只是使卫生资源对民众平均分配,离实现健康权还相去甚远,重点是,这个社会能够进行一种制度安排,保障民众获得和享有用以预防/治疗疾病与促进健康的资源、机会和能力。① 这种以公平为衡量标准的价值回归无疑是社会的进步。

作为人权的健康权,是道德权利、应然权利、实质权利三位一体的权利。其道德权利属性,是由于人作为人生而有尊严的享有的不可剥夺的权利;其法律权利属性,是根据国际和国内社会法律制度与体系的保障而获得的权利;②其现实权利属性的基础,一方面是得到公民(权利主体)的承认,③另一方面是得到国家对健康促进的积极义务的承担。作为人权的健康权,包括消极权利和积极权利两个面向,消极权利要求国家权力受到限制,不阻止或妨碍民众获得健康(权);积极权利要求国家采取积极行动,④包括在国际社会中维护和平、保护环境及促进发展等,⑤也包括引导国内社会力量共同增进民众健康权。

综上所述,在全球范围内,对于健康权的研究,不同学科的分析视角与主要思想呈现出较大差异,政治学领域的研究主要属于解释性理论的范畴,法学与国际法学领域的研究者显现出

---

① 朱伟:《人权视角下的健康问题》,《中共中央党校学报》2009 年第 3 期。
② Kinney, E. & Clark, B., "Provisions for Health and Health Care in the Constitutions of the Countries of the World", *Cornell International Law Journal*, 2004, 37(2), pp. 285-355.
③ [英]利厄·莱文:《人权:问题与答案》,张彤等译,商务印书馆(香港)有限公司 1990 年版,第 57 页。
④ Kinney, E., "Recognition of the International Human Right to Health and Health Care in the United States", *Rutgers Law Review*, 2008, 60(2), pp. 335-379.
⑤ Rich, R., "The Right to Development: A Right of Peoples?", in Crawford, J., ed., *The Right of Peoples*, Clarendon Press, 1998, pp. 39-54.

构成性规则的偏好,经济学领域的研究者受福利经济学派的影响较大,管理学与公共管理学领域的研究体现出理性主义与渐进主义等方面的思想。一种明显的共同趋势是,对于"健康权是一项人权"的表述与理念,已逐渐在不同学科内/间达成基本共识,重视人权、保护人权是实现与增进健康的关键。但问题的另一面或许也被忽视了,即保障健康权也是实现人权、增进人权的方法与途径,这也是值得研究者关注的。

第二节　作为人权的健康权的内容

在学术文献中,研究者对健康权概念的界定争论不断。的确,这个概念的界定存在客观上的困难。首先,健康权的复杂性造成了定义上的困难。健康权是一项综合性的、基础性的权利,它包括社会、经济等多方面的因素,也就是说,健康权的实现与增进涉及多项具体人权(包括生命权、受教育权、劳动权和参与权等)的综合保障与实际享有,因此,它"几乎超越了其他任何单一的权利"[①]。其次,健康权的复杂性决定了健康权概念在内涵上的模糊性,以至于学界对其界定很难达成共识。有人或许会(从字面上)认为,健康权就是获得健康的权利,意味着要确保完美的健康,对此,很多学者提出要谨慎地使用健康权的概念,布里吉特·特贝斯(Brigit Toebes)以国际公约规范及理念为基

---

① Gruskin, S., Ferguson, L., & Bogecho, D., "Beyond the Numbers: Using Rights-based Perspectives to Enhance Antiretroviral Treatment Scale-up", *AIDS*, 2007, 21(5), pp. S13-S19.

础,指出健康权不是指获得健康的权利,也并非包括有关健康的一切事项。① 针对那些将健康权过于泛化的理解,露丝·罗默(Ruth Roemer)更为直接地指出,如果把健康权看作获得完美健康的权利,那是荒谬的。②

当今,在国际/地区公约的规范下和国际组织的战略/行动实践中,越来越多的国家将健康权视为一项人权。1993年国际人权会议制定的《维也纳宣言和行动计划》阐述和宣示了人权的相互依赖性和不可分割性。③ 作为一项人权的健康权,也存在这样的特性,在公民和政治权利以及经济、社会和文化权利中,诸如生存权和发展权等好几项人权都与健康(权)密切相关,但这些联系并非意味着健康权包罗万象。因此,当健康权上升为人权时,健康权所包括的内容是有争议的。

从已有文献来看,由于各国迥异的历史文化、资源禀赋、经济基础与政治体制等实际情况,健康权的内容并没有也无法产生或执行一个国际统一标准,而是呈现出一定的动态性和发展性,但其基本内容可见于世界卫生组织制定的两个基本健康保障方面的战略,一个是"人人享有健康"④,另一个是每个人的"初级保健"⑤,

---

① B. 特贝斯:《健康权》,[挪] A. 艾德等主编:《经济、社会和文化权利教程》,中国人权研究会组织翻译,四川人民出版社2004年版,第141页。这虽然是一本教程,但学术影响力大,是在开展人权与健康权研究中关键的基础性的文献之一。
② Roemer, R., "The Right to Health Care", in Fuenzalida-Puelma, H. & Connor, S., eds., *The Right to Health in Americas*, Pan-American Health Organization, 1989, pp. 17-23.
③ United Nations, *Vienna Declaration and Programme of Action*, July 12, 1993, 文件编号: UN doc. A/CONF. 157/23, Part I, para. 5。
④ WHO, *Global Strategy for Health for All by the Year 2000*, 1981, chap. 3, para. 1.
⑤ WHO, *Primary Health Care: Report of the International Conference on Primary Health Care*, 1979.

第二章 文献世界：不同视角 不同声音

更高的健康权标准是在基本和初步战略实现后,各国根据其当时的发展情况而尽最大可能地采取措施以进一步实现的内容。联合国人权事务高级专员玛丽·鲁宾逊(Mary Robinson)认为,健康权的内容应考虑各国的承受能力,但是,在最可能的时间内制定与实施具有一定效率和效益的政策及行动是一个重要的考量,在此基础上,各国政府要竭尽所能地推行所有人都能获得和享有的卫生保健。① 显然,这项对健康权内容与范围的要求有较大的抽象性、模糊性和不确定性。因此,联合国健康权特别报告员保罗·亨特(Paul Hunt)在 2006 年的报告中进一步明确了健康权的内容与范围：一是让所有人获得卫生保健；二是使所有人享有健康的基本决定因素。②

健康权的内容不是抽象的,而是实质性的,我们不能忽视其经济、社会和文化权利的属性,也可以从法权关系调节经济社会等方面的关系,以此对公共卫生等健康资源进行更加优化的重新配置。平等权利主义者认为,健康权的核心内容是按照民众需求来配置医疗卫生等健康资源,强调平等性和可及性；自由市场主义者则认为,健康权的核心内容是依据个人对社会的贡献来配置卫生等健康领域的资源、服务和产品。③ 还有学者将健康权的内容细化为预防保健权、疾病康复权和健康防疫权三个

---

① WHO, *25 Questions & Answers on Health & Human Rights*, Health & Human Rights Publication Series Issue No. 1, 2002, p. 9.

② Economic and Social Council of UN, *Economic, Social and Cultural Rights: Report of the Special Rapporteur on the Right of Everyone to the Enjoyment of the Highest Attainable Standard of Physical and Mental Health, Paul Hunt* * (E/CN. 4/2006/48), March 3, 2006, para. 10.

③ Marmor, T., "Rights to Health Care: Reflections on Its History and Politics", in Bole, T. Ⅲ & Bondeson, W., eds., *Rights to Health Care*, Kluwer Academic Publishers, 1991, pp. 23-52.

方面。①

已有的包括健康权在内的国际人权规范,大都以西方国家对人权的理解为基础,相关标准大都由西方国家倡议、提出甚至主导,由于国情、国力等各方面的不同,这些现行标准不可能适用于所有国家,因此直接影响了健康权领域的国际规范在发展中国家的内化与执行,进而也限制了健康权的保障与增进。学者早已认知到这种矛盾。有学者指出,生育与性权利仍然是发展国际标准的战场,它为全人类提供权利与健康的全面支持。②在新时代,中国倡导人类命运共同体,这意味着,各国应该平等地提出对国际规范的建议与意见,各国可以贡献自己的智慧与经验,然而,已有研究对中国经验的总结还不足,本书要研究的为保障健康权的治理,就是尝试为全球治理贡献中国力量而做些许初步的准备。

第三节 不同视角下的健康权利保障

随着经济社会的发展、人权理论与治理理念的进步,保障健康权利的途径与方式经历了一个转变过程。具体而言:早期的自然权利视角认为健康权是天赋人权,国家应尽少干预;与之不同,国家义务视角认为国家应该承担保障健康权的责任与义务,

---

① 路艳娥:《健康权研究》,南京大学经济法学专业博士学位论文,2011年,第41页。
② O'Flaherty, M. & Fisher, J., "Sexual Orientation, Gender Identity and International Human Rights Law", in Grodin, M., ed., *Health and Human Rights in a Changing World*, Routledge, 2013, pp. 356-385.

并以政府为中心详细论述保障健康权的方法与路径;社会权利视角的价值主张(又更进了一步),认为保障健康权应以权利为本位,国家可以发挥积极作用;社会合作视角则主张除政府外,多元行为体可以共同参与健康权的保障。

以洛克等思想家为代表的自然权利视角来看,健康权利是一项与生俱来的天赋人权,不得遭侵害、不可被转让、不可被剥夺①,也就是说,人享有健康的权利是自明性的,无须证明的。②因此,国家/政府不得阻碍民众获得与享有健康权,也不得损害或剥夺民众已经获得的健康权,但是,国家/政府也没有保障民众健康权的义务,可以对民众增进健康权的需求选择不予作为,或更直接地说是忽视。

国家义务视角是健康权研究中最为广泛的研究范式,这种范式尤其受到法学家的推崇。法学家普遍认为,国家对健康权利的保障责任与义务,需要在国际和国内两个层面、两种环境中来实现。在国际层面上,国际规范与制度对国家构成了一定的约束力,加强了全球性的人权意识,各国保障健康权利的责任与义务主要体现在国家对国际人权规范的内容接受、理念接纳、条款内化与精神遵循等方面。有学者以《经济、社会及文化权利国际公约》(International Covenant on Economic, Social and Cultural Rights, ICESCR)③及其一般性评论意见为基础,从法

---

① [英]洛克:《政府论》下篇,叶启芳、瞿菊农译,商务印书馆2019年版,第4—5页。
② 程关松、王文:《自然权利的自明性与证明性——以洛克为中心》,《东方法学》2011年第2期。
③ 《经济、社会及文化权利国际公约》也译为《经济、社会、文化权利国际公约》《经济社会文化权利国际公约》。本书根据联合国网站将该文件翻译为《经济、社会及文化权利国际公约》,但在引用文献时仍呈现相关文献原貌。

学视角解释了对健康权尊重、保护和实现的国家义务。① 不可忽视的是,人权机制的非强制性、健康权概念的模糊性、东西方人权观差异造成的分析框架解释力与适用性不同等因素,都造成了通过国际人权机制开展健康保障、促进与治理的缺陷。或许正是由于健康权的权利义务不清,造成难以得到有效执行。②

虽然如此,随着越来越多的国家签署《经济、社会及文化权利国际公约》,很多学者认为,将健康权纳入国家宪法或法律体系已成为一种国际性的趋势。③ 埃丽诺·金妮(Eleanor Kinney)和布莱恩·克拉克(Brian Clark)对第二次世界大战后世界各国的宪法进行了统计,世界上已有七成左右的国家在各自的宪法中明确规定了健康权。④ 他们的发现验证了这一重大趋势。

然而,人权与文化背景、民族心理、风俗习惯等因素相关,国际人权规则由于涉及各国不同的国情国力差异,一般很难取得

---

① 林志强:《论健康权的国家义务》,《社会科学家》2006年第4期。
② Toebes, B., "Toward an Improved Understanding of the International Human Right to Health", *Human Rights Quarterly*, 1999, 21(3), pp. 661-679.
③ Backman, G., Hunt, P., et al., "Health Systems and the Right to Health: An Assessment of 194 Countries", *The Lancet*, 2008, 372 (9655), pp. 2047-2085; Hogerzeil, H., "Essential Medicines and Human Rights: What Can They Learn from Each Other", *Bulletin of the World Health Organization*, 2006, 84(5), pp. 371-375; Hogerzeil, H., Samson, M., et al., "Is Access to Essential Medicines as Part of the Fulfilment of the Right to Health Enforceable through the Courts?", *The Lancet*, 2006, 368(9532), pp. 305-311; Wuerffel, K., "Discriminating among Rights?: A Nation's Legislating a Hierarchy of Human Rights in the Context of International Human Rights Customary Law", *Valaparaiso University Law Review*, 1998-1999, 33 (386), pp. 369-411.
④ Kinney, E. & Clark, B., "Provisions for Health and Health Care in the Constitutions of the Countries of the World", *Cornell International Law Journal*, 2004, 37(2), pp. 285-355.

第二章 文献世界：不同视角 不同声音

共识，①因此，各国对与健康权相关的国际规范的承认、接纳与内化的速度、程度与效度都有所差异。马克·海伍德（Mark Heywood）和约翰·石扎（John Shija）以南非为例，考察了在全球健康框架协议下，各个国家对健康权这项义务的实际履行情况，他们的重要发现之一是保障健康权需要持续和稳定的资金支持，但更为重要的是国家卫生政策体系的制度保障，南非在认识与行动上推进全球健康框架协议在国内顺利执行是关键之一，其内化经验也证明了国际制度对国内制度在更强持续性、透明性和标准化等方面均有促进作用。② 然而，与之形成鲜明对比，在资源禀赋、经济发展、理论与政策研究上都占据相当优势的美国，面对日益突出的医疗费用和人权问题时却步履维艰，不得不力推国内的相关改革，但仍未对健康权的确立达成共识。③ 因此，作为一项基本人权的健康权，其国际规范与制度内化为国内制度与政策往往需要一个过程，这个过程根据各国政治制度与治理结构等因素的不同而不同。

健康权逐渐从道德权利发展为应然权利，法学领域的学者认为健康权具有宪法权利的属性，此中传达出的关键信息还有，健康权以积极权利为主而兼有消极权利。一些学者甚至明确指出，国家应当在宪法中主张将健康权作为公民的基

---

① 王逸舟：《中国崛起与国际规则》，《国际经济评论》1998年第2期。
② Heywood, M. & Shija, J., "A Global Framework Convention on Health: Would It Help Developing Countries to Fulfil Their Duties on the Right to Health, A South African Perspective", *Journal of Law, Medicine and Ethics*, 2010, 38(3), pp. 640-646.
③ Kinney, E., "Recognition of the International Human Right to Health and Health care in the United States", *Rutgers Law Review*, 2008, 60(2), pp. 335-379.

本权利,①即从根本法上给健康权以保障。尹口从行政法的视角出发,建立了以健康核心权、健康安全权和健康改善权为分析框架的三层次结构模型,认为作为人权的健康权,既要求国家保护公民健康权不受侵害,也要求国家承担提高公民健康水平的积极义务。② 邓海娟从国际法学和法学的视角证明健康权的基本权利性质,并通过大量国内外司法案例对保障健康权的国家义务开展实证分析和理论梳理,认为立法机关是首要的义务主体,原因是其对政府健康权预算的监督对健康权的实现最为重要;行政机关通过给付行政和秩序行政发挥作用;司法机关通过受理健康权侵权诉讼发挥功效;国家人权机构可以起到监督健康目标的发展和结果的作用。③ 既然健康权有权利主体和义务/责任主体,就需要有效的问责机制对义务/责任主体进行监督,然而在实践中,由于对健康权的规定模糊不清,对国家的问责较难实现。斯瑞·格洛普(Siri Gloppen)指出,诉讼是使政府履行健康权保障义务或对其进行问责的一种策略。④

在国家义务的视角下,学术界对中国进行的研究也形成了大量的研究文献。一个总体性的看法是,将合法有效的国际制度内部化,为国内健康权保障领域的制度完善与政策变迁提供借鉴与契机。在这样的逻辑下,研究者对国家在健康权问题上的角色、行动和效果等展开了研究。孙萌对联合国普遍定期审

---

① 杜承铭、谢敏贤:《论健康权的宪法权利属性及实现》,《河北法学》2007年第1期。
② 参见尹口:《健康权及其行政法保护》,中国社会科学出版社2015年版。
③ 参见邓海娟:《健康权的国家义务研究》,法律出版社2014年版。
④ Gloppen, S., "Litigation as a Strategy to Hold Governments Accountable for Implementing the Right to Health", *Health and Human Rights*, 2008, 10(2), pp. 21-36.

议(universal periodic review)进行了专门研究,认为这种国际机制为中国加强国际人权(包括健康权)保障制度的合作提供了契机。① 有学者研究了国家在具体领域对与健康权相关的国际规范的接受与遵守,比如,田野和林菁从政治经济学的视角分析,认为中国通过推动国内立法内化了国际劳工制度,这个过程先由中央政府批准一系列国际劳工公约,然后以国际劳工标准来推动国内立法,进而形成国内劳动治理的法律规则。② 王荣华和陈寒溪从政治学的视角分析了国际红十字会制度对中国红十字会立法的影响,提出了一种解释国际制度在中国国内化的框架,认为这个内化进程分为国际制度进入国内话语以及国际制度发挥作用和影响两个阶段。③ 对于健康权利的保障,这些学者阐述了国家将具体国际标准和国际制度内化为国内法律法规的重要性与过程,充实了国家责任和义务的分析框架,但缺少对这个过程需要的积极公共政策的整合性的理解与分析。

国家义务视角下的健康权利保障,从根本上来讲是国家迫于政治合法性与国际竞争和形象塑造等方面的压力对人权行动做出的回应或部署,其价值理念是以政府为中心的。这些已有的关于健康的国家责任与义务的文献,基本上都关注到国家的强制性权力,其中大部分研究将重点放在健康权利的消极面向,比如,强调国家通过立法、行政、司法等手段对侵害健康权的行

---

① 孙萌:《中国与联合国人权保障制度:以普遍定期审议机制为例》,《外交评论》2015年第2期。
② 田野、林菁:《国际劳工标准与中国劳动治理——一种政治经济学分析》,《世界经济与政治》2009年第5期。
③ 王荣华、陈寒溪:《国际制度与中国红十字会立法》,《国际政治科学》2007年第1期。

为或后果施行限制、管控或处罚等措施。一些研究已指出健康权利积极面向的重要性,并认为国家应该承担更加积极的义务,但遗憾的是,很少有文献从公共政策视角开展对健康权利积极面向的实现动力与过程的研究,因此忽视了国家通过积极公共政策对健康权利的维护、保障与增进的过程与效果。实际上,改革开放以来,中国推行了一系列积极公共政策来保障公民的健康权利(包括健康权利的积极面向),这是怎样的政策体系?四十多年来发生了怎样的政策变迁?是什么样的推动力实现了这些政策变迁?保障健康权利的积极公共政策是怎样推行的?还有哪些不足?应当怎样改进?这些重要问题都没有得到应有的重视,值得研究者进一步关注和探索。

在社会权利的视角下,健康权利被人们视为一项社会权利,这意味着健康权利从应然权利到实然权利的转换,需要国家发挥更加积极的作用。与国家义务视角相同的观点是,社会权利视角也认为健康权的保障需要国家发挥积极的作用,但在价值主张上,这两个视角存在重大差异。社会权利视角主张国家的积极作用不应以政府为中心,而应以人的基本权利为出发点,即以权利为本位。有研究以《经济、社会及文化权利国际公约》为例,验证了"以权利为本位的路径"(human rights-based approach)这种战略选择的不可替代性,同时强调这种积极作用的发挥最终取决于国家进行积极的内化与落实。①

从社会权利的角度来认识中国的健康权利保障问题,形成了各种有争议的观点。在当今国内外学术界,越来越多的学者

---

① 晋继勇:《全球公共卫生治理中的国际人权机制分析——以〈经济、社会和文化权利国际公约〉为例》,《浙江大学学报》(人文社会科学版)2010年第5期。

关注中国的积累与经验。让·德雷兹(Jean Dreze)和阿玛蒂亚·森(Amartya Sen,也译为阿马蒂亚·森,本书译为阿玛蒂亚·森,但在涉及文献时保留相关文献的原貌)在《饥饿与公共行为》一书中认为,中国的公共政策对促进保障健康权的基本条件产生了积极影响。他们认为,同样是发展中国家,中国有着相对较低的死亡率与发病率,印度的同类指标却相对不尽如人意,这得益于中国有力的社会保障政策(如食物分配)。① 而有些学者认为,中国与国际社会的交往充满了国家发展的工具性考量,忽视了关注人的权利与发展。比如,伊丽莎白·埃克诺米(Elizabeth Economy)和米歇尔·奥克森伯格(Michel Oksenberg)探讨了中国与国际人权机制及联合国等国际组织的关系,认为中国在国际体系中的行为服务于维护国家主权、保证国家安全、防止台湾独立、塑造良好大国形象与促进经济利益等战略。② 根据他们的看法,中国的国家行为并没有考虑到人权(包括健康权利)问题。客观地讲,这些研究具有一定的时代性与观察视角的局限性,因为,改革开放四十多年来,中国的国家身份与治国理念都已经和正在逐步发生转变,以人民权利为基础的公共政策的推行就是重要的表现,例如,在健康权利领域制定与实施积极的公共政策,就是关注与重视人的权利与发展的国家行为,很多研究者还尚未意识到或注意到这一点。

社会合作视角将关注的焦点从国家和政府身上转移到它们之外的更多行为体,认为促进健康和健康权利的实现,并不只是

---

① [印]让·德雷兹、[印]阿玛蒂亚·森:《饥饿与公共行为》,苏雷译,社会科学文献出版社 2006 年版,第 217 页。

② see Economy, E. & Oksenberg, M., eds., *China Joins the World: Progress and Prospect*, Council on Foreign Relations Press, 1998.

国家的义务和责任。的确,健康权利的保障和实现是一个跨边界的议题,它受到国际、国内多种因素及其互动的影响。当然,这不是否定国家的作用。事实上,没有国家的积极作为,健康权利要得到真正实现几乎不可能。① 国家对保障健康权负有责任和义务,同时,国家应该制定可以促进全社会的力量来参与治理的政策。杨志良从社会保障和保险学的角度分析了保障健康权利的国家义务,并认为更好的保障政策的实施应由全社会共同负担。② 将个人与家庭的相关成本费用社会化,以全社会的力量共同保障每一个国民能公平地获得健康,这是国家把市场当作一种政策工具的通常做法。由于健康保障的很多方面涉及福利性和公益性,因此,市场工具只能是一个辅助性工作。

与市场化政策工具的使用一样,私营部门(企业)也经常处于健康权利问题的焦点,相关研究主要集中于职业健康权的保障与劳资关系的协调,因此,政府、企业和工会等组织之间的关系变成一个重要的研究议题,比如,对农民工的职业健康的关注。职业健康权是劳动者的基本权利,③一般认为,农民工在劳动关系中处于相对弱势地位,常常面临职业病危害的挑战,④他们的健康权等权利相较于其他劳动群体更易受损或难以保障。蔡禾认为,随着农民工的权利意识逐步提升,对雇佣单位进行争

---

① Menon-Johansson, A., "Good Governance and Good Health", *BMC International Health and Human Rights*, 2005, 5(4), pp. 1-10;蒋月、林志强:《健康权观源流考》,《学术论坛》2007年第4期。
② 参见杨志良:《健康保险》,巨流图书公司2003年版。
③ 牛红娟、肖卫华:《论职业健康权相关法律关系》,《中国职业医学》2013年第5期。
④ 刘小勤:《基于生命权视域的农民工职业健康权制度伦理构建》,《医学与哲学》2014年第4期。

取权益(包括健康权利)的集体行动,目标从维护"底线型"利益逐步提升为"增长型"利益,如改善工作条件和落实社会保障等成为主要权利诉求。① 王彦斌等人从制度与结构着手,指出农民工职业健康的实现与企业经营成本的控制之间存在冲突,认为农民工职业健康的有效实现需要通过建构起一种新型公私合作治理结构,即以政府、企业和工会为主体,强调工会等社会组织的重要作用。② 沃尔夫冈·多伊普勒(Wolfgang Däubler)分析了德国在这方面可供借鉴的经验,他认为德国是现代国家中劳资关系治理的典范,这在很大程度上是因为政府在多个相互联系的领域推行相互配套的政策,形成了相互协同的政策组合。③

社会合作视野下的健康权研究的最重要的研究领域,是关于各个领域的非政府组织(non-government organization,NGO)在多种治理层次上的角色和行动。NGO是世界范围内最重要的非国家行为体。苏姗娜·梅休(Susannah Mayhew)等人提出了针对NGO责任的分析框架,认为应该将NGO视作提升权利的责任主体,它们可以通过服务、活动和运营原则来体现,并指出这种导向也可以缓解筹资困境带来的压力。④ 有学者对国际行动援助(ActionAid International)这个国际NGO进行了考察,发现这个倡导以人为本(People-Centred)的组织,通

---

① 蔡禾:《从"底线型"利益到"增长型"利益——农民利益诉求的转变与劳资关系秩序》,《开放时代》2010年第9期。
② 王彦斌、杨学英:《制度扩容与结构重塑——农民工职业安全与健康服务的适应性发展》,《江苏行政学院学报》2015年第6期。
③ [德]沃尔夫冈·多伊普勒:《德国雇员权益的维护》,唐伦亿、谢立斌译,中国工人出版社2009年版,第12页。
④ Mayhew, S., Douthwaite, M., Hammer, M., et al., "Balancing Protection and Pragmatism: A Framework for NGO Accountability in Rights-based Approaches", *Health and Human Rights*, 2006, 9(2), pp.180-206.

过形成包括技术和知识等要素在内的资源包(resource pack)机制,开展评估、规划与学习,帮助当地 NGO 从根本上提升能力,而不只是事件性的物资支持,从而形成与加纳、乌干达和巴西等国当地诸多 NGO 的深入合作。① 当《消除对妇女一切形式歧视公约》的缔约国提交国家履约报告时,国际妇女权利行动观察(International Women's Rights Action Watch)等国际 NGO 通常也会就该国的实施情况提交相应的影子评估报告,大卫·福赛思(David Forsythe)认为这些 NGO 的影子报告可能比政府的报告更为真实。② 刘梦非并不支持这种观点,认为国际人权 NGO 自身的国际法主体地位尚未得到认可,往往无法很好地发挥相关的权利促进作用。③

上述这些研究都注意到:第一,私人部门和 NGO 等非国家行为体在健康权利保障中都是重要角色之一;第二,非国家行为体可以也应该承担一定的法定义务;第三,非国家行为体的责任和义务只是对国家义务的补充。

人权是一项不可分割的整体权利,因此,上述自然权利视角、国家义务视角、社会权利视角和社会合作视角实际上是统一的。NGO、社区、企业、家庭与个人等非国家行为体,都是人权治理中重要的社会力量,④国家通过公共政策调动多元行为体

---

① see Chapman, J. & Mancini, A., eds., *Critical Webs of Power and Change: A Resource Pack for Planning, Assessment and Learning in People-Centred Advocacy*, ActionAid, 2006.

② Forsythe, D., *Human Rights in International Relations*, Cambridge University Press, 2012, p. 243.

③ 刘梦非:《国际人权非政府组织的困局及释解》,《法学评论》(双月刊)2014 年第 5 期。

④ [奥]曼弗雷德·诺瓦克:《国际人权制度导论》,柳华文译,孙世彦校,北京大学出版社 2010 年版,第 348 页。

的积极性与能动性,更充分地利用社会中的人才和物力等资源,是保障健康权利的重要手段与途径。已有研究已经注意到了非国家行为体可以发挥重要的作用。然而,国家怎样通过积极公共政策推动与协调多元行为体的发展与行动?这些非国家行为体对健康权利保障有什么样的策略与行动?多元行为体之间怎样互动、效果如何、怎样改进?这些问题仍未得到融合性的分析。

第四节 促进健康的积极公共政策

积极公共政策是本书提出的一个分析性概念,学术界此前尚未使用这个概念。但是,在学术研究和公共管理实践中,有一些相近的提法、概念和术语来描述与积极公共政策相关的某些类型的行动。

经常出现在中国官方文件或领导人讲话中的"积极作为",以及学者经常使用的"积极政府行为",与我们的分析概念比较贴近。例如,习近平指出,推动"十三五"经济社会发展要"坚持立足优势、趋利避害、积极作为"。① 20世纪90年代有研究者认为,改革开放20年间,中国行政系统的"积极政府行为"对社会的政治、经济和文化等各领域的巨大发展产生了带动作用。② 杨敏通过对城市贫困问题进行的研究认为,结构性问题是根源,

---

① 习近平:《抓住机遇立足优势积极作为 系统谋划"十三五"经济社会发展》,《党建》2015年第6期。
② 李琪:《后计划经济时代中国行政系统的发展》,《中国行政管理》1997年第1期。

解决途径便是推行"积极政策"与创新思路。① 在外交政策领域,胡建认为中国外交理论与实践中的"积极作为"包括制定战略规划、完善协调机制、开拓外交新路径、重视民间智库和增强国家话语权等措施。② 刘东方根据结构-行为-绩效(SCP)的理论分析框架,对上海自贸区金融法制建设进行了研究,认为中央层面的制度再供给是关键,《中国(上海)自由贸易试验区总体方案》中关于金融行为法创新的规定为上海自贸区的"积极作为"创造了机会。③

"有为政府"的说法经常被用来描述政府的积极作为。王勇等人对"有为政府"的界定强调政府能够根据不同发展阶段的不同情况有效地纠正市场失灵并促进社会公平。④ 林毅夫从国家层面对"有为政府"进行了分析,认为中国经济发展和转型的经验是同时发挥"有为政府"和"有效市场"的作用,形成政府和市场的有机统一、相互补充、相互促进的格局。⑤ 在地区和产业层面,胡晨光等人从发展战略、产业与贸易政策、市场制度、公共投资政策措施四个维度建构了一个集聚经济圈"有为政府"的分析框架;⑥姬卿伟等人认为"有为政府"是推动改革以形成多样性

---

① 杨敏:《以积极创新的政策理路应对21世纪的贫困挑战》,《教学与研究》2009年第6期。
② 胡建:《从"韬光养晦"到"积极作为"——中国外交思维、战略与策略的转变刍论》,《理论导刊》2012年第4期。
③ 刘东方:《上海自贸区金融法制建设分析》,《理论月刊》2015年第9期。
④ 王勇、华秀萍:《详论结构经济学中"有为政府"的内涵》,《经济评论》2017年第3期。
⑤ 林毅夫:《中国经验:经济发展和转型中有效市场和有为政府缺一不可》,《行政管理改革》2017年第10期。
⑥ 胡晨光、程惠芳、俞斌:《"有为政府"与集聚经济圈的演进——一个基于长三角集聚经济圈的分析框架》,《管理世界》2011年第2期。

经济发展模式、进而促进地区制造业合理发展的关键,他们构建了有为政府的多指标评价体系。①

学术界对"积极政府"的相关领域进行了一些延伸性的研究,从其他角度体现出政策价值与治理理念的逐渐转变。柳砚涛认为,在"积极政府"理念下应推行"积极行政法",也就是说,法律的价值取向应该由控制行政权转向保障民众的权利自由和福利增进。② 姜涛认为,行政公益诉讼有助于维护司法权与行政权之间的功能秩序,而这正是国家"积极作为论"的结果。③ 美国社会学家埃里克·赖特(Erik Wright)对劳资之间的利益妥协进行了研究,指出利益妥协包括消极的利益妥协和积极的利益妥协,前者是零和博弈下的妥协策略,劳资之间的冲突无法得到有效治理;后者是正和博弈下的妥协策略,即在不断扩大利益总量的前提下调整利益分配,使劳资双方的利益都得以增加,劳资冲突得到有效治理,他认为制度化的集体协商是达成积极的利益妥协的有效路径。④

已有文献对积极政府及其积极作为等相关问题开展了广泛研究,为积极公共政策的探讨拓展了思路,打下了坚实的基础,然而,这些文献中仍存在一些不足,尤其是对"积极"的理解普遍

---

① 姬卿伟、李跃:《有为政府、多样性经济与城市制造业发展》,《城市问题》2015年第6期。
② 柳砚涛:《论积极行政法的构建——兼及以法律促进行政》,《山东大学学报》(哲学社会科学版)2013年第3期。
③ 姜涛:《检察机关提起行政公益诉讼制度:一个中国问题的思考》,《政法论坛》2015年第6期。
④ Wright, E., "Working-Class Power, Capitalist-Class Interest and Class Compromise", *The American Journal of Sociology*, 2000, 105(4), pp. 957-1002.

拘泥于"政府主动积极地提供公共服务",①这仍然是一种以政府为中心的价值理念,关键的问题在于,它忽视了民众的权利或以权利为本位的价值理念。

实际上,无论是讲积极公共政策,还是讲积极政府,其背后的理论逻辑大多来自政治哲学和法哲学中的积极自由与积极权利观念。自由主义、保守主义和新自由主义等思想流派的代表人物,虽然各自秉持不同的学术主张和价值理念,但都不约而同地将"自由"视为重要的探讨议题。埃里希·弗洛姆(Erich Fromm)区别了积极自由与消极自由,在他那里,积极自由强调的是人的自我实现,是人应该拥有选择的自由与能力,而实现积极自由的必要条件是不受他人干预的消极自由,其中包括不受政府的干预。②与古典自由主义思想中不要国家干预的主张不同,英国政治学家埃德蒙·柏克(Edmund Burke)既主张破除理性权威以保护个人自由,又坚持树立宗教权威以维持社会秩序。③也就是说,他同时支持自由的价值观念与保守的制度观念。④约翰·杜威(John Dewey)的新自由主义政治哲学阐释了国家干预的合理性,他批判原子个人主义和纯粹的自由放任,主张合作的个人及参与的民主。⑤弗里德里希·奥古斯特·冯·

---

① 王勇:《社会治理创新与积极政府作为》,《国家行政学院学报》2017年第1期。
② 参见[美]埃里希·弗罗姆:《逃避自由》,刘海林译,国际文化出版公司2002年版。
③ [英]埃德蒙·柏克:《自由与传统》,蒋庆等译,译林出版社2014年版,第41—64页。
④ 季乃礼、于淼:《保守的倾向,自由的精神:对柏克政治价值的解读》,《山东大学学报》(哲学社会科学版)2011年第4期。
⑤ [美]杜威:《自由与文化》,傅统先译,商务印书馆2013年版,第93—123页。

第二章 文献世界：不同视角　不同声音

哈耶克(Friedrich August von Hayek)反对不符合市场规律的政府干预行为，但他并不是自由放任主义者，而是主张政府在法治的原则下，对维护经济的有效运行起到积极作用。① 经济学家阿玛蒂亚·森指出，发展应该以人为中心，"实质自由"是发展的最终目的和重要手段，人的"可行能力"就是一种能够过上有价值的生活的实质自由。②

消极自由-积极自由的二元关系与消极权利-积极权利的二元关系是同一个范畴，它们经常被思想家等同和通用。在这些二元关系框架下来认识政府的角色，在西方世界的观念里，就产生了"消极权利禁止政府，并把它拒之门外；积极权利需要并盛情邀请政府"③这样的直白表述。西方治理的逻辑前提是政府为"必要的恶"，消极权利是为躲避政府的干预，而积极权利要求政府提供服务。一些关于健康和健康权利的研究文献，也是在这样的思维和理论逻辑下来理解国家和政府的作用的。有学者从政治哲学与伦理学的视角出发，指出经济社会权利是公民权利与政治权利的先决条件，当饥饿和/或疾病等不健康状况迫使个人要依赖他人提供基本生活资料或条件时，实际上无法在社会政治生活中扮演完整和积极的角色，即无法享有消极权利的自由，④保障健康权、享有可达到的最高程度的健康，可使人们

---

① ［英］弗里德里希·奥古斯特·冯·哈耶克：《通往奴役之路》，王明毅等译，中国社会科学出版社1997年版，第79—97页。
② ［印］阿马蒂亚·森：《以自由看待发展》，任赜、于真译，刘民权、刘柳校，中国人民大学出版社2013年版，第213—261页。
③ ［美］史蒂芬·霍尔姆斯、［美］凯斯·R. 桑斯坦：《权利的成本——为什么自由依赖于税》，毕竞悦译，北京大学出版社2004年版，第23页。
④ Jones, C., *Global Justice: Defending Cosmopolitanism*, Oxford University Press, 1999, p. 38.

保持政治社会与经济生活的参与能力,①这是积极权利的重要内容。

在新时代,要使作为人权的健康权成为实然权利,中国需要逐步推行以权利为本位的积极公共政策,而将中国的理念与成功经验外化为国际社会认可或达成广泛共识的制度与规范,对于实现发展中国家有效推动国际人权机制与全球治理具有重要意义。然而,已有文献中缺乏相关的融合性研究,也缺少从公共政策视角对中国在健康权利领域的治理经验进行学理性的总结,这是值得研究者关注的议题。

本书的研究主题主要是如何通过推行积极公共政策来优化健康治理从而保障健康权利,因此,在接下来的相关研究概述中,将不拘泥于对政府积极作为或积极公共政策的针对性论述,而是更关注那些为保障健康权利所推行的积极作为和政策的内容与过程。首先,学者注意到政府不禁止或阻碍多元行为体的合作与流动的积极作为。随着健康的社会决定因素与人权之间的关联越来越得到关注,②劳伦斯·高斯汀(Lawrence Gostin)等人指出,看起来,社会组织与学术界形成了一种联盟,并已经启动了相关工作,他们的项目旨在保护全球健康公约,同时主张应当支持为了保障健康权利的社会流动。③ 其次,研究者发现

---

① Goodman, T., "Is There a Rights to Health?", *Journal of Medicine and Philosophy*, 2005, 30(6), p. 655.
② see Blas, E., Sommerfeld, J., & Kurup, A., eds., *Social Determinants Approaches to Public Health: From Concept to Practice*, World Health Organization, 2011.
③ Gostin, L., Friedman, E., Ooms, G., Gebauer, T., et al., "The Joint Action and Learning Initiative: Towards a Global Agreement on National and Global Responsibilities for Health", *PLoS Medicine*, 2011, 8(5), p. e1001031.

政府更为积极的作为体现在贫困问题治理中。为了减贫,也为了通过减贫来保障健康权利,各类捐助者开拓了更广泛的捐助机制,国家层面也出台专项资金配套,如对于减贫战略(Poverty Reduction Strategy)的普遍财政支持。[1] 第三,政府针对不同的脆弱群体(妇女、儿童、残障人士、流动人口等)推行的保障政策也形成了细分的研究领域。如针对妇女健康权的研究,吕蓓卡·库克(Rebecca Cook)提出一个性别、健康与人权的分析框架,分为妇女的实际需求与战略需求两个层面,这为国际社会解决妇女的需求与权利(needs and rights)问题推行积极政策提供了历史情境。[2] 弗朗西丝·吉拉德(Françoise Girard)认为,将人口质量与国家结构这两种要素结合起来是一种革命性的范式转换,1994年开罗人口大会和1995年北京世界妇女大会共同促进了国际妇女健康运动的发展,[3]这是国际组织与国家政府积极作为的有效例证。

此外,国际学术界对不同的国家为保障健康权所推行的积极政策十分关注,有的学者与研究机构通过评估工具对这些政策的效果展开研究。20世纪90年代后期,人权影响评估开始

---

[1] Reichenbach, L., "The Global Reproductive Health and Rights Agenda: Opportunities and Challenges for the Future", in Reichenbach, L. & Roseman, M., eds., *Reproductive Health and Human Rights: The Way Forward*, University of Pennsylvania Press, 2009, pp. 21-39.

[2] Cook, R., "Gender, Health and Human Rights", in Grodin, M., Tarantola, D., Annas, G., & Gruskin, S., eds., *Health and Human Rights in a Changing World*, Routledge, 2013, pp. 341-350.

[3] Girard, F., "Advocacy for Sexuality and Women's Rights: Continuities, Discontinuities, and Strategies since ICPD", in Reichenbach, L. & Roseman, M., eds., *Reproductive Health and Human Rights: The Way Forward*, University of Pennsylvania Press, 2009, pp. 167-181.

被视为一个独立的分析框架,①通过以人权为本位的途径来设计、执行和评估健康政策与项目,可以提供提升健康效果的工具,进而促进公众健康。② 健康权影响评估(right to health impact assessment)检视政策、项目和计划等对享有人权尤其是对享有健康权的潜在影响。③ 高斯汀和曼因等人提出的七阶段方法,④后分别被高斯汀和思蒂·拉扎里尼(Zita Lazzarini)及格鲁斯金和丹尼尔·塔兰图拉(Daniel Tarantola)进一步细化,⑤已被广泛应用在全球政策与项目评估领域。这些评估方法都是保障健康权领域的重要手段,大多强调政策对健康权利的影响或潜在影响,目的也在于提升政府的责任意识与绩效水平,对各国遵守或内化国际规范的情况与进展效果有重要的参考价值,但无法顾及通过以权利为基础的价值导向推动积极政策的过

---

① Bakker, S., Berg, M., & Düzenli, D., et al., "Human Rights Impact Assessment in Practice: The Case of the Health Rights of Women Assessment Instrument (HeRWAI)", *Journal of Human Rights Practice*, 2009, 11(3), pp. 436-458.

② Taket, A., *Health Equity, Social Justice and Human Rights*, Routledge, 2012, p. 157.

③ Hunt, P. & MacNaughton, G., "Impact Assessments, Poverty and Human Rights", Human Rights Center, University of Essex, 2006; MacNaughton, G. & Hunt, P., "Health Impact Assessment: The Contribution of the Right to the Highest Attainable Standard of Health", *Public Health*, 2009, 123, pp. 302-305.

④ Mann, J., Gostin, L., & Gruskin, S., et al., "Health and Human Rights", *Health and Human Rights*, 1994, 1(1), pp. 6-23.

⑤ Gostin, L. & Lazzarini, Z., *Human Rights and Public Health in the AIDS Pandemic*, Oxford University Press, 1997; Gruskin, S. & Tarantola, D., "HIV/AIDS, Health, and Human Rights", in Lamptey, P. & Gayle, H., eds., *HIV/AIDS Prevention and Care in Resource-Constrained Settings: A Handbook for the Design and Management of Programs*, Family Health International, 2001; Gruskin, S. & Tarantola, D., "Health and Human Rights", in Gruskin, S., Grodin, M., Marks, S., & Annas, G., eds., *Perspectives on Health and Human Rights*, Routledge, 2005.

程,也就是说,尚未对推动健康权利的积极公共政策的过程进行系统性分析。

值得注意的是,在保障健康权利领域,以人权为本位的途径是一种国家/政府积极作为的价值体现。弗兰·珀金(Fran Perkin)调研了开罗的一处脆弱妇女收容中心(Drop-in Center),她们因为低收入而沦为难民,他认为通过以人权为本位的途径可以帮助这些妇女获得基本健康要素。[①] 凯伦·摩格音(Karen Morgaine)则通过对美国妇女反家暴运动所面临的挑战的分析,指出人权途径不仅可以通过提供必要的整体性方法来解决家暴中的一些重要问题,还可以加强联盟构建(coalition-building)和社区参与。[②] HIV/AIDS逐渐蔓延的趋势已经影响到生殖健康的筹资、政治关切和人力资源,议程设置层面考虑到女性的人权、性、怀孕、生育和哺乳等问题,在实践层面正在进行的重要内容是将各项分离的服务相融合。[③] 在有限的资源条件下,这种以人权为本位的原则与出发点,使政府将特定疾病或照护需求的各项公共服务相联结,也就是说,将原本分离或分散的条块式服务和产品,提升为有机的系统化服务和产品供给,这个过程的顺利实现,需要政府广泛地协调各种社会资源与不同利益诉求的多元行为体。

[①] Perkin, F., "A Rights-based Approach to Accessing Health Determinants", *Global Health Promotion*, 2009, 16(1), pp. 61-64.

[②] Morgaine, K., "How Would That Help Our Work?: The Intersection of Domestic Violence and Human Rights in the United States", *Violence Against Women*, 2011, 17(1), pp. 6-27.

[③] Gruskin, S., "Approaches to Sexual and Reproductive Health and HIV Policies and Programs: Synergies and Disconnects", in Reichenbach, L. & Roseman, M., eds., *Reproductive Health and Human Rights: The Way Forward*, University of Pennsylvania Press, 2009, pp. 124-139.

关注个人能力的提升和社会基本决定因素的解决,是政府积极作为的又一研究领域。个人需要国家提供自己不能获得的健康保障,但不应仅是被动地等待被赋予权利的载体,而是具有主动意识的行为体,是参与权利保障的行为体之一。曼弗雷德·诺瓦克(Manfred Nowak)曾指出,"对个人的赋权(empowerment)恰是人权的本质",参与、非歧视和责任是其最重要的内容。[①] 塔科特指出,通过对健康"赋权"的策略,可以使脆弱群体成为有意义的、活跃的参与者,进而促进公众健康。[②] 让·德雷兹和阿玛蒂亚·森指出,不应只将公众视为需要关注健康的"患者",而应将他们看作一种能够改变社会的行动力量。[③] 公众个人对健康权利的知情、表达、参与和监督,有利于最大限度地实现健康公平,而这些在很大程度上都建立在个人能力的基础上。也就是说,不仅要明确公众具备健康权利,还要认识到,要保障、实现与促进健康权利的重要基础之一,是公众具有知情、表达、参与和监督等的能力。王绍光认为,要保护民众的健康权利,就要保护民众做出选择、把握机遇和规划未来的权利。[④] 这些权利的实现有赖于政府积极作为并推行积极公共政策,以提升个人能力和优化社会基本决定因素。

通过对已有文献的梳理和评述,我们发现国内外学术界对

[①] [奥]曼弗雷德·诺瓦克:《国际人权制度导论》,柳华文译,孙世彦校,北京大学出版社2010年版,第348页。
[②] Taket, A., *Health Equity, Social Justice and Human Rights*, Routledge, 2012, p.159.
[③] [印]让·德雷兹、[印]阿玛蒂亚·森:《饥饿与公共行为》,苏雷译,社会科学文献出版社2006年版,第287页。
[④] 王绍光:《政策导向、汲取能力与卫生公平》,《中国社会科学》2005年第6期。

健康权及其保障与实现的研究是跨学科的、多视角的，对为了保障包括健康权在内的人权所推行的公共政策、国家行为和多元行为体的参与也有所涉及。然而，通过考察发现，已有的研究成果仍存在不少缺憾。

第一，国内外学术界对健康权及其实现的研究主要集中在法学、国际法学、公共卫生学等领域，虽然也有一些政治学和社会学等方面的文献对此进行了探讨，但对于通过积极公共政策优化健康治理从而增进健康权利的行为体、方式与过程进行考察的必要性与重要性，明显被轻视了。

第二，对健康及其实现的研究，无论是福利经济学研究、管理学研究还是公共卫生学研究等，都仍强调政府与社会的资金、人员与项目等方面的投入，尚未意识到以权利为基础的公共政策理念和实践的发生与发展，因此，未形成以人权为本位的具有逻辑性和系统性的分析框架，更多的研究仅处于分析影响和后果的阶段。所以，从公共政策视角来透视包括健康权利在内的人权保障，是值得深入探讨的研究议程。受结构主义与组织理论等方面的影响，公共管理学界对健康的保障研究，一般以政府为本位，研究政府的行为、政策过程、影响与绩效，几乎没有以人权为本位的研究，一般都强调国家的责任与义务，但却忽略了民众本身具有和应有的权利。

第三，在有关保障健康权利的实证研究中，又存在两种局限：以西方国家为例证的研究将非西方国家作为被动接受者，而忽略了后者的国情国力、资源禀赋、发展水平、治国理念与能动性等内生因素；以不发达国家或第三世界国家等为例证的研究涉及的内容主要是最基本的生存权与健康权的保障与实现，大多为应急性和基于事件的人权政策过程与效果,并无法用以分析发展中大国的现实。同样值得注意的是,已有的规范性框架与特定国家人权与政策现实之间的差距与日俱增,学界对于中国保障健康权利的实证研究尚显不足。

本书将提炼和整合已有的研究成果,提出一个能囊括国家义务、权利本位、消除障碍和推进协同治理的积极公共政策分析框架。在这个分析框架中,国家义务和权利本位是健康权的本质性内容,消除障碍和协同治理是实现健康权利的主要途径,这四个方面共同构成促进健康、优化健康治理、实现与增进健康权利的公共政策框架。

第三章
健康治理与健康权利：积极公共政策的框架

尽管健康权利在概念上存在模糊性，但国际社会和中国的政策（或立法）实践依然把它当作一个重要的政策议题。许多国际人权公约和一些国家的宪法把健康规定为一项人权来保障。虽然中国的正式文书里并没有明确把健康权/健康权利规定为一项人权，但是国家通过积极的公共政策及其实施有力地推动着健康权的实现，从而为人权的发展作出贡献，这是一个不争的事实。本书的基本认识是，把增进健康列入公共政策的重要议程之中，对于增进人权是有重要意义的。健康权利的实现依赖于社会具备一系列的基础性条件，包括公共卫生体系的建构、必要的公共财政的投入、健康知识的宣传以及其他领域（如环境保护）的政策推进等，这些基础性条件的建设，恰恰依赖于政府积极的政策行动。没有这些积极的公共政策，光有程序意义上的立法行动，民众的健康保障就无从谈起。正因为健康是属于积极人权（positive human rights）范畴的权利，因此，经由积极的公共政策来优化健康治理从而保障健康权利，自然包含增进人权的价值。

第一节 健康权概念的模糊性：
定义上的困难

全球治理和国家治理的实践表明，作为一种权利形态的健康权是不是一种人权，存在多方面的差异和分歧。在学术界，关于健康权概念的定义以及它与人权之间的关系始终充满争论。

一、多样且模糊的概念

由"健康"和"权利"结合在一起而形成的"健康权"，在措辞上存在多样性和模糊性。无论在官方文书里，还是在学术文献中，存在一系列与健康权概念含义相近、侧重点却有所不同的表述。作为人权的健康的不同措辞有：健康权（right to health）[1]、健康保障权（right to health care）[2]、健康权利（health rights）[3]、健康保护权（right to protection of health）[4]，等等。

这些多样化的术语或许可以从不同的角度来阐释作为一项人权的健康权（rights to health as a human rights）的含义，但也可能模糊了健康权作为一项人权的性质和特点。因此，定义上

---

[1] 比如，Leary, V., "Implications of a Right to Health", in Mahoney, K. & Mahoney, P., eds., *Human Rights in the Twenty-first Century*, Martinus Nijhoff Publishers, 1993, pp.481-493. 在联合国的文件里，最为常用的也是这个术语。

[2] 比如，Roemer, R., "The Right to Health Care: Gains and Gaps", *American Journal of Public Health*, 1993, 78(3), pp.241-247。

[3] 与其他措辞相比，"健康权利"的说法则更为宽泛。参见 Tomaševski, K., "Health Rights", in Eide, A., et al., *Economic, Social and Cultural Rights: A Textbook*, Martinus Nijhoff Publishers, 1995, pp.125-143。

[4] 比如，*European Social Charter*, Article 11。

的混乱很可能会带来理论和实践上的诸多争议。比如,这些术语很容易让人产生这样的观念:以为健康权/健康权利就是获得健康的权利(a right to be health),意味着要确保每一个人完美的健康(perfect health),或是享有保持或达到完满健康状态而诉诸的所有事项的权利。奥尔特·亨德里克(Aart Hendriks)对健康权的理解就比较宽泛,他认为,健康权不仅是享有基本卫生和保健服务的权利,而且是获得诸如安全卫生的饮用水和环境以及适当充足的卫生设备等保障措施的权利,这些措施是健康的基本前提条件。[①] 不过,很多人提出要谨慎地使用健康权的概念。如前文所述,特贝斯指出,健康权并非包括有关健康的一切事项。罗默则认为不能把健康权看作获得完美健康的权利。

显然,定义健康权存在客观上的困难。学理上的混乱和争议,既可能是对国际和国内政策层面上健康权利保障的实践存在差异性和困难性的一种反应,也可能会对治理和人权实践(尤其是国家的)造成一定的压力甚至困惑,这在本书后面将讨论到的什么是国家的义务和责任这个问题上尤其明显。

二、健康权的范围和核心内容

如果把健康权定义为一项人权,就需要在健康权和人权之间建立起两者之间的内在联系。这样,容易引起争议的问题可能是,在人权的意义上,健康权的具体内涵究竟是什么?

[①] Hendriks, A., "The Right to Health in National and International Jurisprudence", *European Journal of Health Law*, 1998, 5(4), pp.390-391. 特贝斯也认为这样的"健康权"措辞最符合国际条约的规定。

要讨论和探究健康权与人权之间的关联,最合适的途径是对健康权的范围和核心内容做出明确的界定,也就是说,人们可以从这种界定中来理解健康权与人权之间的关系。这一界定非常必要,一个基本的事实(某种程度上也是国际共识)是,所有的人权存在相互依赖性和不可分割性,正如联合国在《维也纳宣言和行动计划》中阐述和宣示的那样。这种相互依赖性和不可分割性,在健康权问题上同样存在。无论是经济、社会和文化权利,还是公民和政治权利,其中的好几项人权都与健康相关。健康问题是一个跨越边界的问题和议题,全球公共卫生的实践已经表明对这一跨域问题的关切的重要性。但是,健康权只是对保护人的健康都很重要的"一组"人权中的"一项"权利(在此加引号是为了强调),如果我们把和人的健康相关的一切事项都归入健康权之中,并认为它们都是人权的组成部分,健康权就很可能会因此丧失意义,因为无所不包也意味着没有重点或聚焦。

从前面关于概念的争论中可以看到,从范围上来说,一般可以认为,健康权由两个方面的要素构成:第一个要素是关于健康保障的,包括民众健康所需的基本治疗和预防保健;第二个要素并非直接的健康保障,而是属于健康的基本前提条件范畴。当然,这样的范围界定依然存在健康权与其他人权(如生命权、教育权等)在标准上的重叠问题。但是,范围的界定却有助于把不属于健康权的一些因素排除出去,从而有助于界定哪些内容属于健康权的核心内容。所谓核心内容,是指那些国际社会中国家理应予以立即加以实现的事项,即:不管一国可获得的资源状况如何,在任何情形下国家都必须保证实现健康权的那些要素。至于这些要素的清单到底有多长,则会因每个国家的具体情况而有所差异，但其基本内容可以在世界卫生组织制定和发布的"人人享有健康"和"初级保健"战略的相关规定中得到说明。包括提升人口质量措施在内的母婴保健，对主要流行性疾病的免疫或防控，对普通伤病的合理用药或适当的治疗与慰藉，以及关于普遍健康问题等方面的教育、食物供应和适当营养的促进、安全用水和基本卫生设备的足够供应等方面的有关健康的基本前提条件的规定，应该被看作健康权的核心内容。

第二节　健康权与人权的关联：实践和学理的解释

　　关于健康权的范围和核心内容的界定可能会继续存在争议。但这种界定却有助于我们理解和处理健康权与人权之间的关联，以及这种关联体现出来的历时性变化。

中国共产党第十九次全国代表大会报告对新时期中国社会的主要矛盾进行了明确的界定，提出国家要满足人民日益增长的美好生活需要。这个具有号角和旗帜意义的文件，将有力地推进"健康中国"战略的实施。人民对美好和幸福生活的追求和向往，离不开健康的基本保障。放眼整个世界，工业文明和现代化改善了人们的物质生活，但同时都不可避免地带来一定的健康危害。正是在这样的背景下，在过去的二十年里，人权和健康问题几乎同时成为世界的关注热点。一些国家在实践中已有考量两者相关性的具体做法，南非宪法法院 2001 年对"卫生部诉治疗行动计划组织案"的判决当时引发了全球关注,就是因为健康权利问题越来越与人权结合和融合在一起。这个判决在很大程度上推动了国际人权法中经济、社会和文化权利,也就是学界(尤其是法学界)通常普遍认可的第二代人权运动的学术研究和实践进展。①

一、国际实践

把健康权规定为一项基本的人权,在国际和国家实践中已经有了一段历史,虽然时间不长,但行动称得上有力。在国际实践中,首次把健康权宣布为基本人权的,是世界卫生组织1946年7月22日签署的《世界卫生组织宪章》。该宪章宣布:"享有可能获得的最高标准的健康是每个人的基本权利",这里的"每个人"特别强调在全世界各个角落的不同种族、宗教、政治、经济、社会等背景的所有人。此后,国际机构的相关行动步伐不断加快,规定也越来越详细。联合国大会于1948年12月10日通过的《世界人权宣言》把健康权确定为社会、经济及文化权利的一部分,并对其含义做出明确的界定:"人人有权享受为维持他本人和家属的健康和福利所需的生活水准。"(第25条)如果说《世界人权宣言》不具有条约性质从而不具有对成员国法律上的拘束力的话,那么,《经济、社会及文化权利国际公约》的有关规定在这方面就更进了一步。健康权是公民应当享有的权利,这在联合国1966年通过的此份国际公约(第12条)中有清晰的宣示,即各缔约国承认民众享有获得健康的权利,为了提升参照

---

① 晋继勇:《全球公共卫生治理中的国际人权机制分析——以〈经济、社会和文化权利国际公约〉为例》,《浙江大学学报》(人文社会科学版)2010年第4期。

第三章 健康治理与健康权利：积极公共政策的框架

性、可操作性和可衡量性等，这份公约给出了各国可采取的具体步骤，涵盖多个领域。

联合国机构通过的其他一些重要公约和文件也在相应的条款中对健康权做出了规定，比如，分别在1979年和1989年通过意见汇总、协商、制定并公布的《消除对妇女一切形式歧视公约》第12条、《儿童权利公约》第24条和《经济、社会和文化权利委员会第14号一般性意见》等条款与内容，均为明确认可、宣示并遵循健康权是一种人权的依据所在。

虽然在学理和实践层面上健康权的定义存在模糊性和争议性，但全球或国际层面上的实践及其进程显然已经非常明确地把健康权规定为基本人权。这是一个确定无疑的发展趋势和进程。世界卫生组织（WHO）在认定健康权是人权之后，进一步把健康权理解为"享有有效和完备的健康系统的权利"，这个健康系统不只包括医疗卫生资源，而着重强调世界上每个人都有权获得和享有基本的健康保健以及健康的基本决定因素。[1] 在WHO那里，健康权包括获得及时、可接受、负担得起和质量适当的卫生保健服务。在内容上，自由和权利是衡量健康权的两个关键维度：自由包括能够控制自己的健康和身体（如性和生殖权利），并且不受任何干涉（如不受酷刑和非自愿的治疗和实验）；权利则包括有权享有某种健康保障制度，使每个人都有均等的机会享受最高而能获致的健康水平。[2] 联合国人权机构对健康权概念的界定以及对其人权属性的理解，与WHO相当一

---

[1] WHO, *The Right to Health*, 2002, https://apps.who.int/iris/handle/10665/42571, retrieved September 28, 2020.

[2] 世界卫生组织：《健康与人权》，世界卫生组织官方网站，http://www.who.int/mediacentre/factsheets/fs323/zh/，最后浏览日期2020年10月1日。

致。联合国人权事务高级专员玛丽·鲁宾逊指出:"健康权并不意味着人们必须健康的权利。"他主张的是政府依据实际的资源禀赋与国情国力在最可能的时间内推行政策并采取行动,尽最大可能使所有国民获得基本和充足的卫生保健。① 在此基础上,联合国健康权特别报告员保罗·亨特认为,与保障和真正实现每个人健康权相匹配的是"有效的、综合的根据需要做出反应的健康制度",②这充分体现在其于2006年向联合国人权委员会递交的年度报告中。

二、地区和国家实践

在地区和国家层面上,人们也可以看到把健康权规定为人权的相关实践。地区实践的一个典型例子是1988年通过的《圣萨尔瓦多议定书》,也称为《美洲人权公约关于经济、社会和文化权利的补充议定书》。它从法律上明确了健康权的内涵及其与人权的关系,以及国家保护健康权的义务之所在,首先明确规定"人人应有健康权";其次要求各缔约国应将"健康视为公共利益",同时尽国之所能"采取措施以保障这项权利"。

一些国家实践已经在宪法中把健康规定为一项人权来加以保障,虽然有关用词存在一些差异,但基本的理解是较为一致

---

① WHO, *25 Questions & Answers on Health & Human Rights*, Health & Human Rights Publication Series Issue No. 1, 2002, p. 9.
② Economic and Social Council of UN, *Economic, Social and Cultural Rights: Report of the Special Rapporteur on the Right of Everyone to the Enjoyment of the Highest Attainable Standard of Physical and Mental Health, Paul Hunt* *(E/CN. 4/2006/48), March 3, 2006, para. 10.

第三章　健康治理与健康权利：积极公共政策的框架

的,这些宪法条款中的一类是把健康规定为个人权利,另一类所遵循的理念则是为国家规定了相应的义务或责任。1917 年的《墨西哥宪法》(2003 年修改)使用"健康保护权",1976 年的《古巴宪法》(1992 年修改)使用"健康保护与保障权",1991 年的《罗马尼亚宪法》则表述"健康保障权",它们的含义比较接近。① 目前,中国的宪法中尚未有关于健康权方面的规定,但早在 1987 年施行的《中华人民共和国民法通则》的第 98 条就已经提出了"生命健康权"的概念。显然,健康权在这里还没有被看作一项独立的权利。这或许与当时中国所处的发展阶段相关,在以经济增长和发展为主要任务的时代里,把健康权规定为一项独立的人格权还没有发展到能够进入立法和政策的议程范围的程度,因此,法律和政策不可能有健康保障或保护方面的人权取向。即便在健康权研究上相当充分的美国,它并没有在宪法中确立"健康权"本身,这种议程设置的困难性和复杂性也体现在国际形象中,它也没有在国际上承认健康权。之所以如此,其中一个重要的原因在于,美国国内就健康权与人权的关系,尤其是政府对健康权保障是否具有法律义务的问题上,长久以来一直存在激烈的争论。面对日益增长的医疗费用和不断产生的人权问题,美国政府被迫做出反应,以推进国内医疗改革和人权的改善。但由于其政治制度的特点和政治过程的复杂性,数十年来一直无法就健康权的确立问题达成共识。

　　从上述的简要回顾中可以看到,从人权的价值角度来实践

---

① Kinney, E. & Clark, B., "Provisions for Health and Health Care in the Constitutions of the Countries of the World", *Cornell International Law Journal*, 2004, 37, pp. 315 - 355. 这些国家有关健康权的措辞分别是 right to health protection, right to health protection and care 和 right to health care。

健康权,国际层面上的行动明显快于国家的行动。这是一个很有意思的现象。这并不意味着国际社会的政治过程比国内政治过程取得同样的共识要来得更容易,而是意味着和其他任何国际制度和规范一样,人权的国际制度和规范必须通过某种特定的政治程序才能在国内加以实施。但是,国际社会中健康权与人权之间日益交互相融的趋势不断发展,必然会助推越来越多的国家的立法和政策实践从人权的角度和高度来重视健康权问题,图3.1可以反映这一趋势。正如哈佛大学公共卫生专家曼因所观察到的那样,我们正在见证重大历史范式的转换与融合,人类正在参与和创造健康治理与人权运动的交融。①

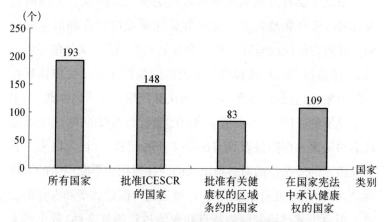

图 3.1 承认健康权的国家数量图

资料来源:Kinney, E. D., "The International Human Right to Health: What Does This Means for Our Nation and World?", *Indiana Law Review*, 2001, Vol. 34, p. 1465。

---

① Mann, J., "Health and Human Rights: If Not Now, When?", *Health and Human Rights*, 1997, 2(3), pp. 113-120.

三、确立健康权的重要性：学理上的解释

健康权与人权的交融，或者说，各国应该在实践中把健康权确立为基本人权，这是可以在学理上得到解释的。

首先，人权具有直接的不可分割性。前面提到，维也纳国际人权会议制定的《维也纳宣言和行动计划》明确阐述了人权的这一特性。关于人权的两个国际公约虽然把人权划分为"公民和政治权利"，以及"经济、社会和文化权利"两大类，并在两大类之下罗列了一系列人权的清单。但是，这两大类人权及其各自名下的具体权利几乎都与公共健康或人的健康密切相关。人权与健康之间正在形成的结构性联系，使得保障人权和保障健康几乎成为同一个问题。正如有研究者指出的，"保护人权就是保护公共健康，充分保护人权是保护公共健康的关键"[1]。也正因为如此，学术界很多人提出，"公民权利和政治权利"以及与之相应的"经济、社会、文化权利"应该融为一体而非离散状态。[2]

其次，健康权具有极端重要性。一方面，健康权是针对普遍的每一个个体的权利而言的。国际公约之所以说健康"人人有权享有"，实乃因为健康权是每个人作为独立的个体而天然拥有的作为"人"的基本尊严与价值，它也是每个人能够生存与发展所需要的基本权利。它既与其他人权密切相关，也不能被其他人权替代。健康权是每个人无论时间、地点、情境等的不同都必须获得和享有的权利。另一方面，健康权是一种基本人权。作

---

[1] Jürgens, R. & Cohen, J., "Human Rights and HIV/AIDS: Now More than Ever", Open Society Institute (Law and Health Initiative), 2007, p.7.

[2] Scott, C., "The Interdependence and Permeability of Human Rights Norms", *Osgoode Hall Law Journal*, 1989, 27(4), pp.769-878.

为典型的人身权之人格权,健康权是法律人权的首要内容,关系着人的生存权的实现。正因为如此,全球公共卫生治理战略日益重视人权与健康之间的关联,强调在实现健康问题上人权考量的重要性。这种战略的特征是一种"以人权为本位的途径"(human rights-based approach)。有人认为,唯其如此,才可以避免"代价过于高昂的错误"[1]。

再次,健康问题具有脆弱性。健康的脆弱性当然首先根源于人自身及其外在环境的脆弱性,但更重要的原因还在于健康权本身的性质。借用格鲁斯金等人的说法,涉及各种人权保护的健康权问题"几乎超越了其他任何单一的权利"[2]。《经济、社会和文化权利委员会第14号一般性意见》第8条中的"健康权包括多方面的社会经济因素",既说明了健康权与其他人权的密切关联,也说明了健康权的脆弱性。自2001年以来,世界范围内各种疾病的扩散给健康治理带来了挑战,尤其是2019冠状病毒病(COVID-19)、艾滋病、肺结核、严重急性呼吸道综合征(俗称非典型性肺炎,SARS)、疟疾等具有流行性与蔓延性的公共卫生问题对民众健康造成严重威胁,考验各国的治理能力与合作能力。解决这些问题,不仅需要科学,更需要政治和制度,包括如何确保公众的知情权、受教育权和参与权。很多研究和经验上的案例都已经显示,不重视甚至侵犯和虐待人权,对人的健康带来了很多负面后果。比如,对艾滋病患者的歧视和其他方

---

[1] Gruskin, S., Ferguson, L., & Bogecho, D., "Beyond the Number: Using Rights-based Perspectives to Enhance Antiretroviral Treatment Scale-up", *AIDS*, 2007, 21(5), p. 18.
[2] Ibid.

面的人权虐待,都恶化了艾滋病疫情。① 因此,从民主、法治、人权等制度和价值的角度来反思和检验公共卫生治理乃至发展战略和政策,对降低健康(权利)的脆弱性以及增进或获致健康是至关重要的。

第三节 积极人权与积极公共政策：概念和逻辑上的关联

本书在导论里指出,本书的基本判断和假设是：建构积极的公共政策体系是实现民众健康权利的一个现实途径。"积极的公共政策"不是一个规范性的概念,而是一个分析性的概念；它不是与所谓的"消极"相对应的术语,即,不是要制造出另一个用以对应"消极公共政策"的术语,而是要用这个分析性的概念来解释和理解"积极人权"的实现问题。在理论和实践上,把人权分为积极人权和消极人权的说法,基本上已经被人们接受。② 积极公共政策与积极人权之间存在某种对应性(并非全然),即积极人权的实现很大程度上依赖于积极公共政策的贯彻实施。

---

① Gostin, L. & Lazzrini, Z., *Human Rights and Public Health in the AIDS Pandemic*, Oxford University Press, 1997; Csete, J., "Missed Opportunities: Human Rights and the Politics of HIV/AIDS", *Development*, 2004, 47(2), pp. 83-90.

② 卡雷尔·瓦萨克提出的三代人权概念中,第二代人权(经济、社会、文化权利)一般被称为积极人权,这些人权的实现是国家必须履行的义务,它们是依赖于政府的积极措施才能实现的权利。参见[法]卡雷尔·瓦萨克:《人权的不同类型》,《法哲学与法社会学论丛(四)》,中国政法大学出版社2001年版,第468页。

一、积极人权

法学和国际人权法意义上的积极权利和积极人权等概念，明显受到政治哲学家对积极自由(positive liberty)和消极自由(negative liberty)两者关系看法的启发。法国思想家邦雅曼·贡斯当(Henri-Benjamin Constant de Rebecque)最先用"古代人的自由"和"现代人的自由"来解释消极自由和积极自由的含义。① 现代哲学家以赛亚·伯林(Isaiah Berlin)在前人研究与思想的基础上，将自由进行了消极自由和积极自由的二元化划分。②

在伯林看来，消极自由回答了作为主体的人或人群"被允许或必须被允许不受别人干涉地做他有能力做的事、成为他愿意成为的人的那个领域是什么"的问题，积极自由则要解释"什么东西或什么人，是决定某人做这个、成为这样而不是做那个、成为那样的那种控制或干涉的根源"。③ 由于伯林更加强调以法律、制度等形式确立和保障人的权利(即消极自由)的极端重要性，而对积极自由容易被歪曲和滥用的危险始终抱着警惕的态度，使得人们对伯林的思想产生了多方面误解。一个误解是认为伯林以消极自由来反对积极自由，另一个误解是把他的二元化划分等同于两种相对立的自由。实际上，消极自由和积极自

---

① 参见[法]邦雅曼·贡斯当：《古代人的自由与现代人的自由》，阎克文等译，上海人民出版社2017年版。
② 参见[英]以赛亚·伯林：《两种自由概念》，陈晓林译，载刘军宁等编：《市场社会与公共秩序》(《公共论丛》第2辑)，生活·读书·新知三联书店1996年版，第183—222页。
③ [英]以赛亚·伯林：《自由论》(修订本)，胡传胜译，译林出版社2011年版，第170页。

由并不是类型学上的两种自由,而是自由的两个方面。伯林本人也没有以个人主义的政治自由来反对追求人的发展的积极自由,而是担心这种积极自由会走向自由的反面。

伯林的自由观是建立在他对埃里希·弗洛姆的自由观的批评基础上提出的。在弗洛姆的自由观里,免于外在权威束缚是消极自由的要义,而自我实现是积极自由的目标,即以爱和理性力量行动的自由。它们之间是"免于……自由"(freedom from)和"做……自由"(freedom to)的区别。与伯林对消极自由(政治自由)的强调不同,弗洛姆更倾向于推崇积极自由,认为消极自由并不能保障人的自由的真正实现,他认为人们不仅要维护和增加传统上的自由,还要设法获得实现自我的新自由。①

从政治思想史的角度来梳理两种自由观的流变及其脉络,需要花更多的笔墨。这两种自由的理论倾向,表现为两种权利(个人权利—公共利益)和两种主体(个人—共同体)之间的界分,并在当代的自由主义和共和主义两种理论派别上得到体现。② 实际上,从自由的两个侧面来认识,消极自由和积极自由是相互促进的。积极自由的产生是消极自由脆弱性的结果,而消极自由的实现是积极自由推动的结果。离开人对消极自由的追求,积极自由就既可能失去了基础,也很容易被滥用,因此,法律对自由的保护首先要以确认消极自由为基础。更重要的是,积极自由可以在政治经济和社会文化等多方面提供必要的和更好的条件,而这正是消极自由真正实现的基础,因此,法律同时

---

① [美] 埃里希·弗罗姆:《逃避自由》,陈学明译,周洪林校,工人出版社1987年版,第143—144页。
② 佟德志:《两种自由观念发展的政治思想线索》,《文史哲》2015年第3期。

还应确保积极自由的实现。

消极自由和积极自由的关系框架对探讨积极人权是有意义的。然而,对于积极权利的概念与发展,政治学和法学领域仍然缺乏较为有力的研究,在中国尤为如此。①

二、实质性权利和积极公共政策

经由政府积极作为(积极公共政策)而得以实现的积极权利之所以被称为积极人权,原因就在于这种积极作为解决了那些阻碍自由和人权实现的障碍,或者说为自由和人权的实现创造了条件,从而保证人们获得的自由和人权成为实质性权利(substantive rights)。自由仅仅指的是没有障碍,没有什么障碍成了自由的充分条件。积极人权是一个"行使性"的概念,包含民众能够有效控制个人生活的理念,也只有此时,这个人才是自由的,他获得的权利才是实质性的。而在消极自由那里,自由就是关于我们可以做被允许去做的事情,不管我们是不是能够行使这些机会,因而,它只是一个"机会性"的概念。当自由(权利、人权)和能力分属于两个不能相互转换的概念范畴时,人们获得的仅仅是形式性的(或程序性的)自由。只有当一个人能够运用自己的能力去追求有价值的目标时,这个人才算得上是自由的,其所获得的权利才是实质性的权利。因此,我们所获得的人权是否是实质性的,与我们的目标是受挫还是实现了绑在一起。

实质性权利和积极人权的概念,重构了自由和能力之间的

---

① 龚向和:《社会权与自由权区别主流理论之批判》,《法律科学》2005年第5期。

联系。在资源稀缺这个客观条件下,任何社会都存在着实现人权的各种障碍。现实生活中常常会遭遇各种限制或障碍,包括物质资源与发展机会等,民众能够获得的生活与权利取决于他能克服这些障碍的程度。① 这就是说,人权实现的可能性,取决于社会存在的各种障碍与我们自身能力的对比关系。积极公共政策就是要通过提高人们自身的可行能力来改变这种对比关系,从而实现实质性的权利。

这种实质性权利不是通过个人对抗政府就可以获得的,而需要国家和政府发挥积极的作用才能得以实现。正如哲学家卡尔·弗里德里希(Carl Friedrich)所说的,积极人权"是具有经济和社会性质的权利",获得安全、接受教育、工作和闲暇、合理生活水准甚至诉诸国际秩序等都是其中的权利,它们的目的不是增加个人与政府的对抗,而是使政府关注民众个人拥有这样的自由权。② 实际上,以杜威为代表的新自由主义早已重新从积极意义上来确立自由的概念,他指出个人之所以能拥有权利,是因为个人是社会和国家的成员,法律是基本的保障。③ 约翰·格雷(John Gray)也主张强调个人自主性的自由主义理想,而这种理想的实现需要积极的、有能力的国家,而非"小政府"。④ 积极公共政策的含义可以从这些概念和思想中得到完整的阐释。

---

① 杨顺利:《自由与贫困——试论积极自由与消极自由区分后的一种影响》,《江汉大学学报》2008年第3期。
② [美]卡尔·J.弗里德里希:《超验正义——宪政的宗教之维》,周勇、王丽芝译,梁治平校,生活·读书·新知三联书店1997年版,第94—95页。
③ [美]杜威:《社会哲学与政治哲学》,沈益洪编:《杜威谈中国》,浙江文艺出版社2001年版,第64页。
④ 参见[英]约翰·格雷:《哈耶克与古典自由主义的消解》,[美]拉齐恩·萨丽等:《哈耶克与古典自由主义》,秋风译,贵州人民出版社2003年版。

第四节　积极公共政策与健康权利的实现途径：分析框架

积极公共政策对健康权利和人权的意义，可以有多个方面的变量或维度来加以衡量。本节从国家义务、权利本位、消除障碍和协同治理四个维度来阐释它在实现健康权利上的作用。

一、国家义务论

需要通过积极公共政策来促进和实现的健康权利，在性质上是国家的一种责任或义务。这种论点不是一种新观念，在古典自由主义法哲学和功利主义思想家那里，早已有了民众享有健康的权利这样的思想，他们认为应该由国家来保障民众的健康。这些思想是近代欧洲社会权的理论基础。随着国家积极义务理论的逐步确立，健康权获得了由道德权利转化为应然权利的现实基础，国家开始关注民众健康并根据国情承担起一定的法律责任。[1]

只是到了当代，在完整的健康权被上升为国家宪法规定的基本权利和国际人权法的重要内容的情况下，国家保障民众健康的义务才真正超越了道义的规定性而成为政治和法律上的义务。一些学者从人权法学的角度指出，国家在保障民众健康权利的过程中承担相应义务，包括尽最大资源与能力确保民众健

---

[1] 蒋月、林志强：《健康权源流考》，《学术论坛》2007年第4期。

康所需的条件。① 《经济、社会及文化权利国际公约》第 12 条规定:"缔约各国承认人人有权享有能达到的最高的体质和心理健康的标准。"这也为国家提出了要求,并为各缔约国规定了"为充分实现这一权利而采取的步骤",包括预防、治疗和控制传染病、风土病、职业病等,减低婴儿死亡率,改善生活与工作环境,创造条件以保证每个人得到适当的医疗照护。

积极公共政策体系首先意味着国家要树立起保护和保障健康(权)的价值理念,而健康权利、保障健康和创造条件增进健康等,在表述上体现了国家积极作为的理念遵循。世界卫生组织第一届全球健康促进大会(渥太华,1986 年)通过的《渥太华健康促进宪章》中关于健康促进的三大工作策略就体现出这一价值理念。其中第一个"倡导",就是要面向政府各级决策者的倡导,希望他们秉持"健康是最大的民生"这一理念,制定与实施更为优化的健康促进政策。体现国家保护义务的积极公共政策体系,在内容上大致包括:(1)国家有义务制定法律、法规和其他规范性文件,以确保公民的健康权;(2)国家有义务制定确保民众的健康权利的政策;(3)建立保障公民健康权利的基本制度和基础设施。

二、权利本位论

在政治哲学和法律范畴里,与国家(政府)的义务相对应的,就是民众的权利。从权利的角度来谈论国家义务,才符合现代

---

① Burris, S., Lazzarini, Z., & Gostin, L., "Taking Rights Seriously in Health", *Journal of Law, Medicine and Ethics*, 2002, 30(4), pp.490-491.

政治的本质要求。当健康权越来越上升为或成为人权的时候,健康权或健康的获得与享有,便是公民应该享有的基本权利。这是国际社会和有关国际机构提出的"基于权利的途径"的基本观点或主张。在此视角和战略下,国家在健康权利保障或保护上的义务包括尊重、不侵犯、促进、保障和保护等一些基本面向。

　　本书的基本认识是:建构积极的公共政策体系来保障和增进健康权利,不仅仅是一项基于国家义务的行动,更是一项基于民众权利的长远计划,因此,与健康保障和实现有关的公共政策,必然需要更多地从民众权利出发来设计、来变革。在当今中国的政策实践中,作为一项基本权利的"人人享有基本卫生保健"的措施、情境与状态,已在高层决策者或政治领导层中得到积极认可,基本公共服务的均等化发展战略的提出和实施,便是其中的一个基本事实。这样的制度或政策设计的价值在于,它可以促进整个社会总体的实质性自由。[①] 以权利为本位的路径,应该成为引导积极公共政策的价值取向。

　　所谓的积极公共政策,在一般意义上可以从国家的积极义务或作为的角度来理解。通常,健康权被视为一项积极权利,其保障、保护和实现是国家必须要积极履行的义务,也就是说,这一积极权利"必须借助于政府的积极作为才能实现"[②]。从积极权利的角度来界定政府的积极义务并进而界定积极公共政策,只是其中一个可取的视角。因为所有的权利都有"积极"和"消极"的相关义务,同样,健康权作为一项基本人权,既包含积极权

[①] 赵德余:《政策制定中的价值冲突:来自中国医疗卫生改革的经验》,《管理世界》2008年第10期。

[②] 程燎原、王人博:《赢得神圣——权利及其救济通论》,山东人民出版社1993年版,第99页。

利的一面,也包含消极权利的内容。前面提到的《经济、社会和文化权利委员会第14号一般性意见》就从消极和积极两个方面强调了国家对健康权实现负有三种义务,并提出衡量义务落实情况的可获得性(available)、可接近性(accessible)和可支付性(affordable)三个方面的标准。因此,无论是国家(政府)对于健康权的尊重义务,还是保护和实现义务,都只有从权利的角度才能得到更充分的理解。正因为如此,我们认为,即便是那些消极权利,比如,政府不限制人们获得卫生服务的平等机会,不歧视特定人群(如妇女和残障者)的健康需求,不阻止民众参与健康方面事务,等等,这些做法都应该被视为属于积极公共政策的范畴,至少,在认知、价值、态度等方面,这些消极权利的获得和保护,也体现了政府的积极态度和作为。

三、消除障碍论

跟任何权利一样,在健康权利的获得和保障的过程中,存在诸多障碍因素,它们制约着或阻碍着人们健康权利的实现。或许有人会认为,恢复民众健康或者预防疾病,才是通过国家义务保护民众健康的目的,而与经济、社会、生活条件等健康的前提无关。这是关于健康权的内涵和范围的一种有争议的观点。的确,健康权利并不意味着人们必须健康的权利,对于国家或政府来说,其在义务的范围上也不是没有任何边界的。但是,积极公共政策之所以说它是"积极"的,不仅在于它所致力于实现的健康权是一种积极人权,还在于这种积极人权在性质上是实质性人权(substantive human rights)。也就是说,如果没有积极公共政策致力于消除那些阻碍人权实现的因素,那么,所要尊重和保障的人权在真实性上是值得怀疑的。这里所说的"实质性人权",在价值和含义上接近于经济学家阿玛蒂亚·森的"实质自由",这包括免受饥饿和疾病等困苦的"基本可行能力",以及能够接受一定教育、参与社会政治文化生活等诸多方面的实际上的自由。① 因此,消除障碍即便不构成健康权利本身的内容,也必须是构成积极公共政策的衡量标准。

《经济、社会和文化权利委员会第 14 号一般性意见》第 8 条提出:"健康权包括多方面的社会经济因素。"这些社会经济因素包括各种健康的基本决定因素,如住房、适当的卫生条件和工作环境等。它们构成使人民可以享有健康生活的条件。积极公共政策的功能就是要促进这些条件的实现,消除各种障碍。

以致力于消除阻碍健康权利实现的障碍为目的的积极公共政策,在方向、内容和形式上,至少包括如下几个方面。第一,最低的投入保障。国家(政府)必须建立完善的初级卫生保健体系,保证让社会中的所有民众和家庭都可以无条件获得。通过适当的公共政策来提供这样的非市场设施,就为全社会提供了可以被合理分享的机会和条件。第二,防护性保障。为一些特定群体(高发病人群、因贫困或失业而致的最易染病的人群、年长者和残障者这些本身非常脆弱的人群以及因自然灾害所造成的得不到生活必需品的人群等)构筑起社会安全网是一项基本建设。第三,能力提升的建设。这是世界卫生组织非常重视的一个行动方略,在它那里被称为"赋能"。要增进和实现民众的健康权利,积极公共政策就必须提高社区和个人的能力,为此,

---

① [印]阿马蒂亚·森:《以自由看待发展》,任赜、于真译,中国人民大学出版社 2002 年版,第 30 页。

政府必须大力推进健康知识的传播和健康技能的培训,增强民众利用健康政策和卫生服务的能力,鼓励民众和社区提升发现和解决相关问题的能力。第四,政府的积极作为应该在社会机会和公众参与等方面确立制度,提供保障。就社会机会而言,政府要致力于推进教育的普及;就公众参与而言,必须把民众尤其是弱势群体纳入制度化参与,使他们能把自己的痛苦和健康需求有效地表达出来。这两个方面的保障是相辅相成的,教育的普及可以增强民众的参与能力。

四、协同治理论

由于如今的管理常常发生在政府与非政府组织的"边界上或者边界之外",[1]因此,针对边界问题的管理,政府只能通过寻求与其他行为体的合作与协作,才能提高自己的管理能力。我们把政府寻求与其他非政府行为体的协作,包括其对非政府行为体的认识和认知、其自身需求的强度、其行为的积极性程度等,看作积极公共政策的一个重要方面。

人权的所有方面(包括健康权)正是这样的边界管理问题,在这里,政府尽管承担着诸多方面的义务,但它绝非能够大包大揽,这样的时代早已经过去;而社会中大量的非政府行为体,都拥有为完成一项任务所需的不同类型和不同层次的技术和资源。边界问题的存在说明合作治理的重要性和必要性,各个参与者之间在技术、资源和能力上的相互依赖性,则是产生合作需

---

[1] Milward, H., "Symposium on the Hollow State: Capacity, Control, and Performance in Intergovernmental Settings", *Journal of Public Administration Research and Theory*, 1996, 8(2), pp. 203-221.

求并使合作成为可能的根源所在。参与者之间的相互依赖性越强,协调与协作的需要就越大。①

积极的公共政策体系并不意味着政府应该且能够解决人民的一切健康问题,而是说政府要认识到其自身能力的局限性,对社会中其他行为体在促进健康权利实现上的角色和能力抱肯定和欢迎的态度,积极鼓励、动员、引导各种非政府行为体参与到健康(权利)治理的行动中来。正是在这个意义上,那种忽视非政府行为体的作用、拒绝与它们进行合作的公共政策,才是消极的公共政策。有关国际组织提出的"健康的社会决定因素"意味着:一方面,那些影响健康的政治、经济、教育和环保等因素是相互联系在一起的,因此,健康保障问题不只是政府卫生管理部门的事情,而需要在政府体系内的多个部门之间实现协调和合作;另一方面,重视和促进健康权利的实现依赖于全社会合力的形成,需要更多社会部门相互协调、共同应对。在中国,中共十八大报告提出了构建中国特色社会主义社会管理体系的方向和要求,要加快形成"党委领导、政府负责、社会协同、公众参与、法治保障的社会管理体制",这也为健康权利保障上的合作治理指明了方向。

国家义务、权利本位、消除障碍与协同治理四个维度构成了实现健康权的积极公共政策体系(如图3.2所示),其中,国家义务和权利本位是积极公共政策的内涵,消除障碍与协同治理是积极公共政策的途径;权利本位是核心,国家义务与之相对应;通过权利本位推动消除障碍和优化协同治理,消除障碍是权利

---

① [美]罗伯特·阿格拉诺夫、[美]迈克尔·麦圭尔:《协作性公共管理:地方政府新战略》,李玲玲等译,北京大学出版社2007年版,第33页。

本位的前置条件，协同治理是权利本位的必然要求；由政府主导来推行消除障碍和协同治理，与之相应，消除障碍和协同治理体现了国家（政府）的积极作为。概言之，以权利为本位的积极公共政策框架，展示出一个通过积极公共政策优化健康治理，从而实现、保障和增进民众健康权利的逻辑与过程。

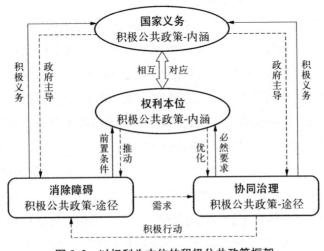

图 3.2 以权利为本位的积极公共政策框架

第五节 经由积极公共政策增进健康权利：中国的治理经验

在中国，关于健康权与人权之间的关联，无论是学术研究还是人权建设实践，其所引起的争议不亚于其他任何国家。在国家正式的法律规范中，健康权并没有被当作一项独立的权利而存在，如《民法通则》第 98 条中的"公民享有生命健康权"。尽管这种措辞涉及健康权利的一些内容，但基本上还是一种"消极权利意义上的不规范用法"。①从国际实践及其趋势来说，健康权应该成为独立的人格权。

在中国学术界，对健康权利的研究还处于比较初步的阶段。我国学术界对人权问题的研究始于 20 世纪 90 年代的中后期，但直到 21 世纪以来，人们才开始更多地关注健康权利问题。主要由法学和公共卫生管理等领域的研究者所从事的健康权研究，争论点较多地集中于健康权是否是一项基本人权、健康权与社会权是什么关系、谁是健康权的主体、健康权是否可诉、健康权保障体系的局限性等问题上，很多其他问题还没有得到深入研究，比如，在法律还没有明确把健康权作为一项基本人权的情况下，政府那些致力于促进民众健康的积极作为与政策举措，是否意味着政府是在有效地促进健康权利的实现，或者说，这种积极作为是否体现了健康权的价值？变化中的保障健康权利的政策体系是否根据"促进健康是一项基本人权"的原则来进行设计和执行？等等。这些情形可能反映了学术研究和政策实践的某些困惑。

虽然健康权尚未被法律确立为一项独立的人权，但一个基本事实是，中国已经初步形成了一个促进健康、保障人民健康权益的积极公共政策体系，而且这个政策体系正在以权利为本位而不断重构或变革，尤其是在"健康中国"战略的主导下，健康权作为一种基本权利必将成为中国国家治理和人权建设的重大问

---

① 任梦华：《健康权宪法保护研究》，东南大学马克思主义原理专业博士学位论文，2015 年，第 15 页。

第三章 健康治理与健康权利：积极公共政策的框架

题而进入议事日程。事实上,这个趋势在实践中已经有了一些明显的表现,其中,2017年9月发布的《中国健康事业的发展与人权进步》白皮书明确提出:"健康权是一项包容广泛的基本人权。"[①]中国是如何通过促进健康保障来增进人权,这个问题需要进行专文论述。目前正在形成的积极公共政策体系是这样一个基本格局:以宪法为根本准则,以卫健、环保、教育、人社、工信、住建、体育等诸多健康领域的民事和行政法律法规、地方性法规等为基础,相关领域各部门、机构、组织等的战略、计划和措施等为行动指南。下面以第四节提出的分析框架来对中国的实践做简单的回顾和评述。

（1）国家义务。世界上的多数国家公认将健康权作为一项人权。中国已经签署并批准了《经济、社会及文化权利国际公约》,承认并尽最大资源与能力履行相关国家义务。这个义务包括国家对健康权的尊重、保护、保障和实现等维度,以及颁布法律、制定政策、建立基本制度等内容,以保障公民的健康权利。中国在宪法中尚未对健康权做出明确规定,但不能说明健康权在我国不是宪法保障的基本权利;相反,宪法中的多个条款可以作为健康权的法定依据,[②]如第33条、第36条、第45条等。因此可以说,我国宪法以规范国家义务的方式承认健康权在我国的存在,而且这些宪法条款的措辞体现了健康权利的积极面向。从宪法规定和立法保障的角度来审视健康权保障的国家义务具体在各领域的实践,人们可以清晰地看到,中国对健康权借由宪

---

① 国务院新闻办公室:《中国健康事业的发展与人权进步》,人民出版社2017年版。
② 焦洪昌:《论作为基本权利的健康权》,《中国政法大学学报》2010年第1期。

法建构的保障体制正在曲折中日趋完善。①

（2）权利本位。对于中国的健康权保障问题，从权利本位的角度来考察，要比从国家义务的角度来考察困难。这是因为，在国家的立法、政策和其他实践中，健康权主要不是从权利的角度，而更多的是从国家义务的角度来加以确认的。在很长时期里，我们通常将健康视为一种需求，而没有意识到这是一种基本权利。基于需求的途径和基于权利的途径最重要的区别在于，以需求为本位的途径并不隐含责任主体，权利很容易受到威胁。②然而，这并不妨碍我们从权利的角度来认识中国在健康权利问题上积极公共政策的含义。事实上，实践中的确有很多方面的变化。中共十八大以来，人民健康被放在优先发展的战略地位。就写入十八届五中全会公报的"健康中国"建设（2015年10月）战略的含义和意义来说，它是以权利为取向的健康发展战略。尤其是，全国卫生与健康大会（2016年8月）提出的要"将健康融入所有政策，人民共建共享"的目标，更体现了基于权利而进行的政策建构行动。由此，人们可以看到，2017年的《中国健康事业的发展与人权进步》明确将健康权定位为一项基本人权。人权框架通过对公民权利保障机制与国家义务实现机制的平衡，③将关于健康的商品、服务与条件的无权利意识的需求者或接受者，转化为以权利为基础的获得者或享有者。

（3）消除障碍。中国的公共政策对促进保障健康权利的基

---

① 杜承铭、谢敏贤：《论健康权的宪法权利属性及实现》，《河北法学》2007年第1期。

② Jonsson, U., "Human Rights Approach to Development Programming", United Nations International Children's Emergency Fund, 2003, p. 20.

③ 参见邓海娟：《健康权的国家义务研究》，法律出版社2014年版。

第三章 健康治理与健康权利：积极公共政策的框架

本条件产生了积极影响。让·德雷兹和阿玛蒂亚·森指出，在发展中国家中，中国有着相对较低的死亡率与发病率，而印度的同类指标却相对不尽如人意，这是因为中国有力的社会保障政策（如食物分配）所带来的良好绩效。① 比如，基本公共卫生服务覆盖能力在不断提高。2010—2017 年，人均基本公共卫生服务经费财政补助标准从 15 元提高到 50 元。在消除障碍方面另一个突出的变化或进步是，国家认识到对个人赋权（empowerment）的重要性。个人是健康权利的主体，公众个人对健康权的知情、表达、参与和监督有利于最大限度地实现健康公平，而这些都建立在个人能力的基础上。持续推进的公民健康教育（如国家每年举办"中国环境与健康宣传周"活动），以及民众在健康行动中的参与（如 2007 年国家启动的全民健康生活方式行动）等，都对提高全民健康意识和健康行为能力产生了积极影响。积极公共政策不应只将公众视为需要关注健康的"患者"，而应将他们看作一种能够改变社会的行动力量。这些年中国深入开展的力度空前的环境治理，不仅在环境治理本身的意义上取得了明显的效果，它在促进和保障健康权的实现上，也是积极公共政策在消除障碍上的典型例证。

（4）协同治理。国家对保障健康权负有义务，但这绝不只是国家或政府单方面的责任和义务，毋宁说，国家应该通过积极公共政策带动全社会的力量共同努力。杨志良从社会保障和保险学的角度分析了健康权利保障的国家义务，认为更好地保障健康权利的责任应由全社会共同负担，比如将个人与家庭的相

---

① ［印］让·德雷兹、［印］阿玛蒂亚·森：《饥饿与公共行为》，苏雷译，社会科学文献出版社 2006 年版，第 217 页。

关成本费用社会化。① 这意味着,社会(包括社会组织)和社区、家庭和个人、市场和企业等主体都应该也可以在政策的积极引导下参与到健康权利问题的治理中来。保障健康权利的不是原子化的或离散的一项项制度,而是各项要素之间相互适应、相互配合,以形成综合保障力量。②《"十三五"深化医药卫生体制改革规划》优先支持社会力量举办非营利性医疗机构,推进非营利性民营医院与公立医院同等待遇,社会力量的能量由此得到激发,民营医院占医院总数的比重超过57%,多元办医格局初步形成。与此同时,各种社会组织也积极参与到健康权利的治理中来,比如,像妇联这样的群团组织在促进和保护妇女的健康权上发挥了积极作用,它通过运用项目化手段从而成为国家治理体系中不可或缺的角色。③ 这种治理格局在中国的全民健身行动中也得到了生动的体现,目前,已经初步形成的格局表现出"政府主导、部门协同、全社会共同参与"的特征。

本书接下来的四章将更详细地描述和分析中国的积极公共政策在健康权利的实现上发挥的作用。

---

① 参见杨志良:《健康保险》,巨流图书公司2003年版。
② 胡锦光、韩大元:《当代人权保障制度》,中国政法大学出版社1993年版,第26页。
③ 罗宁:《在推进国家治理现代化进程中更好发挥妇联组织作用》,《中国妇运》2015年第3期。

第四章
中国实现健康权利的国家义务：动力、内容及政策含义

公民享有健康的权利和国家应该保障公民健康，这样的主张在古典自由主义法哲学和功利主义思想家那里早已得到提倡。随着国家积极义务理论的逐步确立，健康权的权利结构体系日益形成，健康权获得了实在法化的条件，国家开始注意公共卫生并对个人的健康状况、获得与享有予以法律保障。[①] 到了当代，完整的健康权被上升为国际人权法的重要内容，被国际社会承认为基本人权，以及成为一些国家宪法中的基本权利，保障民众健康的国家义务由此才真正超越了规范性的道德权利而成为政治和法律上的应然权利。经济社会的全面发展要求国家把法律上作为应然权利的健康权，通过有效的公共政策，转化为民众真正享有的实然权利。增进健康的卫生保健活动创造社会价值和财富，[②]健康权利的实现不仅关乎个人的健康状态，还关系到整个社会的可持续发展。

---

① 蒋月、林志强：《健康权观源流考》，《学术论坛》2007年第4期。
② Sachs, J., *Macroeconomics and Health: Investment in Health for Economic Development*, World Health Organization, 2001, p. 1.

本章从国家义务的维度来考察中国在增进和保护健康权利方面的积极公共政策体系是如何形成的。改革开放四十多年来,健康权利保障事业的发展是一个渐进的过程,在这个过程中,相关的公共政策总体上朝积极的方向发展。首先,考察其中的推动力,认为这种积极公共政策的形成和发展是由内外两种力量因素推动的。在对外开放的国际化进程中,中国根据实际的国情国力,对国际人权制度中关于健康权的国家义务规范进行了内化,在法律和制度上做出了一系列的安排。其次,概括和描述保障健康权的国家义务的内容:尊重、保护、保障和增进。最后,总结国家履行健康权利保障的义务所蕴含的或体现的积极公共政策的含义。

第一节 将健康权利确立为国家义务的动力

在学术界与实践中,健康权被普遍视为一项国家义务,无论是消极权利面向还是积极权利面向,健康权从道德权利上升为应然权利、再成为实质权利,都"必须借助于政府的积极作为才能实现"[①]。中国自改革开放四十多年来,国家逐渐认识到增进健康、实现人们的健康权利是国家必须要承担的义务。不过,这项义务的确立是一个长期的过程,是在国际和国内多种因素的推动力下形成的。本节从国际和国内两个层面来考察这种推动

---

① 程燎原、王人博:《赢得神圣——权利及其救济通论》,山东人民出版社1993年版,第99页。

力,实际上是观察中国公共政策变迁的两个维度。因此,我们首先分析中国是如何将国际规范内化的,这并不意味着国际因素的影响在推动政策变迁上比国内因素来得更为重要,而只是想说明,在全球化的背景下,中国与外界迅速扩展的互联互通,已经、正在并将继续对所有重要的社会规则与行为的各方面产生历史性影响。① 至少自 1990 年以来,正如越来越多的人所认为的那样,全球性因素已经对中国的国内政治及其政策制定产生了不可忽视的影响。②

一、外部动因

改革开放以来,中国健康权利事业的发展面临着历史性的机遇与挑战,国际公约等文书的规范作用与国际社会的压力效应等因素是重要的外部动力,为中国将实现健康权确立为国家义务提供了必要的触发式推动力量。

在国际关系理论中,国际规范主要通过价值匹配、国内政策和社会力量等方式对缔约国产生影响。③ 在拉萨·奥本海(Lassa Oppenheim)的《国际法》中,明确认为"条约必须遵守"是国际法的一般原则。④ 经过 1968 年和 1969 年两届维也纳条约法会议最后通过的《维也纳条约法公约》(1980 年 1 月生效),

---

① Liu, G., & Dittmer, L., "Introduction: The Dynamics of Deep Reform", in Dittmer, L. & Liu, G., eds., *China's Deep Reform: Domestic Politics in Transition*, Rowman & Littlefield Publishers, 2006, p. 4.

② Zweig, D., *Internationalizing China: Domestic Interests and Global Linkages*, Cornell University Press, 2002, p. 14.

③ Cortell, A. & Davis, J., "The Domestic Impact of International Rules and Norms", *International Studies Quarterly*, 1996, 40(3), pp. 451-478.

④ Schmoeckel, M., "The Internationalist as a Scientist and Herald: Lassa Oppenheim", *European Journal of International Law*, 2000, 11(3), pp. 701-702.

对条约的效力与继续有一个推定(第 42 条),这种推定的依据,可能就是作为国际法一般原则的"条约必须遵守",①也就是说,有效的条约对当事国有拘束力,必须由各该国善意履行(第 26 条)。与健康权利相关的国际人权公约和规范也不例外,要求各缔约国政府承担履约责任。这种责任是从健康的权利化视角规定的国家义务,包含实现健康权的相应要求,是中国健康权利事业发展的重要外部动力。同时,这种责任也表明中国对健康权理念与价值的认可,显示出中国承担国家义务的积极意愿与政策准备。

健康权利领域的一系列国际公约都规定了保障健康是国家的一项义务,因此,在逻辑上,我们可以把国家加入和批准国际公约视为国家对履行义务的认可。很多国际关系理论的研究者都将国家加入和批准国际公约看作国际制度对国家产生影响的一个指标。考察中国的案例可以发现,中国在保障健康权问题上国家义务的确立,直接受到这方面的国际参与的影响甚至是塑造。在过去的几十年里,中国主动参与和融入各种国际规则,先后签署或批准了《世界卫生组织宪章》《世界人权宣言》《经济、社会及文化权利国际公约》等一系列重要的有约束力的国际规范(详见表 4.1),并加入《麻醉药品单一公约》《精神药物公约》等具体细分领域的规范,这对保障民众健康权的国内法规与政策措施产生指导与重要参照作用。

签署条约只是考察国家与国际互动的一个维度,除签署条约外,还有其他互动方式。比如,中国参与制定《阿拉木图宣

---

① [美]伊恩·布朗利:《国际公法原理》,曾令良等译,法律出版社 2007 年版,第 542 页。

第四章 中国实现健康权利的国家义务：动力、内容及政策含义

表 4.1 中国批准或加入的与健康权相关的重要国际公约与规范

国际公约或规范	通过/生效	与健康权相关的条款或要点	中国的批准/加入/履约报告
《世界卫生组织宪章》The Charter of the World Health Organization	1946年7月22日联合国国际卫生大会通过；1948年4月7日生效并成立世界卫生组织	享有可能获得的最高标准的健康是每个人的基本权利之一，不因种族、宗教、政治信仰、经济及社会条件而有区别。	中国是创始国之一；1972年第25届世界卫生大会恢复了中国的合法席位
《世界人权宣言》Universal Declaration of Human Rights	1948年12月10日联合国大会议第217A(III)号决议通过	第25条：人人有权享受为维持他本人和家属的健康和福利所需的生活水准，包括食物、衣着、住房、医疗和必要的社会服务；在遭到失业、疾病、残废、守寡、衰老或其他在不能控制的情况下丧失谋生能力时，有权享受保障。	中国代表任伍起草委员会主席
《消除一切形式种族歧视国际公约》International Convention on the Elimination of All Forms of Racial Discrimination	1965年12月21日联合国大会议第2106A号决议通过；1969年1月4日生效	第5条(缔约国保证人人享有不分种族、肤色或民族或人种在法律上一律平等的权利，尤得享受下列权利)中的E款——经济、社会及文化权利，其尤著者为：(4)享受公共卫生、医药照顾、社会保障及社会服务的权利。	1981年11月26日第五届全国人民代表大会常务委员会第二十一次会议通过

091

续 表

国际公约或规范	通过/生效	与健康权相关的条款或要点	中国的批准/加入/履约报告
《经济、社会及文化权利国际公约》International Covenant on Economic, Social and Cultural Rights (ICESCR)	1966年12月16日第21届联合国大会通过；1976年1月3日生效	第12条 1. 缔约国承认人人有享有能达到的最高的体质和心理健康标准的权利。 2. 本公约缔约各国为达到这一权利所需的步骤，应包括为达到下列目标所需的步骤：(a) 减低死胎率和婴儿死亡率，使儿童得到健康的发育；(b) 改善环境卫生和工业卫生的各个方面；(c) 预防、治疗和控制传染病、风土病、职业病以其他疾病；(d) 创造保证人人在患病时能得到医疗照顾的条件。	1997年10月27日签署；2001年2月28日第九届全国人大常委会第二十次会议批准；中国已提交2次履约报告并接受审议
《消除对妇女一切形式歧视公约》The Convention on the Elimination of All Forms of Discrimination Against Women (CEDAW)	1979年12月18日联合国大会通过；1981年9月3日生效	第12条 1. 缔约各国应采取一切适当措施以消除在保健方面对妇女的歧视，保证她们在男女平等的基础上取得各种保健服务，包括有关计划生育的保健服务。 2. 尽管有本条第一款的规定，缔约各国保证为妇女提供有关怀孕、分娩和产后期间的适当服务，于必要时给予免费服务，并保证在怀孕和哺乳期间得到充分营养。	中国是最早的缔约国之一，1981年9月3日对中国生效；中国已提交8次（合并）履约报告并接受审议

第四章　中国实现健康权利的国家义务：动力、内容及政策含义

续　表

国际公约或规范	通过/生效	与健康权相关的条款或要点	中国的批准/加入/履约报告
《儿童权利公约》Convention on the Rights of the Child	1989年11月20日第44届联合国大会第25号决议通过；1990年9月2日生效	第24条 1. 缔约国确认儿童权有享有可达到的最高标准的健康，并享有医疗和康复设施；缔约国应努力确保没有任何儿童被剥夺获得这种保健服务的权利。 2. 缔约国应致力充分实现这一权利，特别是应采取适当措施，以（A）降低婴幼儿死亡率；（B）确保向所有儿童提供必要的医疗援助和保健，侧重发展初级保健；（C）消除疾病和营养不良现象，包括在初级保健范围内利用现有可得的技术和提供充足的营养食品和清洁饮水，要考虑到环境污染的危险和风险；（D）确保母亲得到适当的产前和产后保健；（E）确保向社会各阶层，特别是向父母和儿童介绍有关儿童保健和营养、母乳育婴优点、个人卫生和环境卫生及防止意外事故的基本知识，使他们得到这方面的教育并帮助他们应用这些基本知识；（F）开展预防保健，对父母的指导以及计划生育教育和服务。	1990年8月29日签署；1991年12月29日第七届全国人民代表大会常务委员会第23次会议决定批准；1992年4月2日对中国生效；中国已提交4次（合并）履约报告并接受审议

续 表

国际公约或规范	通过/生效	与健康权相关的条款或要点	中国的批准/加入/履约报告
《残疾人权利公约》Convention of the Rights of Persons with Disabilities	2006年12月13日联合国大会通过；2008年5月3日生效	第22条 尊重隐私：2. 缔约国应当在与其他人平等的基础上保护残疾人的个人、健康和康复资料的隐私。第25条 健康：缔约国确认，残疾人有权享有可达到的最高健康标准，不受基于残疾的歧视。缔约国应当采取一切适当措施，确保残疾人获得考虑到性别因素的医疗卫生服务，包括与健康有关的康复服务。第28条 适足的生活水平和社会保护。第29条 参与政治和公共生活。第30条 参与文化生活、娱乐、休闲和体育活动。第33条 国家实施和监测。	2007年3月30日签署；2008年6月26日十一届全国人大常委会第三次会议批准

续表

国际公约或规范	通过/生效	与健康权相关的条款或要点	中国的批准/加入/履约报告
《经济、社会和文化权利委员会第14号一般性意见：享有能达到的最高健康标准的权利》CESCR General Comment No. 14: The Right to the Highest Attainable Standard of Health	2000年4月25日至5月12日经济、社会、文化权利委员会第二十二届会议通过	1. 健康是行使其他人权不可或缺的一项基本人权。每个人都有权享有能够达到的、有益于体面生活的最高标准的健康。实现健康权可通过很多办法，彼此互相补充，如制定卫生政策执行世界卫生组织制定的卫生计划，采用具体的法律手段。而且，健康权还包括某些可以通过法律执行的内容。 2. 健康权在很多国际文书中得到承认。 3. 健康权与实现《国际人权宪章》中所载的其他人权既密切相关，又相互依赖，包括获得食物权、住房、工作、教育和人的尊严的权利、生命权、不受歧视的权利、平等、禁止使用酷刑、隐私权、获得信息的权利、集会结社、集会和行动自由。所有这些权利和其他权利和自由都与健康权密不可分。 4. 健康权包括许多方面的社会经济因素，促使人民可以享有健康生活的条件，包括各种健康的基本决定因素，如食物和营养、住房、使用安全饮水和得到适当的卫生条件、安全工作条件和有益健康的工作条件和有益健康的环境。	对《经济、社会及文化权利国际公约》缔约国直接生效

资料来源：笔者根据联合国网站、世界卫生组织网站等搜集相关文件、整理制成本表。

言》,并积极响应《儿童生存、保护和发展世界宣言》;与国际组织合作筹办第四次世界妇女大会和第九届全球健康促进大会(详见表4.2)。这些行动和方式,直接推动了中国在健康(权利)领域确立以人为中心的价值理念,促进了对健康权利保障的社会共识的形成,使中国保障健康的政策导向越来越表现出以权利为本位的转向。

表 4.2 中国签署或加入的与健康权相关的主要国际大会宣言和纲领

国际会议或项目	时 间	宣言/纲领	与健康权相关的条款或要点
国际初级卫生保健大会	1978年9月6日—12日	《阿拉木图宣言》世界卫生组织几乎所有(185个)会员国国家元首或政府首脑对该目标的实现做出政治承诺	"2000年人人享有初级卫生保健"全球战略目标。所有政府、所有卫生及发展工作者及世界大家庭为保障并增进世界所有人民的健康而立即行动具有必要性。人民有个别地及集体地参与他们的卫生保健的权利与义务。
联合国世界儿童问题首脑会议	1990年9月30日	《儿童生存、保护和发展世界宣言》	保证儿童的生存、健康和教育以及保护他们免受暴力和剥削等方面的最低标准;促进世界各国采取全国范围和国际性的行动,以增进儿童健康;制定减少文盲、提供教育和就业机会的方案;改善生活在特殊困难环境中的儿童的命运等。

续 表

国际会议或项目	时间	宣言/纲领	与健康权相关的条款或要点
第二次世界人权大会	1993年6月14日	《维也纳宣言和行动纲领》180多个国家代表于1993年6月25日协商一致通过	1. 人权和基本自由是全人类与生俱来的权利;保护和促进人权和基本自由是各国政府的首要责任。 2. 所有民族均拥有自决的权利。出于这种权利,他们自由地决定自己的政治地位,自由地追求自己的经济、社会和文化发展。 11. 非法倾弃毒性和危险物质和废料有可能对每个人享受生命和健康的人权构成一种严重的威胁。 41. 妇女终生享受最高标准的身心健康的重要性。
联合国第四次世界妇女大会	1995年9月4日至15日	《北京宣言》《行动纲领》	大会次主题是:"教育、健康和就业" 《北京宣言》关注贫困、保健、教育、妇女人权、妇女参与决策等问题;《行动纲领》要求消除妇女贫困,推进教育和保健事业,消除对妇女一切形式的歧视和暴力,保护和促进妇女人权,为妇女平等参与经济和社会发展和决策创造必要条件,等等。
联合国首脑会议	2000年9月5日	《联合国千年宣言》联合国191个成员国一致通过	千年发展目标(Millennium Development Goals, MDGs):2015年前消灭极端贫穷和饥饿、普及小学教育、促进两性平等并赋予妇女权力、降低儿童死亡率、改善产妇保健、对抗艾滋病病毒以及其他疾病、确保环境的可持续能力、全球合作促进发展。

续 表

国际会议或项目	时间	宣言/纲领	与健康权相关的条款或要点
联合国可持续发展峰会	2015年9月25日	联合国193个成员国一致通过17个"可持续发展目标"	可持续发展目标（Sustainable Development Goals，SDGs）继MDGs之后指导2015—2030年全球发展，主要目标：消除贫困，消除饥饿，良好健康与福祉，优质教育，性别平等，清洁饮水与卫生设施，廉价和清洁能源，体面工作和经济增长，缩小差距，可持续城市和社区，气候行动，和平、正义与强大机构，促进目标实现的伙伴关系等。
第一届全球健康促进大会	1986年11月21日	《渥太华健康促进宪章》	健康促进的策略：制定跨部门跨层级的健康促进政策；创造支持性环境；强化社区性行动；发展个人技能；调整卫生服务方向。
第九届全球健康促进大会	2016年11月21日—24日	《上海宣言》《健康城市上海共识》	对所有可持续发展目标采取行动来促进健康。通过提高健康素养的人民赋权创新发展、共享健康，并致力于解决最脆弱全体的健康问题。政府充分应用可获得的有效机制保护健康；加强对不健康产品的立法、管制和税收；增加对健康和福祉的投资；建立健全公共卫生系统；确保政策透明度和社会问责制，提高社会参与度。

续表

国际会议或项目	时间	宣言/纲领	与健康权相关的条款或要点
联合国国际人口与发展会议	1994年9月13日	《国际人口与发展大会行动纲领》	第二章 原则。原则8：人人有权享有能达到的最高的身心健康的标准。各国应采取一切适当措施，保证在男女平等的基础上普遍取得保健服务，包括有关生殖保健的服务。 第四章 男女平等、公平和赋予妇女权力。A. 赋予妇女权力和妇女地位。4.4(C) 协助妇女确立和实现其权利，包括有关生殖健康和性健康的权利。
联合国大会	2001年6月27日	《关于艾滋病毒/艾滋病问题的承诺宣言》第S-26/2号决议通过	15. 认识到对艾滋病毒/艾滋病这样的大流行病而言，得到药物治疗是逐步充分实现人人享有最高标准身心健康权利的基本要素之一。 26. 欢迎一些国家做出努力，依照国际法促进国内工业的革新与发展，以增加药品的提供，保护其居民的健康。 63. 加强生殖健康和性健康教育方案。
联合国教育、科学和文化组织大会第29届会议	1997年11月11日；1998年12月9日联合国大会第53/152号决议批准	《世界人类基因组与人权宣言》	第5条(e)：按法律规定，如有关个人不具备表示同意的能力，除法律授权和规定的保护措施外，只有在对其健康直接有益的情况下，才能对其基因组进行研究。 第15条：各国均应采取适当的措施，确定在遵守本《宣言》所规定之原则的情况下，自由从事人类基因组研究活动的范围，以确保尊重人权、基本自由和人的尊严，以及维护公众的健康。

资料来源：笔者根据联合国网站、世界卫生组织网站等搜集相关文件，整理制成本表。

将国际公约、协议和规章等内容进行转化，使其成为对国内行为体与政治过程或事件有约束力的政策和制度安排，是国家内化国际制度的主要方式，健康权利领域的国际制度对中国的规范也体现出其对中国健康权利事业的推动效应。国际健康权保障公约与机制通过将国际规范的观念与国际组织的行动等多种维度上的内容内化为国家认知与制度，从而塑造国家行为。国内制度确立了民众与政府之间的权利与义务，[①]但由于各国的历史文化、经济实力、资源禀赋、政治结构和发展理念等各种不同原因，与健康权利相关的国际人权制度和公约对不同的国家有不同的作用或约束，即各自内化为不同程度与范围的权利与义务。中国根据国际公约来制订、修订和完善国内法，体现了国家的积极态度和履约能力，这部分内容将在后续内容中有所说明。

中国在健康权利领域与国际组织的双向深度合作，推动了中国对健康权利事业的理解、沟通、互动及在政策中的积极作为。比如，中国在国内保障健康权利的很多行动，就是由中国与世界卫生组织（WHO）的长期深度合作所促进的。WHO非常重视健康工作中的人权价值，[②]人权途径提供了寻求积极行动的杠杆，用以保护和提升公众健康、并提供解决健康不公平的重要工具。一方面，WHO给予中国在健康（权利）保障事业建设领域帮助与指导，也就是通过对国际制度的融合化

[①] Cortell, A. & Davis, J., "Understanding the Domestic Impact of International Norms", *International Studies Review*, 2000, 2(1), p.79.

[②] WHO, *Leading the Realization of Human Rights to Health and Through Health*, 2017, https://www.who.int/publications/i/item/9789241512459, retrieved July 21, 2020.

第四章 中国实现健康权利的国家义务:动力、内容及政策含义

(incorporation)和具体化(embodiment),使其内化进入国内的制度安排与政策过程。① 2016 年,双方在北京签署发布《中国—世界卫生组织国家合作战略(2016—2020)》,通过卫生政策、项目规划、健康技术、人力资源等方面的合作战略合作推进健康(权利)发展。另一方面,WHO 积极回应、支持并共同发展中国的政策倡议。2017 年,双方签署《关于"一带一路"卫生领域合作的谅解备忘录》《关于"一带一路"卫生领域合作的执行计划》等,共同致力于与"一带一路"沿线国家在健康(权利)领域的合作,这都是中国将健康权利与国家特色结合起来相融发展的推动力。

实际上,中国与国际社会和国际体系的互动,既有积极合作与寻求共识的一面,也有摩擦和斗争的一面。后者也是我们观察和考察外部推动力的一个维度。

在健康权和人权问题上,中国一直以来的确存在着很大的国际压力。国际社会尤其是西方国家对中国的人权状况一直存有质疑,这种质疑既是由于中国在人权建设方面仍存有不少不足之处,也有来自西方人权观念的偏见。改革开放之后的很长一段时间,中国的发展战略是以经济建设为中心的。经济的快速增长虽然为日后的发展打下了坚实的基础,产生了积极的溢出效应,但公共政策在一定程度上的确忽视了以权利为本位的价值。尤其是,随着环境和生态问题的日益恶化,加上各种食品和卫生等领域的安全问题日益突出,既给民众的健康造成巨大

---

① Finnemore, M., "International Organization as Teachers of Norms: The United Nations Educational, Scientific, and Cultural Organization and Science Policy", *International Organization*, 1993, 47, p.567.

的损害,也给西方国家提供了指责中国人权状况的口实。西方国家习惯于用自己的标准来衡量中国的人权建设,已有的国际人权制度与规范,大多是以西方国家对于人权的理解为基础而制定的,其相关标准主要由西方国家倡导、提出甚至主导,并未包含对更广大国家的利益关切,因此,其合法性的完备性仍是有待商榷的。① 由于历史文化和资源禀赋等各方面的不同,这些现行标准不可能符合所有国家的国情国力与预期,也不可能直接适用于所有国家。因此,中国与西方国家在人权理论与实践中不可避免地会产生摩擦、矛盾、斗争甚至冲突。

要改变西方国家对中国人权状况不佳的刻板印象,既依赖于中国在国际人权问题上能拥有多大的话语权,也取决于中国人权建设的扎实推进。像"在人权问题上没有最好,只有更好"②这样的表述,就是中国明确向国际社会传递这两方面信息的表现。在中国的传统里,其人权观和发展观与西方国家存在着很大的差异。比如,中国的人权发展理念非常强调人与人之间的彼此联系,③但是在西方,包括健康权在内的人权却是一个关注抗争——通过跟政府的抗争来获得人权——的传统人权观。因此,在中国,改善健康、解决健康问题、保障人民的健康权益,会更多地去考虑如何发挥政府的积极作用,以此来解决那些

---

① 王玮:《国际制度与新进入国家的相互合法化》,《世界经济与政治》2010年第3期。
② 2012年2月14日,时任国家副主席习近平访问美国时在华盛顿表示"在人权问题上没有最好,只有更好"。参见《习近平:在人权问题上没有最好,只有更好》(2012年2月15日),中国新闻网,https://www.chinanews.com/gn/2012/02-15/3671518.shtml,最后浏览日期:2021年5月1日。
③ [荷]汤姆·茨瓦特:《"二战"以来中国在推动国际人权方面的贡献》,《中共中央党校学报》2015年第5期。

影响或损害健康的障碍,或者以此来改善那些能够促进健康的条件。前者如解决与健康问题相关的贫困问题等(本书将在第六章进行阐述),后者如强调经济增长和发展所产生的人权价值。表4.3展示的是近几十年来中国主要健康指标的进步,反映了中国经济增长的道德基础或道德价值。很明显,没有经济的快速增长和综合国力的提升,民众健康权利的实现就是无本之木。我们可以把健康权利建设事业上取得这样的成就看作中国针对国际社会压力所做出的一种反应或回应。

表4.3　中国人口的主要健康指标(部分年份)

指　　标	1981年	1990年	2000年	2010年	2015年	2019年
人均预期寿命(岁)	67.9	68.6	71.4	74.8	76.3	77.3
男性预期寿命(岁)	66.4	66.8	69.6	72.4	73.6	—
女性预期寿命(岁)	69.3	70.5	73.3	77.4	79.4	—
婴儿死亡率(‰)	34.7	32.9	32.3	13.1	8.1	5.6
5岁以下儿童死亡率(‰)	—	—	39.7	16.4	10.7	7.8
孕产妇死亡率(1/10万)	—	88.9	53.0	30.0	20.1	17.8

数据来源:历年《中国统计年鉴》《中国卫生和计划生育事业发展统计公报》《中国卫生健康事业发展统计公报》等。

无论是中国主动融入国际人权制度,还是对国际压力做出被动回应,对中国的人权和健康权利实践来说,必然会是一个内化国际制度和规范的过程。这也是一个不断学习的过程,通过"边学边做"的实践,使中国了解国际健康权利制度体系的运行规则,通过创新机制将国际规范进行内化。中国的这种内化意愿和动力是很明显的。国际健康权利体系倡导的"人人享有健康权"的价值,既符合中国的国家利益与民众利益,也与中国"以人民为中心"的发展理念和"把人民健康放在优先发展的战略地位"的价值取向相契合。在将国际规范内化的过程中,不同的国内政治体制会形成不同的机会或阻碍,当国际制度符合国内利益或价值遵循时,国内提供较多的内化机会;反之,则阻碍较多。美国学者江忆恩(Alastair Iain Johnston)对中国积极参与国际体系建设给予充分肯定,认为中国的国际组织参与率已接近发达国家水平,高出了其自身发展程度,在国际体制中表现出愈发强劲的合作动力与意愿。[①] 安·肯特(Ann Kent)认为加入国际组织本身就体现了中国对国际规范的接纳,登上这个卓著的政治舞台,既体现中国的国际声望与地位,也为中国政府在国内继续保有合法性增加了重要依据。[②] 这些都表明中国对国际规范的内化,外部压力具有不可否认的必要性,起到触发作用,但其远远不是唯一动力,国内强劲的改革意愿与能力才是根本性的动力。

二、内生动力

改革开放四十多年间,中国为保障民众健康(权利)推动了一系列公共政策的出台、理念升级、内容丰富、标准提升、方式革新和途径拓展等。在这个过程中,中国健康权利事业的发展受到内外两种推动力的共同作用。通过前述内容发现,国际公约的规范与国际社会的压力等外部因素对中国健康权利事业的发

[①] [美]江忆恩:《中国参与国际体制的若干思考》,王鸣鸣译,《世界经济与政治》1999年第7期。

[②] Kent, A., "China's International Socializations: The Role of International Organizations", Global Governance, 2002, 8, pp. 343-364.

展带来了机遇,然而,更重要的是,中国社会内部的经济发展、社会进步、民众需求与意识提升以及国家形象升级等内生动力是健康权利事业不断进步的根本动力。

首先,经济发展是中国保障与增进健康权利的基础性与持续性动力。经济发展能够直接带动政府与社会在公共卫生等民众健康方面的投入,短期效应是营造健康生活的氛围,满足公众对身心健康的需求,获得更好的健康水平;长期效应是有利于国家健康人力资本的积累,提高经济社会的发展能力。[1] 短期效应表明经济发展是推动健康权利实现的基础性动力,长期效应则说明经济发展对国家可持续发展的重要意义,中国倡导的可持续发展正是秉持以人民为中心的理念,健康是人的发展的基石,因此,经济发展也是保障与增进健康权利的持续性动力。

中国是世界上人口最多的国家,要保障与增进14亿多人口的健康与健康权利,必然需要相应的资金支持,这个目标的实现,即使对发达国家而言也并不轻松。然而,中国以改革开放后连续多年在经济领域的飞速发展推动了政府和社会对保障与增进民众健康权利的责任和义务的实现,政府在卫生领域的支出就是例证之一。中国卫生领域的财政支出是保障健康权利的基础性投入,目的是对健康权利核心内容的保护与增进。从1978年至2019年的官方数据来看,随着经济发展,政府财政支出与卫生支出均持续逐年增加(详见表4.4),卫生(健康)支出已由1978年的35.44亿元增长到2019年的16 797亿元,绝对数增长超过474倍(如图4.1所示),这显示了国家在保障民众健康

---

[1] Grossman, M., "On the Concept of Health Capital and the Demand for Health", *Journal of Political Economy*, 1972, 80(2), pp. 223-255.

与健康权利事业中增加卫生投入的积极作为,而这种积极作为是由经济发展直接推动的。

表 4.4 1978—2019 年中国政府财政支出与卫生支出情况

年份	国内生产总值GDP(亿元)	政府财政支出(亿元)	政府卫生(健康)支出(亿元)	卫生支出占财政支出比(%)
1978	3 678.7	1 122.09	35.44	3.16
1979	4 100.5	1 281.79	40.64	3.17
1980	4 587.6	1 228.83	51.91	4.22
1981	4 935.8	1 138.41	59.67	5.24
1982	5 373.4	1 229.98	68.99	5.61
1983	6 020.9	1 409.52	77.63	5.51
1984	7 278.5	1 701.02	89.46	5.26
1985	9 098.9	2 004.25	107.65	5.37
1986	10 376.2	2 204.91	122.23	5.54
1987	12 174.6	2 262.18	127.28	5.63
1988	15 180.4	2 491.21	145.39	5.84
1989	17 179.7	2 823.78	167.83	5.94
1990	18 872.9	3 083.59	187.28	6.07
1991	22 005.6	3 386.62	204.05	6.03
1992	27 194.5	3 742.20	228.61	6.11
1993	35 673.2	4 642.30	272.06	5.86
1994	48 637.5	5 792.62	342.28	5.91
1995	61 339.9	6 823.72	387.34	5.68
1996	71 813.6	7 937.55	461.61	5.82
1997	79 715.0	9 233.56	523.56	5.67
1998	85 195.5	10 798.18	590.06	5.46

第四章　中国实现健康权利的国家义务：动力、内容及政策含义

续　表

年份	国内生产总值GDP(亿元)	政府财政支出(亿元)	政府卫生(健康)支出(亿元)	卫生支出占财政支出比(%)
1999	90 564.4	13 187.67	640.96	4.86
2000	100 280.1	15 886.50	709.52	4.47
2001	110 863.1	18 902.58	800.61	4.24
2002	121 717.4	22 053.15	908.51	4.12
2003	137 422.0	24 649.95	1 116.94	4.53
2004	161 840.2	28 486.89	1 293.58	4.54
2005	187 318.9	33 930.28	1 552.53	4.58
2006	219 438.5	40 422.73	1 778.86	4.40
2007	270 232.3	49 781.35	2 581.58	5.19
2008	319 515.5	62 592.66	3 593.94	5.74
2009	349 081.4	76 299.93	4 816.26	6.31
2010	413 030.3	89 874.16	5 732.49	6.38
2011	489 300.6	109 247.79	7 464.18	6.83
2012	540 367.4	125 952.97	8 431.98	6.69
2013	595 244.4	140 212.10	9 545.81	6.81
2014	643 974.0	151 785.56	10 579.23	6.97
2015	689 052.1	175 877.77	12 475.28	7.09
2016	743 585.0	187 841.00	13 158.77	7.01
2017	832 035.9	203 085.49	15 205.87	7.49
2018	919 281.1	220 904.13	16 399.13	7.42
2019	990 865.1	238 874.02	16 797.00	7.03

数据来源：历年《中国统计年鉴》；最后一列占比数据由作者根据统计数据计算而得。

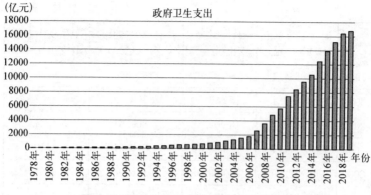

图 4.1　1978—2019 年中国政府卫生支出

资料来源：根据表 4.4"1978—2019 年中国政府财政支出与卫生支出情况"第 4 列数据而得。

从 1978—2019 年中国政府卫生支出占财政支出比的走势（如图 4.2 所示）来看，改革开放初期到 20 世纪 90 年代初期，随着卫生福利政策的推行，这一比重基本保持上升态势。90 年代中期随着社会主义市场经济的发展，鼓励社会力量参与卫生领域的投入，政府的卫生支出占财政支出的比例开始下降并将下降趋势持续至 21 世纪初。2001 年，中国加入世界贸易组织（WTO），经济进一步开放，改革进一步深化，2003 年经历了抗击 SARS 疫情等重大公共卫生事件，中央果断决策并重新明确卫生事业的公益性质，因而这一比重开始波动回升，2009 年起超过历史最高水平并基本保持上涨态势，2015 年至今均超过 7%，远远超过 1978 年的 3.16%。总体上看，改革开放以来，政府在卫生领域的投入占财政支出的比重呈上升态势，但存在明显波动，说明在经济因素之外，还有其他因素在影响公共卫生等健康（权利）事业的发展。

第四章 中国实现健康权利的国家义务：动力、内容及政策含义

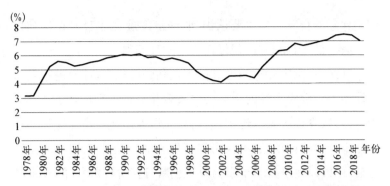

图 4.2 1978—2019 年中国政府卫生支出占财政支出比重的走势

资料来源：根据表 4.4 "1978—2019 年中国政府财政支出与卫生支出情况"最后一列数据而得。

改革开放以来的很长一段时间，中国的发展以经济建设为中心，恰恰是国家经济实力的夯实为今天以权利为本位的公共政策的推行奠定了现实基础。新时代，发展仍然是第一要务，但经济发展以人的全面发展为前提，保障与增进健康权利是以人为本的发展的核心。从这个意义上来讲，经济的可持续发展与健康权利的增进相辅相成，互为不竭动力。在宏观层面，通过优化对人力资本的投资，推动人健康、全面地发展，提升劳动生产率，进而促进现代经济健康增长。[1] 在微观层面，健康状况较好的人，其劳动效能、效果与效益更好，收入水平往往也较高。[2] 中国经济总体上持续健康稳定的发展是政府逐年增加卫生财政支出的根本保障，推动了与健康权相关的各项权利的积极公共政策的施行，极大地促进了社会财富的积累和社会力量对健康

---

[1] Barro, R., "Health and Economic Growth", *Annals of Economics and Finance*, 2013, 14(2), pp.305-342.
[2] 高梦滔、王健：《中国卫生总费用、GDP 与个人付费——三个比例关系及传导机制分析》，《卫生经济研究》2005 年第 2 期。

权利保障的行动。但也要认识到,经济发展并非政府在保障民众健康与健康权利方面积极作为的全部动因。

其次,在国家保障与增进健康权利的过程中,社会进步是系统性动力。政府主导的积极公共政策并不意味着政府是唯一的行为体,在现代国家治理中,鼓励多元行为体共同参与保障和增进健康权利的行动,这不仅可以从资金和人力资源等方面充实力量,还可以促进技术革新与政策创新,这些社会领域的进步是政府推进健康权利事业发展的内生动力。

自20世纪90年代起,我国政府鼓励社会组织蓬勃发展,它们之间的互动与合作不断加强,①这是推动健康权利保障事业的一股重要力量。从1995—2018年中国社会团体与社会组织单位数的发展趋势来看(如图4.3所示),20世纪90年代后期

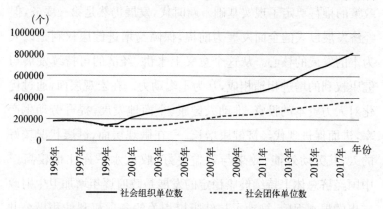

图 4.3　1995—2018 年中国社会团体与社会组织单位数发展趋势

数据来源:历年《中国统计年鉴》《社会服务发展统计公报》《民政事业发展统计公报》。

---

① Shang, X., "Looking for a Better Way to Care for Children: Cooperation between the State and Civil Society in China", *Social Service Review*, 2002, 76(2), pp. 203-228.

略有下降,而新千年以来呈稳步上升态势。民政部发布的《2018年民政事业发展统计公报》显示,全国 36.6 万多个社会团体中,卫生类与体育类各为 0.87 万个和 3.37 万个。也就是说,与健康直接相关的社会团体至少超过 4.34 万个,占全国社会团体总数约 13%。各类 NGO 以灵活性、敏感性和群众性等优势参与公共服务的供给与协调,有利于公共服务质量和效率的提高和公共服务回应性与均等化的提升,满足多元化社会的多样性需求,①这些都为健康权利事业的公共政策发展做出了重要的社会准备。

发达国家非常重视 NGO 的发展,并将其作为发挥国家影响力的重要途径。② 中国也通过各类 NGO 促进健康与健康权利事业的发展,比如中国红十字会、中华预防医学会、免费午餐、大爱清尘等组织推出健康知识普及、健康素养提升、健康权益维护和健康能力塑造等方面的项目与活动都推动了健康权利的保障与增进。本书在后续章节将介绍一些 NGO 促进健康权利的具体做法。

社会力量推动健康权利保障事业的发展还体现在资金投入上。2012 年,社会卫生支出超过个人现金卫生支出,在卫生总费用中占比最高,并持续至今(如图 4.4 所示),说明多元社会力量对保障与增进健康权利有实质性的推动作用。

作为社会进步的一个重要方面,科学技术的进步可以对健康领域的发展产生极大的推动作用。《经济、社会及文化权利国

---

① 纪颖等:《NGO 在公共卫生服务中的角色分析》,《中国行政管理》2012 年第 5 期。

② 张明吉等:《中国全球健康相关非政府组织的发展策略浅析》,《中国卫生政策研究》2016 年第 11 期。

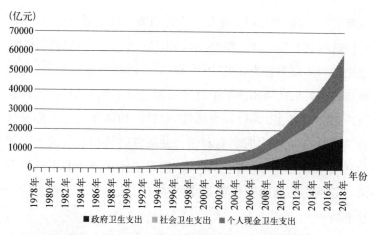

图 4.4 1978—2018 年中国卫生费用堆积面积图

数据来源：历年《中国统计年鉴》。

际公约》第 15 条规定："人人有权享有科学进步及其应用所产生的利益。"比如通过远程医疗技术，可以为一些由于行动不便或路途遥远而难以得到医治的人群提供诊疗服务，这为民众获得和享有健康权利拓展了时间与空间上更大的可能性。然而，"数字鸿沟"的存在或加深又可能使这些地区的民众获得相对更少的健康机会。[1] 此外，在公共卫生治理领域，WTO 的《与贸易有关的知识产权协定》（TRIPS 协定）规定的药品专利权有效期为 20 年，这导致一些药品价格居高不下，在一定时间与范围内阻碍了健康权利的可获得性。[2] 毫无疑问，科技进步推动人类社会发展，然而，不以人权为考量的技术进步却加剧社会不公，

---

[1] 李洁：《数字鸿沟背景下中国"智慧医疗"的发展》，《电子政务》2018 年第 2 期。

[2] 参见景明浩：《药品获取与公共健康全球保护的多维进路》，吉林大学国际法学专业博士学位论文，2016 年。

第四章　中国实现健康权利的国家义务：动力、内容及政策含义

为社会动荡埋下隐患。当前，社会已经意识到、预见到甚至体会到这些危机的迫近与存在，民众对技术进步促进公平发展有着强烈的诉求与预期，而这恰恰成为国家向着以健康权利为考量的、更可持续方向发展的强劲的内生动力，需要社会多元行为体在民众健康保护方面达成一致并展开持续合作，为更大程度与范围上的健康公平与健康权利享有提供可能性。

各类社会组织与社会团体的蓬勃发展，科学技术与制度创新的不断突破，都为政府推行积极公共政策、鼓励多元主体以多种方式与途径来共同保障与增进健康权利形成了积极的推动力。

再次，民众需求的强化与权利意识的提升，对促进国家和政府履行保障健康权利的义务，是一个强劲的推动力。习近平在中国共产党十九大报告中对"人民"的强调和对人民需求的重视，可以为这方面提供有力的佐证。习近平强调，"人民是历史的创造者，是决定党和国家前途命运的根本力量"，并把"人民对美好生活的向往"作为治国理政的奋斗目标。① 这意味着国家将在健康权利保障问题上承担更多的责任。从人民"向往美好生活"的角度来说，实现健康和促进民众享有健康权利是"美好生活"需求中的核心诉求，这种诉求可能会成为倒逼政府改革、推行积极公共政策的根本动力。

从发达国家的经验来看，伴随着经济社会的发展与政治文明程度的提高，民众需求和权利意识的不断提升，国家保障

---

① 习近平：《决胜全面建成小康社会　夺取新时代中国特色社会主义伟大胜利——在中国共产党第十九次全国代表大会上的报告》（2017年10月18日），人民出版社2017年版，第21页。

健康权的政策范式会出现相应的转换，即由传统的福利性的公共卫生政策转向以权利为本位的全民健康政策。简单地说，传统公共卫生政策以治病为中心，而全民健康政策以预防或健康促进为重点。对社会权利、义务和利益的适当分配体现了正义原则，[①]而健康权利领域的这种调整和重构是社会的进步与更大程度上的正义。中国目前正在推进全民健康政策，其服务范围更广，服务内容更丰富，服务对象覆盖面更大，因而以权利为本位的积极健康政策也意味着与对健康相关的多领域的关切，宏观层面包括生活环境与自然环境保护，中观层面包括职业、学校和社区等的健康环境与服务，微观层面包括家庭健康和个人健康照护等。

自改革开放至21世纪初，在健康照护与医疗卫生体制改革中，个人负担相对较重，这段时期个人现金卫生支出的费用高出政府与社会的卫生支出（如图4.4所示）。比起改革开放初期，20世纪90年代，政府对健康照护服务的范围与内容、筹资模式与补偿机制、卫生行政管理等方面的福利性大幅降低。[②]而这与民众对健康的需求并不匹配，从而引发了21世纪以来尤其是2003年SARS疫情暴发后民众与社会广泛的争论与批评。此前以市场为导向的公共卫生服务体系暴露出严重的结构性问题，民众需求的增强和危机的产生，为重新建构民众健康服务体系与政策框架提供了机遇和动力。2004年，国务院和各级卫生部门积极推进疾病防控和医疗救治体系建设，投资114亿元共

[①] [美]约翰·罗尔斯：《正义论》，何怀宏等译，中国社会科学出版社1988年版，第8页。

[②] Wong, C., Lo, V., & Tang, K., *China's Urban Health Care Reform: From State Protection to Individual Responsibility*, Lexington Books, 2006, p. 2.

第四章　中国实现健康权利的国家义务：动力、内容及政策含义

建设 2 518 个项目以应对突发公共卫生事件,这参考借鉴了欧美国家公共卫生发展的通行做法。① 在一定程度上回应了民众的需求与提升中的权利意识,同时,促使政府在政策学习与政策优化过程中体现出更加积极的态度与作为,进而重构中国保障民众健康权利的新体制。

民众需求与权利意识的提升推动了以权利为本位的积极公共政策,一方面,要求健康资源获取的公平性、可及性、便利性、可获得性;另一方面,要求民众能够参与和健康相关的决策过程。约翰·罗尔斯(John Rawls)曾提出,运用到宪法所规定的政治程序中,平等的参与原则就是平等的自由原则。② 这意味着鼓励民众参与健康权利保障的讨论、议程设置、政策制定与执行、反馈与评估等,都是对民众健康权利的实际尊重与保障。国家反思医疗卫生体制改革等健康领域的实践、民众健康政策目标,以此协调与带动社会各界对政府责任与义务、社会主义市场经济、卫生和健康政策以及社会发展与改革模式的选择等重大的基础性公共政策议题开展广泛讨论,③唤醒与重塑了社会与民众的权利意识和公共政策意识,进而在现代化国家治理体系中的健康领域,以权利为本位的积极公共政策得以推行。

最后,国家身份转型是中国进一步尊重和保障健康权利的时代动力。在全球化新时代,国际社会的权力竞争加剧,国家想

---

① 刘继同、郭岩:《从公共卫生到大众健康:中国公共卫生政策的范式转变与政策挑战》,《湖南社会科学》2007 年第 2 期。
② [美] 约翰·罗尔斯:《正义论》,何怀宏译,中国社会科学出版社 1988 年版,第 211—212 页。
③ 曹康泰主编:《突发公共卫生事件应急条例释义》,中国法制出版社 2003 年版,第 1 页。

要谋求更好发展,为民众谋得更多福祉、实现更高权利,必须进行身份转型。随着国家综合国力的不断提升,中国抓住历史机遇正在由国际社会的参与者转变为倡导者和推动者,当然,改善国际制度的意愿要以国家能力为基础,而这种能力很大程度上体现在以权利为本位的现代化治理体系中。有学者认为,支持健康项目是国家的"软实力",能够增加政治声望,改善与其他多元行为体的关系,并促进在未来建立发展联盟。① 当世界越来越认识到健康(权利)对人类社会与经济发展具有愈发重要和深远的影响时,健康权利事业的建设就成为参与国际社会竞争的重要领域。中国国家身份的成功转型,最重要的基础性条件是"办好自己的事情",尤其是在民众最关切的健康(权利)方面"办好自己的事情",这既是能够赢得更多话语权的基础,又可以积累成功的经验并与世界分享,这种转型也正好成为国家治理理念变革的动力,推动着国家从以政府为中心的管理到以权利为本位的治理,进而推行保障与增进健康权利的一系列积极公共政策。

在世界各国的治理经验中,在保障与增进健康(权利)上所面临的问题一般都具有复杂性,中国已将维护民众健康(权利)作为治国理政的基本要务。中国国家身份的转型与社会治理结构的转型基本同步,这为保障与增进健康权利创造了条件。中国在健康(权利)领域的治理体系处于由政府大包揽向全社会协同合作的转型过程中,在借鉴国外成功经验的基础上,坚持本国国情探索出适宜的健康(权利)治理体系和服务模式,是中国健

---

① Kickbuscha, I., "Global Health Diplomacy: How Foreign Policy Can Influence Health", *British Medical Journal*, 2011, 342(3154), pp. 1345-1346.

康事业可持续发展的必然要求,①也是健康权利事业发展的重要保障和不可或缺的推动力。

第二节 健康权利实现中国家义务的内容

从现有的一些法学研究文献来看,人们都把国家通过立法或者在法律上把国家保障健康权确立为国家的义务,看作国家承担义务的一种表现形式。国际人权公约等保障健康权的国际规范的实现,主要依赖各成员国的国内实施,不同国家有不同的实现机制。一些国家采用直接实现机制,国际人权公约不需要内化就可以产生法律效力,如德国和瑞士。② 中国采用的是间接实现机制,根据本国实际,将国际人权公约内化为国内的法律规定和政策措施等来保障健康权。③

在归纳中国的国家义务之前,我们先审视一下国际制度规范中对国家义务的规定和认识,并对中国在这方面的履约情况做一个简要的回顾。

一、公约与准则:国际规范对国家义务的规定

学界普遍认为,按权利运行机制可将人权分解为积极人权和消极人权。作为基本人权的权利同时包括不受政府侵犯的自

---

① 刘丽杭:《国际社会健康治理的理念与实践》,《中国卫生政策研究》2015年第8期。
② 参见肖泽晟:《宪法学——关于人权保障与权力控制的学说》,科学出版社2003年版。
③ 林志强:《健康权研究》,中国法制出版社2010年版,第95页。

由,以及享有政府必须积极保障的基本生活需求与生活水平提高。① 与之相应的国家义务便同时具有积极义务和消极义务。

《经济、社会及文化权利国际公约》与《经济、社会和文化权利委员会第 14 号一般性意见》指明,同其他各项人权一样,健康权要求缔约国承担尊重、保护和实现这三类/层次的义务,目的是督促各国依照相应的国际标准切实履行保障健康权利的国家义务。其中,尊重义务从健康权的消极面向出发,要求缔约国不得干预、阻碍或制约民众对其的享有;保护义务从权利的消极面向往积极面向拓展,要求缔约国采取措施保护民众,防止第三方干预或阻碍其获得健康权;实现义务主要从积极面向出发,要求缔约国采取适当的法律和行政等各种措施来全面实现健康权利。从性质上来说,尊重义务是一种消极义务,即国家不干预和不侵犯民众的健康权;保护义务和实现义务更多的是一种积极义务。相比较而言,积极义务的实现受到各国国内不同的经济社会发展水平、政治文明程度、历史文化风貌及资源禀赋等因素的限制,但上述有关国际组织和国际文件要求各国都"应当尽最大可能"迅速地、有效地完全予以"逐步实现"。

健康服务是国家保障健康权的重要内容。《经济、社会和文化权利委员会第 14 号一般性意见》指出,缔约国为民众提供的健康服务应符合以下标准:(1) 可提供性,即缔约国必须要满足全体居民享有一定的健康服务;(2) 可获得性,指健康服务在财务、地理和文化方面都能毫无障碍地提供给所有人;

---

① 参见[美] 路易斯·亨金:《权利的时代》,信春鹰、吴玉章、李林译,知识出版社 1997 年版。

(3)平等性,指每个人都平等地享有健康服务,并对弱势群体给予应有关注;(4)质量,指健康服务符合适当的标准。①

联合国1986年《关于执行〈经济、社会和文化权利国际公约〉的林堡原则》要求,即使资源有限,缔约国必须在现有资源情况下采取行动保护健康权,在资源获得增长时,渐进地在最大程度上履行实现健康权的国家义务。②

二、立法和政策行动:中国对国际规范的内化

根据国际条约和国际制度对健康保障的有关规定,中国对相关规定进行了国内法律和政策上的内化。正如前面所强调的,这种内化是中国做出国际承诺的体现。中国非常重视国际人权公约对保障与增进健康权利的积极作用。迄今为止,中国已经加入27项国际人权公约,包括《世界人权宣言》《儿童权利公约》《国际卫生条例》《精神药物公约》《阿拉木图宣言》等一系列国际规范,并签署了《联合国千年宣言》《联合国可持续发展目标》《维也纳宣言和行动纲领》《开罗行动纲领》等一系列相关国际会议文件。中国的这些国际行为,表明了在促进健康权利实现上的意愿和决心。另外,中国已经表现出在国际健康权利保障事务中的号召力与影响力,最有说服力的例子之一是,在第69届世界卫生大会上,经过深入调研、系统梳理和精心准备,中国首先提出"促进创新和获取安全有效可负担的优质儿童药品"倡议,通过多渠道和多层面的沟通、宣传与互动,受到多方的积

---

① 参见 General Comment No. 14, loc. cit. (note 22)。
② United Nations, *The Limburg Principles on the Implementation of the International Covenant on Economic Social and Cultural Rights*,文件编号:UN doc. E/CN.4/1987/17, January 8, 1987。

极响应,推动形成决议并得以通过。①

在国际条约和国际制度对国家的规范作用方面,有关国际组织都要求缔约国进行定期汇报。至 2017 年年底,中国已经履行了数次报告,包括:在综合性领域,就《经济、社会及文化权利国际公约》提交至第二次履约报告并已接受审议;在各具体领域也有许多方面的汇报、交流与互动,其中,就《消除一切形式种族歧视国际公约》提交至第十至十三次合并报告并已接受审议;就《消除对妇女一切形式歧视公约》提交至第七、八次合并报告并接受审议;就《禁止酷刑公约》提交至第六次报告并已接受审议;就《儿童权利公约》提交至第三、四次合并报告并已接受审议,等等。经济、社会和文化权利委员会要求缔约国每五年必须提交关于推进保障健康权的具体举措与成效等的报告,这是作为国际人权条约和/或国际组织的缔约国/成员国应当履行的义务。这种定期报告制度至少产生三种效能:一是在条约机构与缔约国之间建构良性互动机制与和谐共荣关系,使后者在前者的监督与帮助下,了解本国保障与增进健康权利的立法、政策与实践同条约规范内容的差异,从而优化措施加以改进与完善,同时,使条约机构得以繁荣发展,最终促进国际社会均衡进步;二是若缔约国存在敷衍或违反保障健康权利的国际规范的行为,起到监督、预警与预防作用;三是促进缔约国之间的互动与交流,使他们相互了解并学习有效举措,积极吸收有益经验,进而促进保障健康权过程中国家义务的更好履行。报告和审议(检查)应该

---

① 《中国引领全球健康治理》(2017 年 12 月 9 日),新华网,http://www.xinhuanet.com/globe/2017-12/09/c_136804801.htm,最后浏览日期:2018 年 1 月 15 日。

被视为促进国家内化国际规范的制度安排,因为当事国报告内容的一个重要方面就是汇报国家和政府在改进人权上的积极进展。

中国内化国际人权规范的途径最主要体现在立法(包括法律的修订)和积极公共政策的设计两个方面。在此,我们仅以妇女健康权利的保障这个层面来提供解释。

中国在保障妇女健康权利方面积累了很多有益经验,中国政府采取了一系列积极政策对公约进行内化。

第一,通过加入和履行有关国际公约,进一步维护包括健康权在内的妇女合法权利。比如,我国于2006年1月批准国际劳工组织的《1958年消除就业和职业歧视公约》。

第二,根据宪法中"国家尊重和保障人权"的原则,制定和修订相关法律法规。比如,在2005年12月起实施的《中华人民共和国妇女权益保障法》修改决定中,对年幼、年老、患病等健康状况不佳、缺乏独立生活能力的妇女给予更为明确的保护。以《中华人民共和国母婴保健法》及其实施办法为指导,2006年,卫生部印发了《关于进一步加强妇幼卫生工作的指导意见》《妇幼保健机构管理办法》,继续完善妇幼卫生服务体系建设。2007年先后通过的《中华人民共和国劳动合同法》和《中华人民共和国就业促进法》,均于2008年1月起施行,分别规定用人单位不得在劳动合同中规定限制女职工生育的内容。2011年7月起施行的《中华人民共和国社会保险法》规定,由雇主按国家规定为雇员缴纳生育保险费。

第三,加强配套政策措施,推动妇女健康权由法定权利向实然权利发展。《国民经济和社会发展第十一个五年规划纲要

(2006—2010年)》提出"落实男女平等基本国策,实施妇女发展纲要",保障妇女平等地获得各项社会保障和公平参与所有社会事务的权利。尤其是2006年以来,政府年度工作报告都对相关工作做出具体部署,比如2009年中央政府在工作报告中提出"在农村妇女中开展妇科疾病定期检查"。2009年国务院通过的《国家人权行动计划(2009—2010年)》提出,要促进妇女在健康等各方面享有与男子平等的权利。2018年的中央政府工作报告指出,要继续营造尊重妇女的良好风尚,进一步改善妇幼保健服务。

第四,加大政府投入,加强社会合作。2008—2010年,三年间,中央财政投入70亿元为全国农村孕产妇住院分娩给予补助。其间,自2009年起,全国农村育龄妇女可以免费享受政府提供的叶酸增补,及"两癌"(乳腺癌和宫颈癌)等检查。1995—2010年,为帮助贫困母亲脱贫致富、增进健康,政府投入7.3亿元推动用以"幸福工程"建设,有24万名贫困母亲因此受益。2013年,国家全面推动基本公共卫生服务项目,向600万名农村孕妇提供免费孕前检查。此外,政府还积极与妇女组织、企业和媒体等社会力量合作,共促妇女健康权事业的发展。

从上述这些增进妇女健康(权利)事业的进展中,中国通过立法和执法、财政等政策措施,通过部门协作、社会动员和民间社会参与及国际合作等多种方式,积极内化了公约所规定的国家义务。

如前文所述,国家对健康权等基本权利的义务一般包括尊重义务、保护义务和实现义务,在这三大类义务中,实现义务可

第四章　中国实现健康权利的国家义务：动力、内容及政策含义

以细化为两个方面：一是通过提供实现；二是通过协助实现。①这两个方面可以分别被理解为保障义务和增进义务。在中国的宪法、法律、法规等正式文书和政策措施中所体现出的国家义务，在尊重、保护、保障与增进四个维度中也有生动的体现。它们构成了中国保障健康权利的国家义务的具体内容。

三、尊重义务

健康权是一项基本人权，人人有权享有健康。否认人人应该可以获得基本健康服务，是贬低人的价值的体现。②尽管在改革开放后的一段时间内，经济建设是中国的第一要务，健康权的概念并未受到高度重视，在法律与政策实践中也没有使用"人权"这个词语，但是政府所做的很多工作都与人权相关，并从实际上增进了包括健康权在内的人权的享有与发展，国家在认识和行动上越来越积极地履行对健康权等各项人权的尊重义务。宪法虽然没有对健康权做出明确规定，但其中有多个条款可以作为健康权的法定依据。③《宪法》第 33 条第 3 款④和第 36 条第 3 款⑤等均体现出"国家尊重公民享有健康的权利"。

国家要承担尊重义务，首先要树立起尊重健康（权利）的价

---

① ［荷］伯吉特·托贝斯：《健康权》，国际人权法教程项目组：《国际人权法教程》第一卷，尤雪云译，中国政法大学出版社 2002 年版，第 343 页。
② Giesen, D., "A Right to Health Care: A Comparative Perspective", *Health Matrix*, 1994, Vol. 4, p. 280.
③ 焦洪昌：《论作为基本权利的健康权》，《中国政法大学学报》2010 年第 1 期。
④ 《中华人民共和国宪法》第 33 条第 3 款："国家尊重和保障人权"。
⑤ 《中华人民共和国宪法》第 36 条第 3 款："任何人不得利用宗教……损害公民身体健康……"

值理念,这也是构建积极公共政策体系的第一步。实际上,中国对健康权利的尊重已逐步提升到战略高度。早在1996年的第一次全国卫生工作会议,就明确了"为人民健康服务,为社会主义现代化建设服务"的方针。在2016年8月的全国卫生与健康大会上,国家主席习近平提出,要"把人民健康放在优先发展的战略地位",要"将健康融入所有政策,人民共建共享"。① 在这样的背景和基础上,"健康中国"建设被正式写入党的十八届五中全会公报便是水到渠成的事情。紧接着,《"健康中国2030"规划纲要》做出了全局性战略部署。同年11月,世界卫生组织和国家卫生和计划生育委员会(以下简称"卫计委")联合主办了第九届全球健康促进大会,大会鼓励各成员国对"人人为了健康"理念做出政治承诺,这从可持续发展的角度强调了国家对健康权利的尊重义务。2017年9月发布的《中国健康事业的发展与人权进步》白皮书,则非常明确地把健康权规定为一项基本人权,指出"人人有权享有公平可及的最高健康标准"。② 2018年3月,国务院组建国家卫生健康委员会,将以治病为中心的卫生管理模式升级为以人民健康为中心的新发展理念。③ 上述这些事实,都充分体现了国家对民众健康(权利)的进一步重视与尊重,正如本书将在第五章中阐述的,健康领域的工作逐渐从以政府为中心转向以权利为中心。

---

① 《全国卫生与健康大会19日至20日在京召开》(2016年8月20日),中国政府网,www.gov.cn/xinwen/2016-08/20/content_5101024.htm,最后浏览日期:2021年5月1日。
② 国务院新闻办公室:《中国健康事业的发展与人权进步》,人民出版社2017年版。
③ 《国务院组建国家卫生健康委员会》,《中国中药报》,2018年3月21日。

第四章　中国实现健康权利的国家义务：动力、内容及政策含义

国家在健康权利上的尊重义务，还体现在国家把尊重健康（权利）的价值理念向全社会进行积极倡导。尊重可能首先意味着不侵犯或不漠视，但倡导则是一种更积极的尊重。国家加大财政投入，充分利用传统媒体、新媒体及融媒体等宣传媒介与平台开展"健康中国"与重大卫生主题日等宣传教育与咨询，增进公众对健康与健康权利的认识，在全社会倡导尊重健康（权利）的价值理念。自2012年起，中央启动的补助地方健康素养促进行动项目，成为单项投入最大的重大专项，当年投入经费就已达到2.38亿元，主要通过制作与播出公益广告、开展健康讲座、优化医疗机构环境等多种方式倡导尊重健康（权利）的价值理念，共覆盖525万人次。[①] 除原卫计委和财政部以外，各部门也共同倡导尊重健康（权利）的理念。根据《国家环境与健康行动计划（2007—2015）》，原环境保护部（简称"环保部"，现生态环境部）发布了《中国公民环境与健康素养（试行）》，旨在向全社会普及健康理念，提升民众的健康（权利）意识。

四、保护义务

健康权是一项基础性的、综合性的人权，与其相关联的问题有着多面性特征，这意味着国家健康权利保护义务的多面性。宪法第36条第3款的规定表明，任何人都不得假借任何特定活动的名义损害民众身心健康。《宪法》第21条[②]、第26

[①] 李继学：《中央财政促进全民健康素养提高》，《中国财经报》，2013年9月3日。

[②] 《中华人民共和国宪法》第21条："国家发展医疗卫生事业……鼓励和支持……举办各种医疗卫生设施，开展群众性的卫生活动，保护人民健康。国家发展体育事业……增强人民体质。"

条第1款①的规定都体现出国家有义务保护公民健康不受到侵害,国家有义务保护和促进公民健康,包括发展体育事业增强体质、保护和改进生活、生产与生态环境、防治一切不利于健康的公害及活动等。

中国近年来在生态和环境方面的治理行动,最能体现国家在健康权利保障上所承担的保护义务。当前,社会发展面临诸多环境领域的复杂与严峻挑战,尤其应当强调国家保护健康环境的义务,以保持有益于人类健康生存的平衡条件。② 中国通过积极推进环境治理政策来履行对健康权利的保护义务,表现在很多方面。

在自然环境方面,通过对大气、土壤和水污染等的系统性防治来保护民众健康,由此形成了由法律法规、行动计划、联防联控机制和专项资金制度等相结合的积极公共政策体系。比如,国家在空气污染防治方面,出台《中华人民共和国大气污染防治法》(1987年通过、1988年起施行、1995年第二次修正、2000年第一次修订、2015年第二次修订、2018年第二次修正),该法第一章第一条明确提出"保障公众健康",配套颁布实施《大气污染防治行动计划》(2013年),并将京津冀、长三角、珠三角这些人口高度集中区域的县(区)级空气质量监测站点联网。全国2015年的氨氮、二氧化硫与氮氧化物排放总量比2011年分别下降13%、18%和18.6%。污染防治行动产生了一定的持续性

---

① 《中华人民共和国宪法》第26条第1款:"国家保护和改善生活环境和生态环境,防治污染和其他公害。"
② 曲相霏:《国际法事例中的健康权保障——基于〈国际法上作为人权的健康权〉的分析》,《学习与探索》2008年第2期。

效应,2016年,全国338个地级及以上城市的优良天数比上年提高2.1个百分点。① 在土壤污染防治方面,国家出台《中华人民共和国固体废物污染环境防治法》(1995年通过、2004年第一次修订、2013年第一次修正、2015年第二次修正、2016年第三次修正、2020年第二次修订),该法第一章第一条明确指出"保障公众健康",并配套实施《土壤污染防治行动计划》《污染地块土壤环境管理办法(试行)》。2016—2017年,国家共下拨专项资金约150亿元建成约1.5万个土壤环境风险监控点,初步形成了国家土壤环境监测网络。在水污染防治方面,国家颁布《中华人民共和国水污染防治法》(1984年通过、1996年修正、2008年修订、2017年修正),全面推动落实《水污染防治行动计划》,加强全流域水环境综合治理,尤其注重基层建设。2011—2015年,国家和地方配套各投入1 215亿元和600多亿元,用于农村饮水安全建设工程。国家对农村饮水的安全与卫生情况也实施同步监测,至2016年年底,这项举措的乡镇覆盖率已超过85%。

在生活环境方面,形成了推动法律法规和制度建设、开展卫生城镇创建活动、实施基本卫生设施均等化服务等多维立体的政策保护体系,旨在提升城乡人居环境质量。比如,中国于2003年11月正式签署《烟草控制框架公约》。虽然公共场所的控烟政策由于存在政策之外的阻碍因素(如较大的烟民基数、以往的社会俗约、逐利的烟草企业等)而使得有效实施甚为困难,但是,经过在各地陆续推行的较为严厉的控烟政策,已经产生了

---

① 除特定的注释外,本节以下各处所引用的一系列数据均来自历年《中国统计年鉴》《中国人口统计年鉴》《中国卫生年鉴》和2017年《中国健康事业的发展与人权进步》白皮书。

良好效果和积极效应。其中,《深圳经济特区控制吸烟条例》(2014年)、《北京市控制吸烟条例》(2015年)和《上海市公共场所控制吸烟条例》修正案(2017年)是最为典型的地方政策个案,在健康生活理念的引导下,总体上获得了相对较高的民众满意度。① 在这些城市的示范效应影响下,全国已有近20个城市制定了地方性无烟环境法规和规章。在安全用水方面,国家安排专项资金解决个别地区的特殊困难,投入4.95亿元为西藏自治区6万多临时供水人口提供安全饮水。在食品安全方面,《食品安全法》(2009年施行、2015年修订)第一章第一条明确规定了"保障公众身体健康和生命安全"的内容。在该法修订后的第二年,各级政府监管机构分类执法检查了食品生产企业、添加剂生产企业、销售环节经营主体及餐饮服务环节经营主体等,并组织25.7万批次食品样品的全国抽检,总体合格率为96.8%,通过执法检查等政策举措,积极促进了与民众健康息息相关的产品与服务品质。

在职业环境方面,形成了立法、执法和专项行动等相结合的劳动者健康权保护机制。2002年开始实施的《中华人民共和国职业病防治法》,经过2011年、2016年、2017年和2018年四次修正,日益完善。该法第一章第一条明确规定:"保护劳动者健康及其相关权益,促进经济社会发展。"实际上,为体现保障劳动者健康的立法宗旨,很长时期来国家一直在对侵害劳动者健康的重点领域开展各种治理活动,包括尘毒危害专项治理,对粉尘

---

① 倪元锦:《北京市控烟条例施行满月——"社会共治"效果满意》,《北海日报》,2015年7月10日;陈斯斯:《"天花板"下全面禁烟一年,上海逾七成市民满意控烟条例效果》(2018年2月28日),澎湃新闻,https://www.thepaper.cn/newsDetail_forward_2012520,最后浏览日期:2020年12月22日。

第四章 中国实现健康权利的国家义务：动力、内容及政策含义

危害严重的矿石开采加工和耐火材料制造等行业组织开展集中整治，督促企业加大职业安全与健康投入以加强个体防护。一批危害劳动者健康（权利）的企业受到处罚，至2016年年底，被责令停产整顿、提请关闭和取缔的分别为1 524家、1 576家和426家。姑且不论这些行动的效果如何以及还存在哪些方面的严峻挑战，这些立法和政策行动在体现健康权利的国家保护义务上的意义是无法否定的。

此外，疾病防控（控制传染病、慢性病、地方病）、精神卫生服务以及突发公共卫生事件的应急处置等事业，也都是国家履行对健康权利保护义务的重要领域。以传染病防治为例，中国已形成了内外互动、监控网络和防控机制相结合的保护健康（权利）的积极政策体系。一是与国际组织积极互动、信息共享。中国疾控中心的多个实验室已经成为WHO参比实验室，包括流感、脊髓灰质炎和麻疹等公共卫生学或流行病学领域的重要实验室。二是在国内建立疾病监测网络，提前预警。2015年，中国建成了法定传染病疫情和突发公共卫生事件的网络直报系统，信息报送效率大幅提高，平均报告时间由原来的5天缩短为4个小时，并同步建成国家、省、市、县相结合的多层级、立体式的疾控机构实验室检测网络，已达到全球最大规模。① 三是形成传染病防控机制，稳定疫情。比如结核病，2016年全国的报告发病数比2011年下降了12.6%，成功治疗率稳定保持在90%以上，死亡率与发达国家的水平持平，为10万分之2.3左

---

① 胡浩、傅双琪：《中国已建成全球最大传染病疫情和突发公共卫生事件网络直报系统》，（2016年6月14日），新华网，http://www.xinhuanet.com/politics/2016-06/14/c_1119039654.htm，最后浏览日期：2020年12月22日。

右。2017年,国务院办公厅印发《"十三五"全国结核病防治规划》,要求坚持各级政府领导、各部门负责、全社会协同的治理格局,继续推进结核病的高效防控策略。

五、保障义务

对于一个繁荣的文明社会而言,国家建立健康保障体系及与之相关的基础设施是必要的。[1] 然而,国家对健康权利的保障义务是具有层次性的。比如,公共卫生服务和个人医疗服务都是健康服务的重要内容,但两者有所不同,前者是公益性的、普遍性的,具有非竞争性、非排他性、溢出效应和外部性,民众可以无差别地享有;后者在一定程度上是个性化的、精准性的,可以由市场根据个人需求而差别化提供。因此,健康权利保障义务的核心内容至少包含两个层次:一是为民众提供均等化的公共卫生服务;二是为保障健康服务的公平性、可及性和质量,对市场的资源配置进行调节,对产品和服务进行监管。民众对健康服务的需求与市场天然的逐利性之间存在抵触,并形成一种机制性矛盾,这种问题必须由政府解决。[2]

在中国,国家对健康权利的保障性义务,主要体现在《宪法》第33条第3款和第45条第1款的规定中。根据《宪法》的规定,公民处于患病等不健康或健康不足的状况时,有权从国家和社会获得健康照护、物质扶助、健康资源及服务,相应的国家义务是为公民发展社会保险、社会救济和健康事业等。

---

[1] Gostin, L., "Health of People: The Highest Law?", *The Journal of Law, Medicine & Ethics*, 2004, 32(3), p.512.
[2] 吴松林、朱敖荣:《卫生保健市场为什么失灵》,《卫生软科学》1998年第4期。

第四章　中国实现健康权利的国家义务：动力、内容及政策含义

除了宪法和法律规定，国家对健康权利的保障义务在有关的健康政策中得到了体现。在中国，国家的保障义务在政策实践中表现出几个方面的特点。首先，强调健康保障的国家主导作用。1994年，中国提出建立社会主义市场经济体制，与之相应，启动了新一轮与市场接轨的城镇职工医疗保障制度改革，但在供需关系主导下的市场中，资源自然流向支付能力较强、营利性更好的地区，医疗保障的公平性因而受到挑战。针对这一情况与十多年的实践，2009年，国家颁布《关于深化医药卫生体制改革的意见》，核心理念是向全民提供作为公共产品的基本医药卫生制度，进一步明确公共健康事业的公益属性，《医药卫生体制改革近期重点实施方案（2009—2011年）》和《"十二五"期间深化医药卫生体制改革规划暨实施方案》都强调基本公共卫生服务逐步均等化等改革任务。这是健康权利保障理念上的积极转变。其次，健康权利保障开始出现了从以治病为中心逐渐向以健康为中心的转变，这在针对妇女的健康保障服务的发展上尤为明显，当前，妇女的健康保障服务比以往更重视疾病的预防与健康检查。仅在2009—2016年的七年时间里，国家共向1299个县投入226亿元的专项资金，超过6000万名35—64岁的农村妇女接受了免费的宫颈癌检查。这是实现《中国妇女发展纲要（2011—2020年）》目标的一个重要步骤。2016年，原卫计委和WHO发布的新版《中国-世卫组织国家合作战略（2016—2020）》提出，"实现全民健康覆盖"和"实现所有政策的健康承诺"都是优先战略。

国家要充分履行健康权上的保障义务，需要以完善的保障制度作为支撑。在这方面，中国的制度建设是值得称道的。

裴宜理(Elizabeth Perry)曾多次强调中国的"国家体制远比某些人想象的更具活力"。① 在她看来,中国的决策者一直秉承创造性精神,针对复杂局面及其变化采用灵活方式并推行有效政策,有能力不断将各种社会挑战转化为权力再生资源或巩固政府合法性。裴宜理所说的"针对变化采取灵活政策"的观点,在健康保障政策的变迁中可以得到相应的说明和佐证。

中国的健康保障政策(国家的保障义务)有着一个很长的曲折变化过程。改革开放以后,虽然中国的医疗卫生事业整体向前发展,解决了世界人口最多国家自身的基本医疗问题,为全球健康事业发展作出了巨大贡献,然而改革挑战重重,医疗保障和卫生服务的"公平性"和"可及性"曾一度陷入外界质疑。不过,到了21世纪初,国家通过财政收入体系的重构化解了危机,②从而逐步形成了以基本医疗保障为主、多种形式补充保险和商业保险相结合的全覆盖式健康保障体系。这个体系的形成过程是曲折的。以医疗改革的推行为例,1978年,世界卫生组织在阿拉木图会议上曾对中国实施的低成本、广覆盖的基本公共健康政策极为肯定,但当时的低水平覆盖模式只解决了最基本或最初级的卫生保健问题,事实上仍存在着卫生资源匮乏、地区差异大等方面的历史局限性。以经济建设为中心的改革开放战略,基本上是以市场为取向的。结果,农村合作医疗覆盖面从改革开放前的92.8%骤降至1983年的11%,到1989年则降至最

---

① 参见裴宜理:《新中国的政治体制是否具有活力?》,小乐译,《中国社会科学报》,2009年8月13日。同时参见《假如没有毛泽东和邓小平——专访哈佛教授裴宜理》,《南方人物周刊》2010年第6期。

② 王绍光、樊鹏:《中国式共识型决策——"开门"与"磨合"》,中国人民大学出版社2013年版,第55页。

第四章　中国实现健康权利的国家义务：动力、内容及政策含义

低点 4.8%。1994 年，国家启动新一轮城镇职工医疗保障制度改革，采取了与市场接轨的思路、方法与模式。但是，由市场主导医疗供需并不利于保障困难群体的健康（权利），因而国家又进行了进一步的一系列改革。1996 年年底，中共中央、国务院召开中华人民共和国成立以来最高规格的全国卫生工作会议，并于 1997 年年初发布《关于卫生改革与发展的决定》，指明卫生事业是带有福利性质的社会公益事业，要与经济社会的发展相匹配、相协调，其中，由政府承担重要责任。国务院于 1998 年颁布了《关于建立城镇职工基本医疗保险制度的决定》。然而，改革的成效并不显著，存在的问题依然严重。到 2002 年，大约只有 50% 的城镇居民拥有医疗保险；农村的情况更不乐观，参加合作医疗的农村居民比重还不足 10%。① 正如相关研究发现的那样，弱势群体面临诸多困境，许多低收入者的经济状况雪上加霜，甚至因病致贫。② 有学者批评此时的中国卫生健康保障是市场中的商品，成为用金钱交换的特权。③ 此间，WHO 对 191 个成员国进行了绩效评估，结果表明，一些国家在卫生负担公平性方面的建设差强人意甚至令人担忧，其中，中国排名倒数第 4，位于世界最不公平国家之列。④

这种情况在 2003 年终于引起了国家的充分重视。这一年，

---

① 卫生部统计信息中心：《中国卫生服务调查研究》，中国协和医科大学出版社 2004 年版，第 16 页。
② 王绍光：《政策导向、汲取能力与卫生公平》，《中国社会科学》2005 年第 6 期。
③ Cockerham, W.:《医疗保健是权利还是特权》，赵明杰译，《医学与哲学》2002 年第 11 期。
④ WHO, The World Health Report 2000: Health Systems: Improving Performance, 2000, p. 152.

国务院办公厅转发《关于建立新型农村合作医疗制度的意见》，这一意见由多个相关部门共同发布实施，具体包括原卫生部、财政部、农业部等，目的是希望最终形成政府主导、多方筹资、大病统筹、救助帮困的新格局。此时，最重要的转变体现在对"人"的核心地位的关注，用"以人为本"的科学发展观重新审视中国卫生健康事业的发展，发现仅靠市场力量无法同时解决卫生投入绩效与医疗资源的公平性、可及性、可获得性和质量等一系列问题，[1]即无法保障人人享有健康权利。2006年，中央决定恢复医疗卫生的公益性，并以此为原则正式启动新医改。2009年，《中共中央国务院关于深化医药卫生体制改革的意见》》等重要文件中提出为所有人提供安全有效、方便可及的低价卫生服务。2016年，国家正式启动城镇居民基本医疗保险和新型农村合作医疗两项制度的融合，中国正在逐步完善城乡居民公平享有基本医疗保险的保障制度。

显然，任何国家都首先是基于公平性的价值来为国家设定相应的保障义务的。由此，评估国家有没有尽到保障义务，可以通过观察国家的健康权利保障制度是否为一些特定群体（他们往往就是社会中的脆弱群体）构筑起一张社会安全网来实现。也就是说，国家的保障义务必须尤其体现在对脆弱群体的关怀上。近些年来，中国贫困人口的健康权保障问题逐渐成为学术界的研究热点，在世界范围内，贫困问题也是一个世界性的人权难题。中国于2016年启动了健康扶贫工程，以应对和解决因病

---

[1] 相关内容请参见柏晶伟：《反思中国医疗卫生体制改革：访国务院发展研究中心社会发展研究部副部长葛延风》，《中国经济时报》，2005年6月7日；杨中旭：《中国医改思路出现重大转折》，《中国新闻周刊》2005年第24期。

致贫等不断凸显的问题和难题。该工程试图从政治动员、分类救治、支付方式、对口帮扶四个维度来保障贫困人口的生活,它尤其关注农村贫困人口的健康权利保障问题。为此,国家为因病致贫、因病返贫的家庭建立健康扶贫工作台账和数据库。精准的大病保险倾斜性支付政策,对农村贫困人口在起付线、报销比例和封顶线等方面给予重点倾斜,并使他们能够在县域内住院先诊疗后付费,解决了他们的实际困难。著名期刊《柳叶刀》指出,中国一直尝试学习和借鉴他国在保障健康(权利)方面的经验,现在,中国在健康领域中覆盖率高、成本低的高效举措也可以成为他国学习的经验。①

六、增进义务

国家在健康权利保障上的增进义务,主要是针对资源和投入而言的,因为这关系到健康权利是否能真正实现。同时,增进义务也是针对国家的倡导而言的,国家应该唤起整个社会对健康问题的重视。实际上,倡导本身也是一种资源的整合和投入。国家对健康权利的增进义务的法律依据,主要是《宪法》第21条、第26条第1款等条款的规定,国家有义务发展医药卫生和体育健身等事业,鼓励和支持多元行为体举办各种健康设施与服务,以增进民众健康(权利)。

要将民众健康权利由应然权利转化为实然权利,首先需要加大财政投入。1985年8月发布的《关于卫生工作改革若干政策问题的报告》提出,要简政放权、多方集资、开阔思路。从措辞

---

① The Lancet,"What Can Be Learned from China's Health System",*The Lancet*,2012,379(9818),p.777.

乃至方向上来说，改革的思路本身是没有问题的，但在具体的实践中，改革变成了由市场力量来主导卫生事业。结果，政府卫生支出在政府财政支出中的比重开始波动减少，由1982年的5.61%波动上升至1992年的6.11%，再几乎是持续下降至2002年4.12%，这甚至低于1980年的4.22%。财政投入的减少，必然会损害公平和自由，在此后十多年的时间里，庞大数量的弱势群体的健康得不到保障，仅是民众健康权利没有真正实现的其中一个表现而已。实际上，所有的医疗卫生体制都必须在自身的效率、公平和自由等社会价值与需求、利益和能力等驱动因素之间寻求一种平衡。[1] 显然，中国在这方面的失衡是政府投入减少的一个结果。到了最近一些年，中国政府才真正意识到提高基本公共卫生服务的标准、覆盖率和惠及面是促进健康权利实现的重要目标和途径。2010年，中国人均基本公共卫生服务经费财政补助标准为15元，到2017年这项补助已提高到50元，相应地，服务项目也从最初的9类41项扩大到12类47项。[2]

其次，促进健康权利实现的另一个重要方向是改善基础设施。在很长的时期里，医疗卫生服务体系资源要素增加不足，这拖延了健康权利实现的进程。这种情形在最近几年得到一定的扭转。2011—2015年，资源要素的投入持续增加，国家总共投

---

[1] see Gillies, A., *What Makes a Good Healthcare System?: Comparisons, Values, Drivers*, Radcliffe Medical Press Ltd., 2003.
[2] 原卫计委：《卫生计生委举行基本公共卫生服务有关情况发布会》(2017年7月10日)，国务院新闻办公室网站，http://www.scio.gov.cn/xwfbh/gbwxwfbh/xwfbh/wsb/Document/1558051/1558051.htm，最后浏览日期：2020年12月22日。

入420亿元重点支持建设县级医院、乡(镇)卫生院、村卫生室和社区卫生服务中心。至2019年5月底,全国共有医疗卫生机构100.4万个。国家和社会通过各种形式提升对老年人的基础设施供给,是促进健康权实现、体现增进义务的另一个实证材料。截至2015年年底,全国分别建有康复医院、护理院和护理站453所、168所和65所,分别比2010年增加69.0%、242.9%和16.1%,这些机构的从业卫生人员分别为36 441人、11 180人和316人,比2010年分别增加了96.5%、286.7%和69.9%。① 2016年,国家遴选确定90个市(区)为国家级医养结合试点单位,积极开展养老院服务质量控制体系专项建设,增进老年人的健康(权利)。有了这种医养结合服务模式的推进,进步在于对老年人心理健康的关注,从老年人最关切的需求出发落实健康权利。

再次,可以从中国的倡导行动来认识国家的增进义务。中国已经开始了敦促民众养成健康的行为方式的倡导工作。倡导工作的一个重要例子,是2007年国家启动了全民健康生活方式行动,全面倡导民众养成合理饮食和适量运动的习惯。到2016年年底,全国已有近九成的县(区)开展了此项行动。原卫计委发布《中国居民膳食指南(2016)》,对一般人群及特定群体分别进行科学合理的膳食指导,推进营养监测和发布,实施贫困儿童等重点人群的营养改善项目。在《全民健康生活方式行动方案(2017—2025年)》中,原卫计委和国家体育总局等多部门联合

---

① 数据来源:《"十三五"健康老龄化规划》(2017年3月17日),原卫计委网站,http://www.nhc.gov.cn/rkjcyjtfzs/zcwj2/201703/53164cb31b494359a21c607713451342.shtml,最后浏览日期:2020年12月22日。

深入倡导健康生活方式,主张通过积极营造健康支持环境、提升民众健康意识和行为能力来增进健康(权利)。《"同呼吸、共奋斗"公民行为准则》等规范,则倡导居民形成自主自律的健康生活方式。倡导工作的另一个重要例子是,中国将全民健身事业定位为一项国家战略,并纳入各级政府的发展规划、财政预算和工作报告。2009年,中国颁行《全民健身条例》,目前全国已有16个省份和10个较大的市制定了全民健身地方性法规,所有省(自治区、直辖市)全部制定完成省级《全民健身实施计划》。民众健康素养水平的提高,显然是与上述这些方面的倡导工作有着密切的关联。从2008年到2019年,全国城乡居民健康素养水平由6.48%提升至19.17%。[①]

第三节　确立国家义务:积极公共政策的含义和意义

在中国的正式法律文书和政策文件中,健康权作为一项基本人权已经被确立或正在得到确立,对健康权的尊重、保护和促进实现被规定为国家的义务。作为本章小结,本节将简要解释国家义务的确立蕴含的积极公共政策的含义和意义。

关于积极公共政策,我们在第三章的分析框架里已经强调过,它是一个分析性的概念,用以描述和分析中国在保障和实现

[①] 《2019年全国居民健康素养水平升至19.17%》(2020年4月24日),中华人民共和国国家卫生健康委员会网站,http://www.nhc.gov.cn/xcs/s3582/202004/df8d7c746e664ad783d1c1cf5ce849d5.shtml,最后浏览日期:2020年12月22日。

健康权利上采取了哪些方面的积极行动。这种积极行动既可以表现为国家立法、政府政策设计、政策项目的推进，也可以表现为动员社会的参与等多个方面。积极行动的指向是明确的，就是要通过各种努力，让每一个人都能享有健康，从而让健康权利真正成为人们的实质性权利。

因此，确立国家义务蕴含的积极公共政策的含义，首先在于承认健康权是一项需要经由国家尊重和确认、保障和保护、促进和实现的基本人权。在中国，这种承认和认识经历了一个漫长的过程，但整个过程的演变表现出国家和政府的积极态度。在宪法正式确立保障人权的原则之前，健康权并没有在法律上被确认为一项基本人权，在其他的国家正式法律文书和政策文本中，也没有对健康权利的内涵和内容做出规定。这是中国改革开放所处的特定阶段的产物。

健康权尚未在法律上得到确认并不意味着国家对健康权利的消极态度。健康权属于经济、社会和文化权利的范畴，是一种积极人权。根据积极人权的属性和特点，它是一种需要发挥国家的积极作用才能得到实现的基本权利。健康权利的这种属性，正好契合中国的发展战略对国家角色的定位，在中国这样的后发现代化国家，没有一个强有力的政府在各项基础性领域发挥积极作用，要实现现代化是难以想象的。事实上，在2017年的《中国健康事业的发展与人权进步》白皮书正式明确承认健康权是一项基本人权之前，中国在与健康和健康权密切相关的各个领域，包括医疗与公共卫生、环境治理、社会保障、反贫困、就业促进、教育等，一直做着与健康权和人权密切相关的工作。这些工作所取得的成就，就像本章前面所叙述的，为健康权和人权的实现提供了条件,累积了人权的价值,甚至它们本身就是健康权和人权的构成内容。在国际关系中,中国一直强调和告诫自己,要认真做好自己的事情。上述这些健康权利的建设工作,就是这样的事情,尽管在很长时期里并未从人权的角度来阐述和理解健康权保障的方方面面。不过,有了这些经由积极公共政策来切实增进和实现健康权利的行动、成就和经验,中国到了重新阐述和界定自己的关于健康权和人权的话语、体系和逻辑的时候了。

其次,把尊重、保障、促进健康权的实现确立为国家义务,其蕴含的积极公共政策意义还表现为这是一种积极的承诺。承诺是积极态度的宣示,它构成了积极行动的动机和动力,虽然并不是所有的承诺都会产生相应的积极行动。但是,对中国来说,促进和实现健康权利是中国对国际社会和对国内民众的双重承诺,这种承诺既是正式的制度过程,又是公开的宣示。

就对国际社会的承诺来说,参与国际人权制度是一个正式的制度过程,它是中国对外战略的重要组成部分。在人权问题上的国际参与,中国经历了从消极到积极的转变过程。中国在签署和批准相关国际公约的过程中,有关国际人权规范逐渐在国家的法律和政策行动中得到内化。从承诺开始,中国便采取了切实的行动履行国际公约要求的国家应该承担的义务,并接受有关国际组织的审议和审查。

就对国内民众的承诺而言,中国下决心保障作为人权的健康权,从其行动的过程和结果来看,这种承诺是可信的。健康问题是基本的民生问题,推行"健康中国"建设和"将健康融入所有政策"战略,反映了国家在人权和健康权利问题上的理念、态度

第四章 中国实现健康权利的国家义务:动力、内容及政策含义

和行动的变化。正如王绍光等学者指出的,判断一个国家政治体制的优劣,除了看其权力产生的途径,还应注重权力的运行过程、政治结果与社会效应,特别是那些关乎民生的重大决策是否回应了民众的关切并体现了民主。①

---

① 王绍光、樊鹏:《中国式共识型决策——"开门"与"磨合"》,中国人民大学出版社2013年版,第2页。

第五章
将健康融入所有政策：权利本位的政策设计与实践

在现代政治学和法学意义上，公民权利与国家义务是一个问题的两个方面。通常意义上，国家是从公民权利的角度来确立国家义务的，也就是说，因为健康权是公民的一项基本权利，国家必须在法律上和政策行动上确立其应该承担的义务。因此，公民权利和国家义务便表现为一组对应的关系。然而，在中国的实践中，健康权在很长时期里并没有被正式确立为一项基本权利，也就是说，国家在实践中推进的各项增进和保障健康的行动与举措，并不是基于把健康权作为一项基本人权来实施的。最直接的例证是，尽管"国家尊重和保障人权"被写入2004年的宪法修正案，但是直到2017年，健康权才在《中国健康事业的发展与人权进步》白皮书中被明确界定为一项基本人权。有研究认为，宪法正是在人权理论的形成过程中和人权保障的制度与理念下形成的。① 但至少从目前看，中国在宪法和其他法律文书中对国家保障民众健康的义务确定，并不能直接认为它是基

---

① 马建红：《论"人权派"的人权保障思想》，徐显明：《人权研究》（第二卷），山东人民出版社2002年版，第142页。

第五章 将健康融入所有政策:权利本位的政策设计与实践

于对民众健康权作为一项独立的基本人权的考虑而做出的。

本书的逻辑是:中国已经和正在经由积极公共政策来优化健康治理,从而促进健康权利的实现。为了考察和证明这个逻辑,我们认为有必要从权利的角度来解释积极公共政策的含义、过程与结果。当今在世界范围,保障、实现和增进健康权利方面的公共政策正在被不断重构,这种重构形成的全球健康治理战略的基本取向是基于权利的路径(rights-based approach)的。中国"将健康融入所有政策"的战略,正是体现了健康权是一项基本人权的价值。如果说中国的健康发展战略是以人权和健康权作为其价值取向的话,那么,仅从国家义务的角度来审视中国积极公共政策的变化是不够的。毕竟,健康权在个人与国家之间建构了一种新型权利与义务关系,除了传统的控制国家权力的自由权消极属性外,它更大的价值在于实现人的尊严。[①] 显然,我们有必要从权利本位的维度来解释中国致力于促进健康、让健康权为全社会共享、使人民获得作为人的基本尊严和体面生活的"健康中国"建设为什么是一种积极公共政策的理由。

本章首先提出"健康权是民众的一项基本权利"这种意识已经在社会中确立起来,并有不断强化的趋势。这是本书考察中国与健康权相关联的一系列公共政策的一个基本事实前提。积极公共政策之所以说在增进和实现健康权上是积极的公共政策,就在于它必须尊重这个事实,必须对民众的健康权利诉求做出积极反应。为了更好地理解中国的公共政策正在按照基于权利的路径来建构,本书进而对基于权利路径的全球健康发展战

[①] 林志强:《健康权研究》,中国法制出版社2010年版,第96页。

略进行分析。正如我们在上一章中阐述的,中国与国际社会在健康权和全球公共卫生治理上存在广泛互动,这种互动势必会影响中国的健康政策设计和运作。基于第一、二两节的背景,第三节旨在详细阐述和分析中国基于权利的健康政策设计的体系和内容。

第一节 基于权利路径的全球健康战略

中国实施以权利为本位的积极公共政策来促进健康权的实现,是与全球公共卫生治理和国际社会健康实现的制度及行动相适应的,在某种程度上是中国与国际社会在健康与人权治理领域互动的结果。换言之,中国积极的健康政策的制定与实施,本身也是全球健康战略的组成部分。

一、从全球公共卫生到全球民众健康权:治理范式的转换

在全球范围内,从关注公共卫生慢慢过渡到以权利为本位的健康发展战略,是对以往卫生战略反思的结果。从全球公共卫生治理到全球民众健康权治理,范式的转换主要包括两层含义:一是全球公共卫生与人权理论的结合,二是从公共卫生到民众健康权利的转换。

保障人的基本权利是公共卫生治理的应有之义,是随着近代人权运动的发展和公共卫生问题的凸显才被逐渐意识到的。

第五章　将健康融入所有政策：权利本位的政策设计与实践

全球公共卫生治理（global public health governance）是为了应对公共卫生领域的跨国、跨地区和国际性问题而制定的规范总和，[1]也是用以降低全球公共卫生安全领域脆弱性的途径。实际上，国家和非国家行为体都应该也可以在国家治理的很多方面发挥积极作用，在卫生与健康规范与政策的制定和实施方面就是如此。全球公共卫生治理与人权理论都是强有力的社会科学研究范式，两者的相互交融可以被称为极其重要的历史时刻。[2] 在认识到人权是获得健康的一个先决条件[3]以及充分保护人权是保障民众健康的关键[4]等问题后，公共卫生和人权之间的结构性联系便更加广泛与深入，并体现在诸多政策领域中。

全球公共卫生治理与人权理论的交融是国际社会的战略共识，同时体现在国际组织与国家层面的规范或工作中。相关国际人权公约对健康权的保障进行了一般意义上的规范，但各国民众健康权的最终实现还是要落实在国家层面上。《世界卫生组织宪章》规定，人人拥有获致健康的基本权利，同时说明，健康权这项基本人权不应由于每个人的文化与社会背景等方面的因素不同而遭受不平等对待，这在《世界人权宣言》第 25 条、《消除对妇女一切形式歧视公约》第 12 条以及《圣萨尔瓦多议定书》第 10 条等国际或区域公约及规范中都可以找到对健康权的相关

---

[1] Hein, W. & Kohlmorgen, L., "Global Health Governance", *Global Social Policy*, 2008, 8(1), p. 84.

[2] Mann, J., "Health and Human Rights: If Not Now, When?", *Health and Human Rights*, 1997, 2(3), p. 113.

[3] Gruskin, S., Ferguson, L., & Bogecho, D., "Beyond the Numbers: Using Rights-based Perspectives to Enhance Antiretroviral Treatment Scale-up", *AIDS*, 2007, 21(5), pp. S13 – S19.

[4] Jürgens, R. & Cohen, J., "Human Rights and HIV/AIDS: Now More than Ever", Open Society Institute (Law and Health Initiative), 2007, p. 7.

规定。

实际上，比起忽视、无视甚至侵犯人权的那些公共卫生治理，积极考虑并充分重视人权的公共卫生治理效果是更好的。① 比如，20 世纪 80 年代以来，艾滋病疫情的蔓延造成世界范围内的公共卫生治理危机，为应对这种跨越国界的人类健康威胁，多国领导人在 2006 年联合国 HIV/AIDS 问题高级别会议上达成共识，他们重申一个主张：实现所有人的人权是应对全球艾滋病疫情的重要内容。② 与之相对应的情况是，对人权的无视和侵犯总会对健康造成一定的不良影响。仍然以艾滋病危机为例，有学者认为，正是由于对人权的无视和侵犯而导致了艾滋病疫情的大面积恶化和泛滥。③ 实际情况更不乐观，对艾滋病患者的歧视广泛存在于政府、企业、个人与社会中，几乎发生在各类组织、各个层面。④ 如果长此以往地漠视人权，人类社会将付出高昂代价，到那时，任何国家都不可能使其民众真正获致健康并得以应有发展。因此，尊重和保护人权对全球公共卫生治理具有积极的理论意义、政策意义和现实意义。

现在我们来看范式转化的第二层含义。公共卫生是民众健康的基础内容，公共卫生治理是保障健康权利的基本方面，面向民众健康的治理是对保障健康权利的政策逻辑的完善。在认知

---

① Menon-Johansson, A., "Good Governance and Good Health", *BMC International Health and Human Rights*, 2005, 5(4), pp. 1-10.

② Jürgens, R. & Cohen, J., "Human Rights and HIV/AIDS: Now More than Ever", Open Society Institute (Law and Health Initiative), 2007, p. 2.

③ Csete, J., "Missed Opportunities: Human Rights and the Politics of HIV/AIDS", *Development*, 2004, 47(2), p. 83.

④ Gostin, L. & Lazzrini, Z., *Human Rights and Public Health in the AIDS Pandemic*, Oxford University Press, 1997, p. 75.

第五章 将健康融入所有政策：权利本位的政策设计与实践

上,"public health"通常被译为"公共卫生",这种中文译法只体现了原英文词汇中一部分狭义的意思,并且具有相当的含糊性,隐藏了"民众健康"概念中丰富的含义。① "公共"使"民众"的权利主体地位变得模糊,而综合性的、全方位和全周期的"健康"理念不只是单一的"卫生",保障健康和健康权利不只与食品、职业、生活与环境等方面的卫生状况相关,还包括健康促进、健康素养提升、健康生活的习惯形成与氛围营造、参与健康政策制定过程的机会等。然而,狭义的认知长期以来使保障健康权利的政策逻辑趋于片面化,制约了健康权利领域积极公共政策的推行。

在全球民众健康治理中,健康权体现出基础性和综合性的权利特性,几乎与公民和政治权利以及经济、社会和文化权利的各个面向都紧密相关。比如,在传染病暴发时,民众若能确保知情权,即及时、准确地获得政府或相关机构发布的真实信息,是健康权利得以保障的重要前提。又如,民众若想准确理解与健康相关的信息,必须具备一定的理解能力,而受教育权就是获得这种能力的基础,再进一步,如果民众要参与与健康相关的政策制定过程,就需要确保民众的参与权。以上这些权利都是人人应当平等享有的基本权利。

从全球公共卫生到全球民众健康权,这种治理范式转变的核心内涵包括医学(教育)模式与健康照护政策范式的转变,但不仅限于此,其广阔的外延包括环境保护、公民参与、职业安全、社区治理、全民健身、企业社会责任等多领域政策范式的融合或

---

① see Wallace, R., ed., *Maxcy-Rosenau-Last Public Health & Preventive Medicine*, 15th edition, McGraw-Hill Medical, 2007.

转换。实际上,这要求重新界定个人与国家在健康领域中的权利与义务,而且重新界定要遵循科学性,关键是人人平等地享有获得健康与健康权的条件、能力与机会,重点是推行以权利为本位的积极公共政策来保障、实现与增进民众健康与健康权利。

二、以权利为本位的全球健康战略

全球健康治理是指在全世界范围内不分国界和国籍的一种行动,这种行动的目的是促进全球民众的健康和健康公平,方式是多方集体行动,①这种集体行动既是国际层面上跨国的和跨区域的,也是国内层面上跨领域的和跨组织的。国际社会和有关机构提出"以权利为本位的路径",其基本观点或主张是:当健康权越来越上升为人权时,获得健康与健康权便是民众应该享有的基本权利。因此,以权利为本位的全球健康治理,其核心是以权利为价值在健康领域推行更加积极的公共政策,进而保障与增进民众健康。这种治理逻辑超越了以往以政策制定者/机构为中心、以降低公共卫生领域脆弱性为目的的政策设计与实践,追求的是现代化文明进程中以权利为本位的根本遵循和以保障民众健康权利为目的的政策价值与理念。全球健康(权利)治理涉及公共卫生、教育、就业、知识产权等广泛领域,国际组织、国家、非政府组织及跨国机构等多元主体的作为或不作为都可能产生直接或间接影响,有学者甚至认为全球健康治理的秩序表现出一些"宪法纲领"的特征。②

---

① Beaglehole, R. & Bonita, R., "Global Public Health: A Scorecard", *The Lancet*, 2008, 372(9654), p. 1988.
② Fidler, D., "Constitutional Outlines of Public Health's 'New World Order'", *Temple Law Review*, 2004, Summer, p. 247.

第五章 将健康融入所有政策:权利本位的政策设计与实践

国际组织对健康权的保障,是以权利为本位的全球健康治理的重要内容。各国所面临的保护环境和促进发展等诸多问题需要通过国际合作来加以解决,①这些问题都与民众健康(权)息息相关,联合国(UN)、世界卫生组织(WHO)、世界银行(WB)、国际货币经济组织(IMF)、世界贸易组织(WTO)等国际组织是有力载体,通过与各个国家、NGO 和企业等行为体在机制、资金、人员、项目等方面的合作,各国际组织形成了一系列战略举措,不断推动全球健康权治理的变革与进阶。这些不同的战略发展层次并非替代关系,而是不断深化与优化的过程。实际上,以权利为本位的全球健康战略发展至少已有数十年的历史,有着夯实的国际规范基础。1945 年联合国国际组织会议通过的《联合国宪章》表达了维护人类健康福祉和基本人权的决心。1946 年世界卫生组织成立时发布的《世界卫生组织章程》指明,健康权是一项基本人权。1948 年《世界人权宣言》第 25 条第 1 款对健康权进行了规定,这可以被认为是构建保障健康权的国际法律体系的基石。1966 年《经济、社会及文化权利国际公约》对健康权进行了较为全面的规定。对于不同群体(尤其是弱势群体)的健康权也有相应的国际规范,比如《消除一切形式种族歧视国际公约》第 5 条 E 款中的第(4)点、《儿童权利公约》第 24 条、《消除对妇女一切形式歧视公约》第 11 条第 1 款(f)和第 12 条等。

全球民众健康权发展战略至少有三个主要层次。第一个层次是以权利为本位强化初级卫生保健战略。1978 年《阿拉

---

① Rich, R., "The Right to Development: A Right of Peoples?", in Crawford, J., ed., *The Rights of Peoples*, Clarendon Press, 1988, pp. 39-54.

木图宣言》指出健康是一项基本人权,政府有责任和义务为增进民众健康(权利)而提供适当的技术与方法,目的是实现全球民众更高质量的健康状态和全人类的共同发展,初级卫生保健是基础,①这也是全球健康(权利)治理实务的基本价值导向、理论基础和规范性指南。② 初级卫生保健战略要求政府除了提供健康的基础性服务外,还应通过改善健康的社会决定因素来规避健康风险,这些不可能由天然逐利的市场来完成,也无法由能力和资源有限的 NGO 来承担,因此,政府在健康治理方面应起主导作用,引导跨部门协调机制与多元健康治理模式的发展。

第二个层次是以权利为本位的健康促进战略。1986 年《渥太华健康促进宪章》提出"健康促进"的概念与发展方向,指出收入、安全、社会保障等八个影响健康的社会决定因素,明确了推动公共政策、支持环境、社区参与、个人健康技能和服务模式等五大领域的行动纲领。具体而言,就是在微观个人层面上要求提升居民的健康知识与技能;在中观组织层面上要求强化社区的参与行为,重新定位医疗健康服务的功能与模式;在宏观国家层面上要求系统制定促进健康的公共政策,改革健康服务体制、增加投资、创造健康的支持环境等。另一个例证是,世界银行通过资金支持改善资源结构以促进全球民众健康,关键是,在有关

---

① WHO, *Primary Health Care: Report of the International Conference on Primary Health Care*, Alma-Ata, 1978.

② WHO, *Health Equity through Intersectoral Action: An Analysis of 18 Country Case Studies*, 2008.

第五章　将健康融入所有政策：权利本位的政策设计与实践

公共卫生的规章制度中引入健康和人权考量。① 世界银行是全球最大的健康项目外部投资人,通过卫生贷款项目使受惠地区在健康领域的基础设施、管理模式、服务能力等方面得到加强,②在抗击艾滋病的运动中承诺提供每年 13 亿美元的贷款,关注妇女、儿童、年长者、贫困人口、艾滋病患者等脆弱人群的健康促进。

第三个层次是以权利为本位将健康融入所有政策战略。1998 年,世界卫生组织提出 21 世纪健康促进战略,将健康促进纳入所有公共政策范畴。本章第三节将介绍"将健康融入所有政策"的具体过程和做法。其实,联合国千年发展目标(MDGs)③,以及在其之后在指引全球各国健康协同共荣的可持续发展目标(SDGs)④对推动这项战略有着重要影响。具体而言:与保障健康权直接相关的指标有降低儿童死亡率、改善产妇保健、与艾滋病(毒)和其他疾病做斗争;密切相关的指标有消灭极端贫困和饥饿、确保环境的可持续能力;有直接影响的指标有普及初等教育促进男女平等并赋予妇女权利、全球合作促进发展。MDGs 与 SDGs 的指标是基于健康权而融合考量所有政策的具体举措。其他例证还比如,《国际卫生条例(2005)》第 32 条规定,世

---

① World Bank, *Development and Human Rights: The Role of the World Bank*, 1998.
② 段明月:《世界银行贷款卫生项目对我国卫生发展的影响》,《中国卫生经济》2004 年第 12 期。
③ 在 2000 年 9 月召开的联合国千年首脑会议上,来自 189 个会员的国家元首、政府首脑或代表通过了《联合国千年宣言》,各国领导人达成共识,明确了人权等七个领域的政治承诺,很多方面的共识与承诺都与健康权相关。
④ 2015 年 9 月,各国领导人在联合国大会上通过了可持续发展目标,旨在千年发展目标到期之后,继续指导全球 2015—2030 年的发展。

界卫生组织缔约国应该尊重旅行者并保障其尊严和人权。不同国际机构的战略都包含将健康融入全球不同政策领域的积极举措。

需要强调的是,以权利为本位的全球健康治理战略,其进展主要体现在各国的实现情况上。《经济、社会及文化权利国际公约》的国家报告制度是督促、推进或帮助国家保障健康权的重要实施机制。国家报告制度最基本的要求有:第17条第1款规定,缔约国"于本公约生效后1年内所制订的计划,分期提供报告";第16条第1款及第17条第2款规定,缔约国报告"在遵行本公约所承认的权利方面所采取的措施和所取得的进展",以及对公约义务履行中的"影响因素与困难"。值得注意的是,健康权作为一项基本人权同时包含消极面向和积极面向。如前文所述的《经济、社会和文化权利委员会第14号一般性意见》就从消极和积极两个方面强调了国家对健康权负有尊重、保障和实现三种义务,并对缔约国的落实情况提出可获得性、可接近性和可支付性三个方面的衡量标准。公民权利和政治权利以及经济、社会、文化权利不是相互分离的,而是相互融合的。① 因此,以权利为本位的全球健康治理的实现方式可以从两个方面来体现政府的积极态度与作为。一方面,从消极权利面向来讲,包括政府不限制人们获得健康服务的公平机会、不歧视或忽视脆弱人群(如妇女、儿童和年长者)的健康需求、不阻止或妨碍民众参与健康领域的各项事务等,这些消极权利的获得和保护至少在认知和价值等方面体现了政府的积极态度与作为。另一方面,从

---

① Scott, C., "The Interdependence and Permeability of Human Rights Norms", *Osgoode Hall Law Journal*, 1989, 27, p. 851.

积极权利面向来讲,比如政府能动地主导社会多元力量发挥积极性、提供质优价廉的健康服务与保障体系、帮助民众提升健康素养与能力、在所有政策制定与实施全程以健康权为优先考量等,则在认知、措施与行动上体现出政府的积极态度与作为。

需要进一步明确的是,各国际组织的规范性约束普遍存在非强制性的困局。比如,尽管世界卫生组织是推行全球健康权治理战略的主要机构,长期以来在健康与健康权保障领域发挥着重要作用,但其重要缺陷是对各国的具体政策与落实情况缺乏有效的法律约束力。与之相应,全球健康(权利)治理的规范与实践都表明,实现健康(权利)取决于超越边界的问题、议题和关切。因此,要更好地保障与增进民众的健康权利,需要由国家"将健康融入所有政策"。这也是中国优化健康治理以增进民众健康权利的重要背景。

第二节 权利意识的提升及其积极公共政策内涵

一、民众权利意识的确立和强化

对包括健康权利在内的任何权利的认识,离不开对"主体"的考察。权利是人作为权利主体的权利,不存在没有主体的权利。在中国,作为权利主体的民众,其主体地位的确立是改革的一个必然结果。在改革前,虽然宪法规定了公民享有一系列权利,但是,公民的主体地位是缺失的,因为民众并不是一个独立的利益主体。改革以后民众逐渐成为一个利益主体,民众的权利(财产权)意识不断提升,是一个很好的例证。① 民众的权利意识是在改革过程中逐渐形成和提高的,民众的权利主体地位也是在这个过程中逐步得到承认并在法律上逐步得到确立。

这种情形在健康权利问题上存在同样的体现。在相当长的时期里,如果民众的健康由于改革、服务、政策等方面的局限性或失误而受到损害,也很少有人认为其所受的损害实际上是其权利和人权(健康权)的损害。同样,由国家所提供的公共医疗和公共健康服务,比如20世纪七八十年代农村的合作医疗制度和"赤脚医生"制度,以及城市居民所享受的公费医疗服务,也很少有人认为这是他们享受到的权利,而更倾向于把它视为国家提供的一种福利。显然,在健康问题上,无论是国家(政策主体)还是民众(政策客体),都没有从民众权利的角度来认识和反思相关的健康政策。

我们根本无法做出判断,民众的健康权利意识具体是在什么时间得到确立的,也就是说,在健康权益问题上,民众是什么时候开始"觉醒"的。这需要细心和谨慎地考证,但从现有的资料来看,这种考证非常艰难。一个大致的判断是,民众健康权利意识的觉醒是改革以来近些年的事情。本书在后面有关描述和分析民众的一些冲突性事件的文字中将解释这个问题。在解释这个问题之前,我们先用"倒叙"的笔法,考察一下最近一些年里中国整个国家和社会有关民众健康权利的意识是如何不断强化的。

改革开放以来,中国人的健康素养已经有了大幅度的提升。

---

① 参见唐贤兴:《产权、国家与民主》,复旦大学出版社2002年版,第五章。

第五章　将健康融入所有政策：权利本位的政策设计与实践

通常,平均预期寿命提高①和全民健身运动开展的过程,必然也是全社会越来越认识到健康的至关重要性的过程。健康意识、健康权利意识和民众健康权利主体意识的提升和强化,是多种因素推动的结果。

其中一个因素是媒体的宣传和引导。媒体通过对健康素养资讯的传播、对健康权利的侵害及维护事件的报道,既提升了民众的获得健康(权利)的能力与权利意识,又监督了决策者和执行者、利益相关方或第三方。比如,央视《公益广告·健康知识》充分利用主流媒体平台的优势,针对食品卫生等健康知识方面的内容推出一批公益广告,传播真实、科学的健康知识,让受众了解更健康的生活方式与理念,从而有机会提升健康能力并过上更有尊严的生活。又如,2010 年《侵权责任法》开始实施,媒体对医院过度检查等健康领域的侵权行为进行了分析,②使受众知晓侵害健康权的行为与方式,增进了民众对相关法律条款的理解,提升了民众对健康权的关注及维护意识。再如,2016年央视财经频道播出的"3·15 晚会"中报道了网络订餐等领域侵害消费者健康权利的行为以及政府采取的措施和行动,③之后多家媒体对此进行了广泛报道,使广大受众了解第三方可能对于自身健康权利造成的侵犯途径与过程,并认识到政府、社会和个人能够对维护健康权利进行积极作为。

---

① 中华人民共和国成立之初,中国的人均预期寿命只有 35 岁,婴儿死亡率高达 200‰;1996 年,人均预期寿命翻了一番,达到 70.8 岁,婴儿死亡率则下降至 35‰。世界银行在《1993 年世界发展报告：投资与健康》中指出,中国在当时经济发展的较低水平下,在保障民众健康方面取得了举世瞩目的成就。参见 World Bank, *World Development Report 1993: Investing in Health*, Oxford University Press, 1993。

② 朱国荣：《医院过度检查属侵权行为》,《新闻晨报》,2010 年 6 月 22 日。

③ 扬子：《揭露侵权内幕　倡导健康消费》,《新华日报》,2016 年 3 月 16 日。

各种社会组织在健康(权利)方面的宣传与推动是民众增强健康权利意识的另一个重要因素。目前,在中国的卫生和健康治理领域,越来越多的非政府组织正在发挥它们独特的重要作用。它们通过对疾病防治知识的宣传,提升民众对自身健康(权)的认识与保护意识。中华红丝带基金和联合国艾滋病规划署合作指导的艾滋病题材主题话剧《毕业生之漂亮衣裳》[①],以舞台剧这种容易为受众接受的形式传播预防艾滋病的知识和正视艾滋病的理念。而专注于救助尘肺病农民工的非政府组织大爱清尘(本书第七章对这个案例有详细分析),通过调研、报告、政策建议、医疗救治、维权救济等多种方式,提升了患病群体和家属、高危群体与家属的健康权意识,也强化了全社会对尘肺病危害及防治手段的认识。行业协会也发挥着重要作用,2014年,中国饮料工业协会联合相关企业共同发起"水教育"公益项目,通过多方参与合作,旨在将小学生培养为"知水 爱水 节水"的积极实践者和传播者。2017年,中国饮料工业协会、全国节约用水办公室、中华预防医学会健康传播分会、水利部水情教育中心四家机构联合发布"健康饮水,节约用水"倡议,多渠道、全方位地宣传科学的饮水和节水知识。[②]

在健康宣传的过程中,研究机构对社会提升健康权利意识的作用也不可小视。研究机构的宣传具有专业性的特点,具有向政策制定者建言献策的功能。比如,复旦大学附属中山医院

---

① 罗群:《〈毕业生之漂亮衣裳〉北京上演》,《中国文化报》,2015年12月8日。
② 刘映:《世界水日:四机构联合倡议"健康饮水,节约用水"》(2017年3月22日),新华网,http://www.xinhuanet.com//health/2017-03/22/c_1120671449.htm,最后浏览日期:2020年12月1日。

第五章 将健康融入所有政策：权利本位的政策设计与实践

制作的《健康自习室》系列公益宣传片，通过医院公众号进行推送，将科学的健康知识及时便捷地传递到客户端，使受众及时获得科学准确的健康知识。① 2016年5月，东中西部区域发展和改革研究院与武汉大学全球健康研究中心合作打造健康领域智库，②进行项目合作研究，承担地方健康产业（园区）发展战略，搭建全球健康智库产品发布平台，这个机构希望向民众传递健康和健康发展的重要地位，进而能够激发民众保护健康权利的意识。

相较于上述这些社会行动而言，我们认为，在中国的政策过程中，国家和政府在提升和强化民众的健康和健康权利意识上的作用要更为显著。中国领导人和一些官方机构在很多场合通过各种形式（如讲话、承诺等）向人民表达了民众主体地位的重要性。在过去八九年里，国家主席习近平反复强调人民的主体地位与国家满足人民需求的首要性。习近平承诺"人民对美好生活的向往，就是我们的奋斗目标"③，强调"民心是最大的政治，正义是最强的力量"④，要"把人民健康放在优先发展战略地位"⑤。

---

① 陆安怡：《公益宣传片引领健康科普新玩法》，《青年报》，2017年11月7日。
② 杨月：《智库高校联合打造全球健康领域高端智库》（2016年5月12日），中国青年网，http://news.youth.cn/gn/201605/t20160512_7986441.htm，最后浏览日期：2020年12月1日。
③ 《习近平等十八届中共中央政治局常委同中外记者见面》（2012年11月15日），新华网，www.xinhuanet.com/politics/2012-11/15/c_113697411.htm，最后浏览日期：2021年5月1日。
④ 《习近平在中纪委第六次全体会议上的讲话（全文）》（2016年5月3日），新华网，www.xinhuanet.com/politics/2016-05/03/c_128951516.htm，最后浏览日期：2021年5月1日。
⑤ 《全国卫生与健康大会19日至20日在京召开》（2016年8月20日），中国政府网，www.gov.cn/xinwen/2016-08/20/content_5101024.htm，最后浏览日期：2021年5月1日。

2017年12月,中央经济工作会议提出,要遵循"坚持以人民为中心的发展思想",显然,这种发展观及其价值定位,应该被视为贯彻十九大精神的一个体现。在过去几年里,中国政府对促进和保障健康的重视,是与对人民主体定位的强调紧密联系在一起的。2016年11月,中国与WHO共同举办的第九届全球健康促进大会提出了"人人享有健康,一切为了健康"的口号,中国领导人与全球126个国家和地区、19个国际组织的领导人共同承诺要通过促进民众健康来实现可持续发展。2020年全球抗击新型冠状病毒肺炎疫情以来,中国始终奉行"人民至上、生命至上"的理念与行动。

如果我们对国家的这种倡导、宣传和承诺与促进民众健康(权利)意识的提升之间是一种什么样的关系尚未能做出确定的判断,观察国家的立法和政策行动对提升民众权利意识的促进作用则要容易得多,很多这类立法和政策行动本身是对民众权利意识提高所做出的反应。在这方面,财产权方面的立法对于强化民众的财产权意识是最典型的一个例子。2002年的中共十六大明确提出要"完善保护私人财产的法律制度"。这是对改革开放以来所形成的利益分化和民众保护自己财产权的政治诉求所做出的政治上和法律上的回应,因为改革到了当时那个阶段和程度,如果不能对业已形成的民众私人产权进行法律上的界定和保护,不仅持续的经济增长和发展会缺乏制度性动力,而且还会影响到基层政权的建设。[1] 2004年的宪法修正案,把"公民的合法的私有财产不受侵犯""国家尊重和保障人权"写入宪

---

[1] 参见唐贤兴:《产权、国家与民主》,复旦大学出版社2002年版,第五章。

法,应该是水到渠成的结果。正如一些学者所认为的,"争人权的人,先争法治;争法治的人,先争宪法"①。2007年颁布实施的《物权法》进一步规定:"私人的合法财产受法律保护。"自从《宪法》和《物权法》对民众私有财产保护做出了明确规定,并使这种保护具备了程序正当性和相应的补偿机制,民众维护自身合法私有财产的意识和能力不断得以提高。在一些关于财产征收所引发的纠纷与冲突案例中,很多民众都是以《宪法》《物权法》和人权等为武器来捍卫自己的权利的。民众通过网络的方式来表达自身权利,并通过网络舆论发挥社会影响,也是可以解释和证明民众权利意识提升的良好例子。

当然,在考察民众自身的权利主体意识和权利意识时,我们不得不关注教育发展所产生的积极意义。改革开放以来,中国民众的受教育程度显著提升。2020年第七次全国人口普查结果显示,全国具有大学(大专及以上)、高中(含中专)、初中和小学文化程度的人口分别为 218 360 767 人、213 005 258 人、487 163 489 人、349 658 828 人。与2010年第六次全国人口普查相比,每10万人中拥有大学文化程度的由 8 930 人快步上升为 15 467 人、拥有高中文化程度的由 14 032 人稳步上升为 15 088 人、拥有初中文化程度的由 38 788 人下降至 34 507 人、拥有小学文化程度的由 26 779 人下降到 24 767 人。② 有很多研

---

① 徐显明:《论人权的界限》,徐显明主编:《当代人权》,中国社会科学出版社1992年版,第86页。
② 国家统计局、国务院第七次全国人口普查领导小组办公室:《第七次全国人口普查公报(第六号)——人口受教育情况》(2021年5月11日),国家统计局网站,http://www.stats.gov.cn/tjsj/tjgb/rkpcgb/qgrkpcgb/202106/t20210628_1818825.html,最后浏览日期:2021年7月15日。

究表明，教育发展和受教育程度的提高与权利意识的提升之间存在正相关关系。社会学家李培林认为，比起老一代农民工，新生代农民工的受教育程度更高，获取知识和信息的手段更丰富，因而在财产和健康等方面也都具有更高的维权意识。① 张开宁等人的研究显示，受教育程度是影响流动人口健康权利意识的主要因素之一。② 这个因素在女性这个群体中也具有同样的意义，有研究表明，提高受教育水平是增强农村少数民族女性权利意识的有效途径。③

总之，无论是什么因素推动着民众权利意识的提升和强化，民众作为一个权利主体的地位已经得到确立，民众自身越来越强的权利意识已经成为国家决策和治理不得不考虑和回应的因素。

二、公共健康事件与民众的健康权利意识

自20世纪90年代以来，随着经济社会的蓬勃发展，健康领域的民众维权事件有所增加。考察这些事件的发生和应对很容易发现，民众健康权意识的强化与环境污染和健康领域的市场化改革导致的基本健康服务的可及性和公平性受损之间出现了巨大的张力，这是引发诸多事件的一个深层次根源。

在一段时间里，卫生、食品、环境等诸领域的安全问题较为

---

① 李培林、田丰：《中国新生代农民工：社会态度和行为选择》，《社会》2011年第3期。
② 张开宁等：《流动人口生殖健康权利意识及影响因素分析》，《中国公共卫生》2008年第1期。
③ 阮丽娟等：《农村少数民族女性生育权的实现障碍及对策》，《贵州社会科学》2011年第12期。

突出，其中一些对民众的健康造成了损害，甚至引发了冲突性事件。在卫生领域，主要有如下典型事件。2003 年，SARS 疫情扩散造成了巨大的社会压力和经济损失，引起广泛和深远的社会影响，其体现出的问题远远超出公共卫生领域，反映出政治、经济和社会等方面错综复杂的相互影响，①实际上，在当时的医疗卫生体制下，SARS 疫情的暴发和流行只是时间和病种问题。② 2016 年，被运销往 24 个省市、涉案金额高达 5.7 亿元的山东非法疫苗案，产生了恶劣的社会影响。在食品安全领域，问题也一样严重。食品安全与民众日常生活息息相关，直接影响身体健康与生命安全，相关事件的社会关注度极高。据央视《每周质量报告》报道，2006 年 11 月在北京市场上出现一些号称散养鸭产的"红心"鸭蛋，其红色实际上是由可致癌的工业原料苏丹红染制而成的。2008 年的三鹿问题奶粉事件，影响更为恶劣，全国累计报告因食用问题奶粉而导致泌尿系统出现异常的患儿到该年末已达 29.6 万人，引发了社会舆论对政府监管的强烈批评。这些食品安全案例只是被披露和查处的众多案例中的典型代表。在环境安全领域，近年来，环境问题受到极大关注，很大程度上是由于它对民众健康造成的影响尤其是不良后果或不利预期凸显。③《2010 年全球疾病负担评估报告》显示，环境问题常常会引发疾病，这已对全球范围内的多个国家造成负担，

---

① 邹开军：《公共卫生危机中的伦理学思考》，《医学与哲学》2004 年第 1 期。
② 刘继同、郭岩：《从公共卫生到大众健康：中国公共卫生政策的范式转变与政策挑战》，《湖南社会科学》2007 年第 2 期。
③ 《近年来中国环境群体性事件高发年均递增 29%》(2012 年 10 月 27 日)，中国网，http://www.china.com.cn/news/2012-10/27/content_26920089_3.htm，最后浏览日期：2020 年 12 月 1 日。

中国是其中程度最重的国家之一，2010年空气污染在很大程度上导致123.4万人过早死亡，1990—2010年由环境中的空气污染导致的疾病负担增长了33%。[①] 严峻的环境挑战进一步加剧了贫富差距和社会不公，引发了民众对健康的严重担忧。近十年来，仅PX项目就引发了十多起民众集体抵制事件。[②]

公共健康事件发生的原因是很复杂的，对根源的探究也不是本书的主要任务。但是，在众多公共健康事件中，民众的健康意识和健康权利意识在其中发挥了一定的作用。民众对健康问题的担忧背后，是民众对健康和健康权利的强大需求。

一些公共健康事件反映的公众健康权利的觉醒，还体现在与健康治理相关的方面，而不仅仅是由于这些事件本身构成了对民众健康的损害。一个方面与民众的知情权需求相关。一些食品安全事件出现后，民众中有一种思潮是倾向于相信一些小道消息或网络传言，有时候，一次事故就成为社会的不稳定因素，引发严重的社会信任危机。[③] 其中很重要的原因是，民众希望获得及时、准确、全面信息的需求与权利，与信息渠道不通畅造成的信息不对称之间存在很大的紧张关系。另一个方面与公众的参与权需求相关。食品安全、卫生健康、环境安全等都是重要的民生问题，但是，在这些民生问题的决策、监管等各个环节

[①] 《报告称2010年中国PM2.5污染致120万人过早死》(2013年4月2日)，新浪网，http://finance.sina.com.cn/china/hgjj/20130402/030515022190.shtml，最后浏览日期：2020年7月30日。

[②] 《这些年，有关PX项目的那些争议》(2015年4月8日)，人民日报海外版网站，http://m.haiwainet.cn/middle/3541086/2015/0408/content_28611048_1.html，最后浏览日期：2020年7月30日。

[③] 邓达奇、戴航宁：《公众参与食品安全监管制度论》，《重庆社会科学》2017年第8期。

中,民众的参与水平和参与能力是较为有限的,但公众的参与需求却很强烈。以食品安全领域为例,如果在监管过程中能够引入公众参与,那么,决策结果有望更具接受性。① 我们已经知道,健康权利不仅是民众获得健康的权利,本书还需要强调,与健康相关联的知情权和参与权也应该成为健康权利的一个组成部分。

三、以权利为本位:积极公共政策的意涵

民众健康需求的增长和健康权利意识的提升,为与健康相关的公共政策变革和设计带来了新的机遇、基础和挑战。在本书的分析框架里,衡量积极公共政策的一个重要维度是,旨在实现、保障和增进健康权利的公共政策应以权利为基础,并根据满足需求和权利的原则被构建。构建基于权利的积极公共政策体系,目前正在成为中国健康权利保障的一个新战略和新途径。本章第三节将详细阐述这个新战略和新途径的具体内容。

其实,中国并不只是最近几年才开始实施基于权利的健康保障政策。此前发生过的一些重大危机事件曾经为公共政策的变迁提供过相应的机会。2003 年 SARS 疫情的暴发和防治就是这样一个危机及其应对案例。它的重大历史意义在于:它不仅暴露出以往狭义的公共卫生服务体系严重的结构性问题,更在于还为重构现代化治理体系中广义的民众健康服务体系与政策框架提供了难得的机遇和动力。② 2003 年 5 月 9 日,国务院颁布的《突发

---

① Dungumaro, E. & Madulu, N., "Public Participation in Integrated Water Resources Management: the Case of Tanzania", *Physics and Chemistry of the Earth*, 2003, 28 (20), pp. 1009-1014.

② 刘继同:《健康社会化与社会健康化:大卫生与新公共卫生政策时代的来临》,《学术论坛》2005 年第 1 期。

公共卫生事件应急条例》提出了社会危机管理领域中重大的现实与政策议题,政策制定者、学者、社会公众都开始反思医疗卫生体制改革等公共健康问题,并针对健康保障的国家义务、社会主义市场经济发展与政府职能转变等基础性的、重大的公共政策议题开展广泛讨论,从而唤醒了民众意识。① 那次疫情之后,国家开始着力民众健康服务体系与全民健康政策框架建设。其中有两个方面——对确保公共卫生事业公益性的强调、民众健康服务体系的建设——已经与民众健康权利具有密切的关联性。

国家和政府的这种积极应对和行动就是本书定义的积极公共政策。但是,并不是所有的危机应对行动都构成积极公共政策。例如,对三聚氰胺问题奶粉的查处以及后续的应对努力,就不应该被视为积极公共政策的行动。该食品安全事件被曝光后,国内乳品行业与政府公信力遭遇了巨大危机。有关部门对事件当事人和责任人的查处,也被舆论批评为息事宁人。尤其是后续出台的一些旨在规范政府监管的文件,比如《卫生部等5部门关于乳与乳制品中三聚氰胺临时管理限量值规定的公告》(2008年第25号)、《乳品质量安全监督管理条例》(国务院令第536号)、《奶业整顿和振兴规划纲要》、《企业生产乳制品许可条件审查细则(2010版)》、《企业生产婴幼儿配方乳粉许可条件审查细则(2010版)》等,都不是基于公众健康权来制定和实施的,而是纠正此前不规范的监管。这种情形对公共政策变迁的意义是非常有限的。② 也就是说,很多这类社会冲突和危机事件,并

---

① 曹康泰主编:《突发公共卫生事件应急条例释义》,中国法制出版社2003年版,第1页。

② 参见唐贤兴:《民主与现代国家的成长》,复旦大学出版社2008年版,第三章。

第五章　将健康融入所有政策：权利本位的政策设计与实践

没有成为"倒逼"政府改革并推行积极公共政策的动力。倒逼国家和政府采取基于权利的路径来推进健康战略是需要条件的，包括时机、意识和意愿、资源和能力等一系列因素。

借用美国政治科学家约翰·金登（John Kingdon）的"政策之窗"概念①来说，经过几十年的改革开放，中国已经到了把民众权利纳入政策过程中的时候了。早些年习近平同志还在主政浙江省的时候，浙江省不少地方发生了民众反对环境污染的事件，这形成的压力为当时浙江省推进产业结构转型升级、高度关切民众的环境权和健康、在全省推进生态文明建设，从而最终把浙江省的生态文明建设定位于"美丽浙江，美好生活"的价值上提供了一个合适的时机。② 基于权利路径的政策设计的更为重要的时机还在于，国家的发展模式已经出现了转型，十八大之后，实现经济快速增长（GDP 中心主义的发展理念）的战略已经让位于"又好又快"的发展理念，到了中共十九大，让人民过上美好生活处在国家新发展战略的价值核心。从上述这些方面对决策时机的描述中还可以看到，决策者的意愿和意识正在发生积极的变化，民众的健康和对美好幸福生活的追求日益成为国家治理中需要被认真对待和尊重的议题。

基于权利的政策设计必然要求实现卫生政策的转型。以经济建设为中心的政策框架中，医疗卫生体制存在的两个重大问题。一是公共卫生费用中政府财政支出占比的减少，在 20 世纪

---

① 参见［美］约翰·金登：《议程、备选方案与公共政策》，丁煌等译，中国人民大学出版社 2004 年版。
② 复旦大学国家人权教育与培训基地课题组：《环境治理、绿色发展与美好生活——来自浙江的实践探索》，李君如主编：《中国人权事业发展报告（2016）》，社会科学文献出版社 2016 年版。

90年代以后的很长一段时间里,国家医疗卫生体制的基本保障模式由原来的以国家财政支出为主转变为以个人支出为主(如图5.1所示),政府全面缩减了在医疗卫生领域的服务范围与内容,公共卫生服务由财政全额拨款转变为自负盈亏的企业化管理。① 二是国家卫生投入结构失衡,财政支出的投向总体而言重城轻农、重治轻防、重供轻需,缺乏一定的灵活性和协调性。② 这种情况在这些年已经得到较好的改变,国家和政府的资源投入规模越来越大,政府卫生支出在近两年重新超过了个人现金卫生支出(如图5.1所示),狭义的公共卫生政策范式也正在向广义的民众健康政策模式转换。一般而言,政策范式的转换与

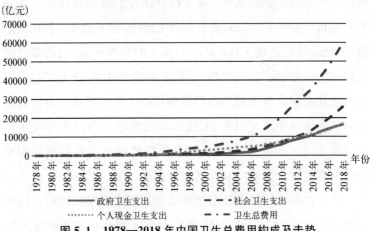

图 5.1　1978—2018 年中国卫生总费用构成及走势

数据来源:国家统计局年度数据;历年《中国卫生和计划生育事业发展统计公报》《中国卫生健康事业统计公报》。

---

① see Wong, K., Lo, I. & Tang, K., *China's Urban Health Care Reform: From State Protection to Individual Responsibility*, Lexington Books, 2006.
② 沈慰如:《关于国家卫生投入投向转移的讨论》,《卫生经济研究》2004 年第 1 期。

第五章 将健康融入所有政策：权利本位的政策设计与实践

中国社会的结构转型相一致。①

拥有健康权是维护独立人格的基础性权利，是与获得幸福生活密切相关的生命权和自由权等多种权利的基础。② 健康权与其他多项人权相互关联、不可分割，对健康权保障的不充分，会造成其他人权实现的障碍。③ 因此，积极公共政策的设计必须是将健康融入所有政策。民众健康不只是个人的事情。原有的医疗卫生体制忽视不同群体的健康差异，导致健康服务的可及性和公平性受损。应该认识到，疾病或不健康状态不只是个人的负担与困境，而是典型的公共政策议题。全民健康战略是所有与健康保障有关的公共政策体系的统称，必然要求政府更多地从民众权利的角度进行政策考量、政策设计和政策变革。以权利为本位的全民健康政策范式的核心仍然是"public health"，但强调民众权利和身心健康相协调的整体性含义，其内涵和外延远比"公共卫生"丰富，符合经济社会的发展需求。这种政策设计的价值在于，既可以促进整个社会总体的实质性自由，也有助于民众权利和机会享有的平等，即要求必须在公平的考量下分配医疗卫生资源和服务，④从整个健康与健康权利保障的层面上来讲，必须在平等的基础上分配与健康相关的人才、资金、服务、项目等资源及参与机会，使以权利为本位的路径成为引导积极公共政策的价值取向。

---

① 李培林：《另一只看不见的手：社会结构转型》，《中国社会科学》1992年第5期。
② Cassel, C., "The Right to Health Care, the Social Contract, and Health Reform in the United States", *Saint Louis University Law Journal*, 1994, 39, p.53.
③ 曲相霏：《国际法事例中的健康权保障——基于〈国际法上作为人权的健康权〉的分析》，《学习与探索》2008年第2期。
④ 赵德余：《政策制定中的价值冲突：来自中国医疗卫生改革的经验》，《管理世界》2008年第10期。

第三节　将健康融入所有政策：中国基于权利的健康保障战略

以上述两节的背景为基础，本节从逻辑上提出，中国目前正在推进实施的"健康中国"战略和"将健康融入所有政策"的政策实践反映出，中国的健康保障政策是根据权利本位来设计的。这样的路径取向，既是中国的政策和治理同全球战略相调适与互动的结果，也是全球健康战略的组成部分。对中国来说，这是一个很重要的政策转型。

一、"健康中国"建设：背景、目标与内容

"健康中国"从概念的提出到上升为国家战略的过程，体现出政府对民众健康权利的重视与积极作为。2007年，原卫生部公布"健康护小康、小康看健康"三步走战略。2008年，原卫生部在全国卫生工作会议上公布"健康中国2020"战略及其三步走实施方案，其中设定的第三阶段目标是：实现人人享有基本医疗卫生服务，民众健康水平接近中等发达国家水平。中国高层清楚认识到民众权利与健康对于社会发展的重要意义。2013年8月，国家主席习近平提出"人民身体健康是全面建成小康社会的重要内涵"[①]，2014年12月，他在江苏省镇江市考察时再次

[①] 李斌、李铮：《习近平：人民身体健康是全面建成小康社会的重要内涵》（2013年8月31日），新华网，http://www.xinhuanet.com/politics/2013-08/31/c_117171570.htm，最后浏览日期：2021年7月15日。

强调"没有全民健康,就没有全面小康"①。2015年3月,国务院总理李克强在政府工作报告中指出健康是群众的基本需求,正是在这个报告中提出了"健康中国"的概念。当年10月召开的中国共产党十八届五中全会明确提出推进"健康中国"的建设任务,将"健康中国"上升为国家战略,强调"把以治病为中心转变为以人民健康为中心"。2016年3月,"十三五"规划纲要指出将"健康中国"建设作为重大任务推进。同年10月,由中共中央政治局审议通过的《"健康中国2030"规划纲要》正式发布,这标志着"健康中国"战略的顶层政策设计基本形成。

"健康中国"战略强调了民众的主体地位。一方面,决策层表现出提高政策制定科学化、民主化的决心与行动。比如,2016年5月,原卫生和计划生育委会同多部门起草《"健康中国2030"规划纲要》期间,向全社会开展为期一个月的意见和建议公开征集。另一方面,"健康中国"战略设计的核心要义是以人民为中心。2016年8月,国家主席习近平在全国卫生与健康大会上指出"把人民健康放在优先发展战略地位"②。2017年,中共十九大报告指出"人民健康是民族昌盛和国家富强的重要标志"。这些都表明,国家治理理念正逐步从以政府为中心转向以权利为本位的政策关切、措施与行动,推行实现人民健康与经济社会协调发展的国家战略。2020年9月,国家主席习近平在全

---

① 《没有全民健康就没有全面小康》(2014年12月15日),人民网,http://cpc.people.com.cn/n/2014/1215/c87228-26205452.html,最后浏览日期:2021年7月15日。
② 《全国卫生与健康大会19日至20日在京召开》(2016年8月20日),中国政府网,www.gov.cn/xinwen/2016-08/20/content_5101024.htm,最后浏览日期:2021年5月1日。

国抗击新冠肺炎疫情表彰大会上再次强调"始终把人民生命安全和身体健康放在第一位"①。

"健康中国"战略本质上是以权利为本位的战略,因为其目的是"更好地保障人民群众的健康权"。② 一系列健康领域的规划纲要构成了"健康中国"的战略体系,主要包括已制定实施的《"健康中国2030"规划纲要》《全民健身计划(2016—2020年)》《"十三五"卫生与健康规划》《"十三五"深化医药卫生体制改革规划》《"十三五"环境与健康工作规划》等。根据已有的构架,该战略的实现目标分为三个阶段:第一阶段战略目标是到2020年,重新建立广覆盖的基本健康医疗制度,使城乡居民的核心健康指标居于中高收入国家前列;第二阶段战略目标是到2030年,推行积极公共政策,使增进民众健康的制度体系更加完善,主要健康指标进入高收入国家行列;第三阶段战略目标是到2050年,进一步增进民众健康权,建成与社会主义现代化国家发展相适应的健康国家。"健康中国"的战略目标是提高民众健康水平、促进健康公平、增进健康权利,战略宗旨是以人民为中心,以权利为价值,坚持政府主导与调动社会、个人的积极性相结合的行动策略,以政府投入为保障,通过改革创新将健康融入所有政策,以行动计划和项目等为手段,推动人人尽力、人人享有的参与机制,实现对民众健康全方位、全周期的维护和保障。

---

① 《全国抗击新冠肺炎疫情表彰大会在京隆重举行 习近平向国家勋章和国家荣誉称号获得者颁授勋章奖章并发表重要讲话》(2020年9月8日),中国政府网,http://www.gov.cn/xinwen/2020-09/08/content_5541722.htm,最后浏览日期:2021年5月1日。

② 国务院新闻办公室:《中国健康事业的发展与人权进步》,人民出版社2017年版。

第五章　将健康融入所有政策：权利本位的政策设计与实践

"健康中国"战略主要包括保障民众健康、确保健康照护、维护健康环境、提升健康能力等内容维度。首先,通过制度建设保障民众健康权利。最重要的是以人民健康为中心,发挥政府的主导作用,依法行政,加大投入,保证医疗保障体系的公益性,并加强健康人力资源建设,推动健康领域科技创新,建设健康领域信息化服务体系,完善医药卫生和健身设施等公共物品与服务的供应保障体系。2015年4月,习近平主持召开中央深化改革领导小组第十一次会议,①审议通过的《关于城市公立医院综合改革试点的指导意见》明确提出要破除公立医院的逐利机制。近年来,民众医药费用负担过快增长的势头已初步得到遏制,2001年个人现金卫生支出占卫生总费用的比重高达近60%,这一比重到2010年下降至35.3%,2018年进一步降为28.6%。②

其次,确保人人平等享有健康照护。促进健康公平,强调对妇女、儿童、年长者、贫困人口、慢性病患者、罕见病患者等脆弱人群的健康照护。政府通过提供优质高效的医疗服务、优化多元办医格局、发展健康服务新业态等多种措施强化覆盖全民的公共卫生服务。比如,由于市场规模小等客观原因,一些特定疾病的患者无法获得治疗所需的药品,对个人与家庭造成极大痛苦与困境,并逐渐形成社会关注的议题。2017年4月,深改小组第三十四次会议③审议通过了《关于改革完善短缺药品供应

---

① 《习近平主持召开中央全面深化改革领导小组第十一次会议》(2015年4月1日),新华网,http://news.xinhuanet.com/politics/2015-04/01/c_1114842146.htm,最后浏览日期:2020年8月22日。
② 数据来源:作者根据国家统计局年度数据计算而得。
③ 《习近平主持召开中央全面深化改革领导小组第三十四次会议》(2017年4月18日),中国政府网,http://www.gov.cn/xinwen/2017-04/18/content_5186936.htm,最后浏览日期:2020年8月22日。

保障机制的实施意见》,这是国家层面就药品短缺问题首次推出综合性解决方案,通过对研发、生产、流通、采购等各环节的融通,从整体上优化药品供应流程与效果。人人享有健康权,弱势群体和少数群体的每位成员都平等地享有健康权利,真正关注与解决他们的健康诉求,才能更好地确保民众实质性健康权利的享有。

再次,保护健康环境。环境对人的健康的影响具有直接性和持续性,长期以来,国家致力于加强生态环境问题治理和改善职业与生活卫生环境等公共健康体系。持续推行城乡环境卫生整洁行动(比如全国文明城市和国家卫生城市的评选),在较短的周期内可改善城乡环境卫生,长远来看,也有助于完善城乡环境卫生基础设施和长效治理机制。然而,环境问题是跨域的,因此,统筹治理城乡环境卫生问题成为政府的重要政策议题。2013年,《大气污染防治行动计划》出台,通过整治城乡"散乱污"企业,并不断加强跨行政区域的环保督察等举措,到2016年,全国74个重点城市PM2.5的平均浓度下降30.6%,降低了环境健康风险。

最后,提升健康能力。个人是健康的获益者与责任人,民众健康(权利)意识、资讯、能力等要素的获得与实现是实现健康权的关键环节。从很大程度上来讲,保持良好的健康状况是享有健康权的根本方法,也体现了从"治疗"到"预防"的健康(权)理念的升级与优化。国家通过加强基础教育、健康教育与健康资讯宣传等方式促进民众的健康素养与健康行为,营造尊重健康权利、全民共建共享的社会氛围。2014年10月,《国务院关于加快发展体育产业促进体育消费的若干意见》将全民健身上升为国家战略,强调把增强人民体质、提高健康水平作为根本目标。2017年8月,7万名普通体育爱好者参加第十三届全国运动会这项国内最高体育赛事中的19个群众比赛项目,通过全民健身运动提升民众的健康能力。

二、"将健康融入所有政策"

"健康中国"战略和"将健康融入所有政策"相辅相成。"将健康融入所有政策"是"健康中国"战略的核心策略,建设"健康中国"是"将健康融入所有政策"的主旨目标。它们都是过去二三十年里中国公共卫生健康政策实践不断接受挑战、不断修正中积累的经验,在应对经济发展过程中民众权利的损害而不断调整,最终水到渠成。

"将健康融入所有政策"由WHO首先提出,是一种促进健康与健康公平的公共政策制定方法,更是保障健康权利的一种政策路径与长效机制。健康权是一种综合性的权利,因此,要真正保障与增进健康权就需要"将健康融入所有政策"。这种政策方法的本质是一种以权利为本位的政策路径,其推行逻辑正是通过积极公共政策保障与增进健康权,从方法来说,这种"积极"主要强调了跨领域和跨部门的合作。一些国家通过运用"将健康融入所有政策"的方法,已取得一些成效。中国将这一政策方法纳入"健康中国"战略框架,也积累了一些宝贵的治理经验。

(一)"将健康融入所有政策"的缘起

多年来,WHO通过一系列公约、意见或机构设置等政策措施在全球推行"将健康融入所有政策"的理念。1978年,WHO

发布的《阿拉木图宣言》①最早倡导"将健康融入所有政策"的理念,从人人享有初级保健权利的角度指出实现健康目标需要卫生部门、其他非卫生部门和全社会的共同努力。与之一脉相承的是,第一届国际健康促进大会(1986年)通过的《渥太华健康促进宪章》②,号召成员国建立"健康的公共政策"(Healthy Public Policy),进一步主张将健康问题纳入各个部门与各级决策者的政策议程,使各环节的决策者承担对民众健康造成影响的责任。1988年第二届国际健康促进大会发布了《阿德莱德宣言》③,继续积极倡导这一理念,指出多种社会经济因素会成为阻碍或妨害健康的因素(这是后来"将健康融入所有政策"的理论基础),强调各部门出台相互协调的公共政策以有效地促进民众健康。2005年,WHO积极作为,设立了健康问题社会决定因素委员会,通过机构设置从实质上关注与解决由于社会资源分配不均造成的健康不公平,并建议将健康纳入教育、工业和财政等非卫生部门的工作考量。2013年6月,WHO举办第八届全球健康促进大会,审议通过《赫尔辛基宣言》④,正式提出"将健康融入所有政策"(Health in All Policies,HiAP),指出HiAP是实现联合国千年发展目标的战略构成,也应成为各国起草后续发展计划时重点考虑的政策方法。⑤ 这种政策制定方法要求各国政府和决策者从人类社会可持续发展的宏观视

---

① WHO, *Primary Health Care: Report of the International Conference on Primary Health Care*, Alma-Ata, 1978.
② WHO, *The Ottawa Charter for Health Promotion*, 1986.
③ WHO, *Adelaide Recommendations on Healthy Public Policy*, 1988.
④ WHO, *The Helsinki Statement on Health in All Policies*, 2013.
⑤ 袁雁飞、王林等:《将健康融入所有政策理论与国际经验》,《中国健康教育》2015年第1期。

第五章 将健康融入所有政策：权利本位的政策设计与实践

角出发，立足于实际，综合考虑公共政策对健康造成的影响。2016年，在上海市召开的第九届全球健康促进大会提出，将健康融入可持续发展议程，①这是将 HiAP 更向前推进一步，融合了联合国的可持续发展目标（Sustainable Development Goals，SDGs）的可评价指标。"将健康融入所有政策"的重点是：通过融合发展跨部门和跨领域的战略合作与合作策略，保障与增进健康权利。

（二）"将健康融入所有政策"的国别经验

各国政府通过政策学习或经验比较、借鉴他国成功做法来帮助决策是一种重要和常见的政策制定方式，②在健康（权）保障政策制定中也是如此。③ 许多国家已对"将健康融入所有政策"进行了有益尝试，形成一些可供参考的经验。

首先，发挥政府在健康领域的领导力。芬兰建立和实施以健康（权利）为核心的发展战略与策略组合，早在20世纪六七十年代，由于冠心病等心血管疾病的病死率极高，政府从创造健康环境、提供优质健康服务多个方面采取措施，综合多维度的策略组合以实现 HiAP，由政府主导/负责建立起通过预防慢性疾病来保障健康（权利）的制度体系。加拿大则由政府主导推广全民健康保险，提高医保支付水平，确保医疗机构非商业性收入来源，从而保障民众享有低价优质健康服务的

---

① 参见第九届全球健康促进大会网站（http://www.nhfpc.gov.cn/xcs/djjjkcjdh/qqcjdh.shtml），最后浏览日期：2018年1月20日。
② Dolowitz, D. & Marsh, D., "Learning from Abroad: The Role of Policy Transfer in Contemporary Policy-making", *Governance*, 2000, 13(1), pp. 5-24.
③ Marmor, T., Freeman, R., & Okma, K., "Comparative Perspectives and Policy Learning in the World of Health Care", *Journal of Comparative Policy Analysis*, 2005, 7(4), pp. 331-348.

权利,①增进了健康权利的可及性和可获得性。其中,政府鼓励与带动非政府行为体共同积极作为,对健康知识和健康资讯等进行全方位的传播,以及对民众长期不懈的多角度健康教育,都直接提升了民众的健康能力,对增进民众健康权利起到重要作用。

其次,建立"将健康融入所有政策"的制度体系和合作机制。一些国家根据实际国情国力,通过制度设计,由一定的组织机构负责督促政策制定与跨领域跨部门沟通,并协调实施及监督评估。美国通过制定全民健康计划来推动保障与增进健康权的政策实施,从 1980 年起形成发布机制,即每 10 年发布一份"健康人民"(Healthy People)计划,目前已发布至第 5 期"健康人民 2030",在发布前开展公开宣传并广泛收集社会与民众的意见,这种做法同时保障了与民众健康权相关的知情权与参与权。其他一些国家为"将健康融入所有政策"建立了合作与沟通机制,芬兰的北卡省在开展心血管病防控的项目组与政府部门、社区、NGO、媒体及企业之间进行积极的跨领域和跨部门的有效沟通与合作,②而这正是复杂项目成功合作的关键。政府与非政府行为体之间的合作,既能够提升决策的民主性和可能的科学性,又能增强民众的认同感、获得感和主体感,这些都体现了通过 HiAP 增进健康权利的意义。

最后,建立"将健康融入所有政策"的执行、监督与评价机

---

① 顾昕:《全民健康保险与公立医院的公益性:加拿大经验对中国新医改的启示》,《中国行政管理》2011 年第 11 期。
② 郇建立:《慢性病的社区干预:芬兰北卡项目的经验与启示》,《中国卫生政策研究》2016 年第 7 期。

制。仅将理念落实到政策或制度上是不够的,要真正保障民众的健康权利,必须使政策和制度得以有效执行,要保证执行效果,就要在政策过程中进行监督,想要在下一个政策周期更好地保障民众的健康权利,就要对现有政策过程和效果进行客观评估。对此,一些国家进行了积极尝试,加拿大和瑞典推行了一些措施,[①]前者的魁北克省通过立法要求强制实施,后者则委托协会专门开展,他们开展评估所运用的工具有WHO赞许的健康影响评估(health impact assessment,HIA)与城市健康公平评估与响应工具(Urban HEART)等。HiAP需要进行跨领域跨部门的政策推行,科学合理地制定监测与评估方案并不断优化,根据现实情况应用不同的评价工具,对将健康权转化为实然权利都至关重要。

(三)"将健康融入所有政策"的中国实践

为积极保障和增进民众健康(权利),中国政府根据国情将WHO的要求、建议或指导转化为国内的政策措施。在2013年第八届全球健康促进大会之后的8月份,中国召开了"2013中国卫生论坛",该论坛由原卫计委、食药监总局、中医药管理局共同主办,跨部门合作。论坛倡导"健康寓于万策,实现可持续发展"的理念,提出复杂社会因素和公共政策都可能对民众健康产生深远影响,因而中国急需研究和实施HiAP策略。2016年8月,在全国卫生与健康大会上,国家主席习近平向民众发出政治承诺:"将健康融入所有政策"。同年10月,中共中央、国务院印发《"健康中国2030"规划纲要》,把HiAP作为改革的重要内

---

① 胡琳琳:《将健康融入所有政策:理念、国际经验与启示》,《行政管理改革》2017年第3期。

容之一,要求各部门各领域各行业共同"形成促进健康的合力"。至此,HiAP正式纳入"健康中国"战略框架,这意味着所有领域的政策过程,都应以权利为价值积极考虑和维护对民众的健康保障与增进。

"将健康融入所有政策"是中国最高领导人的政治承诺,也是"健康中国"战略框架的重要组成。健康的社会决定因素非常广泛,相应地,健康权是一项综合性的基本权利,中国在应对SARS、艾滋病防控、爱国卫生运动等事业中,都做出了跨领域跨部门的积极努力。通过相关政策议程或框架来启动HiAP是国际上较为通行的做法,"健康中国"上升为国家战略以来,环保、教育、体育、劳动保障等各领域在此框架下进行将健康融入本领域政策的设计与推动。

(1)将健康融入环保政策。近年来,国家以民众健康为出发点,在环保领域推行了一系列政策措施,目的是通过制定与实施减少和防范环境污染的政策来降低健康妨害的风险,或通过制定与实施保护与改善环境的政策来增进民众健康(权利)。2007年颁布的《国家环境与健康行动计划(2007—2015)》是中国环境领域保护健康的第一个纲领性文件,包括六大行动策略和三大保障政策。2017年,在"健康中国"战略框架下,原环保部发布了《国家环境保护"十三五"环境与健康工作规划》,提出提高国家环境风险防控能力和保障公众健康的目标。这项规划的依据是《环境保护法》《"健康中国2030"规划纲要》《中共中央国务院关于加快推进生态文明建设的意见》《"十三五"生态环境保护规划》等法律、规划与文件。在环保领域至少形成了或正在形成以下一些保障健康(权利)的机制或策略。一是建立有效的沟通机制,通过发布与实施《国家环境与健康信息通报机制》等规范信息发布方式与沟通机制,为实现民众健康消除信息障碍。二是建立跨部门合作机制,与卫生健康部门合作开展环境与健康影响调查,并以提供咨询、论证和风险沟通等互动方式开展保障与维护健康(权利)的工作,形成优势互补。三是建立风险监测与评估体系,以设立环境与健康专家委员会为组织保障,探索构建监测网络以及以环境健康风险为约束条件的绩效考评方法与标准。四是提升部门能力建设,以部门规章形式发布《环境与健康工作办法(试行)》,在部门培训中增设环境与健康专题,对各级决策者和政策执行者开展培训,使 HiAP 理念深入政策制定者、执行者与相关者的心中。

(2)将健康融入教育政策。影响健康的因素非常复杂,通过实现教育机会公平来促进健康方面的平等是一种可行度较高的方案,[1]因为教育本身对减少乃至消除健康不平等有重要作用。[2] 2017 年,在"健康中国"战略框架下,原卫计委发布《"十三五"全国健康促进与教育工作规划》。强调"以基层为重点"和"人民共建共享",主要形成或正在形成以下一些保障民众健康(权利)的措施与策略。一是创建增进健康的支持环境,包括开展高层倡导,建立健康促进的决策与协调机制;针对不同场所、不同人群的主要或普遍存在的健康问题制定综合防控策略;推进健康文化建设,通过多种渠道与方式在全社会倡导健康文明

---

[1] Aizer, A. & Stroud, L., "Education, Knowledge and the Evolution of Disparities in Health", NBER (National Bureau of Economic Research Inc.) Working Paper No. 15840, 2010.

[2] 程令国、张晔、沈可:《教育如何影响了人们的健康?——来自中国老年人的证据》,《经济学》(季刊)2015 年第 1 期。

的生活方式，使促进健康成为全社会的共识和自觉行动。二是跨部门合作推动专项行动，比如：卫生部门积极协助各非卫生部门建立并实施健康影响评估制度；卫生部门与媒体部门协作打造权威并接地气的健康科普平台；卫生部门通过"健康中国行"和"婚育新风进万家"等专门项目，普及健康素养的基本知识，提升民众增进健康（权利）的能力；各单位合作开展健康促进型学校、企业、医院以及健康社区、健康家庭创建活动。三是资源保障体系建设，积极协调财政部、人社部、发改委等部门，制定健康促进与教育（权利）体系建设和发展规划；将健康促进的考核机制和问责制度列入各领域各部门的目标责任制考核内容，建立常态化的督导考核和监测评价机制；充分发挥社会力量的积极性和创造性，建立多层次、多元化的工作格局。

此外，中国积极推行将健康融入体育事业、职业发展和劳动保障等诸多领域。可以明确的是，中国"将健康融入所有政策"已取得了一些初步进展，但仍处于起步阶段，与之相关的制度设计与实施都有待完善。在"健康中国"战略框架下，这种跨领域跨部门的政策推行方法或机制体现了政府的积极态度与作为，是以权利为本位保障与增进民众健康的新途径。

从发展和变化的角度看，当前中国保障、促进和实现健康权利的公共政策正在不断重构，重构的逻辑是执政党和政府的政策设计和实践，越来越表现出以权利为本位的战略。也就是说，政府在把保障人民健康当作国家义务的情况下，越来越意识到健康其实也是民众的一种权利。因此，政策设计越来越把健康纳入各个政策领域。

三、政策项目:一种有益的政策工具

在中国的"将健康融入所有政策"的积极举措中,专项行动或项目是有效的政策工具。近些年,国家以保障民众健康(权利)、确保健康照护、保护健康环境以及提升健康能力等为主要原则推出了一系列实践项目。这些作为政策工具的项目不仅是技术性的,用以解决民众的健康需求;也是政治性的,遵循以人民为中心、以权利为本位的原则,将民众的健康权放在国家发展和社会进步的战略地位。这些项目大部分很难由一个部门独自完成,而是需要跨部门和跨领域的协同合作,[①]体现了 HiAP 的价值与精神。

于 2013 年开启的"健康中国行"活动是一个综合性的健康(权利)提升项目,由国家卫生健康委(原卫计委)主导,与其他部门、NGO 和群众团体等合作,通过提升民众健康素养、向民众赋能以增进健康权利。一是提升民众增进健康(权利)的能力,以《中国公民健康素养——基本知识和技能》为核心推广内容,提升民众在科学健康观和健康信息获取等方面的素养,重点是促进民众养成健康的生活习惯,包括合理膳食、适量运动、控烟限酒、心理健康、减少不安全的性行为等。二是增进脆弱群体享有健康(权利)的机会,比如针对妇女、儿童、流动人口和贫困人口等重点人群,开展相适应的活动。三是建立覆盖监测系统,为健康(权利)相关政策制定和策略调整提供依据,比如定期监测县(区)或一定范围内的民众健康素养和烟草流行情况。四是运用

---

① 王克春等:《健康中国背景下大健康产业共建共享的社会协同》,《中国卫生经济》2020 年第 1 期。

科技手段增进健康权利的可及性,随着大数据和移动互联网等信息技术的发展,开发在不同情境中获取健康咨询的载体与方法,在民众中普及健康教育服务。

推广"厕所革命"①是保护民众健康生存环境方面的一个实践项目。② 2015年7月,国家主席习近平在吉林省延边州调研时指出,要不断推进新农村建设,来场"厕所革命",③让农村民众用上清洁卫生的厕所。这是增进实质性健康权利的例证。实际上,这场"革命"在此之前已经有了一些政策保障与项目基础:2002年,《中共中央国务院关于进一步加强农村卫生工作的决定》指出,继续以改水改厕为重点,改善影响农民健康的基本生活环境;2009年,国家将这项举措纳入深化医改重大公共卫生服务项目;2010年,启动以此为重点的全国城乡环境卫生整洁行动。此外,国家在旅游厕所方面也有明确部署,2015年,国家旅游局发布《全国旅游厕所建设管理三年行动计划》。2016年11月,国家旅游局举办"世界厕所日暨中国厕所革命宣传日"活动。2017年11月,国家主席习近平肯定了旅游系统推进"厕所革命"取得的成效。④ 同年,国家旅游局发布《全国旅游厕所建设管理新三年行动计划(2018—2020)》。截至2017年10月底,

---

① 厕所的状况是衡量文明的重要标志,直接关系到民众的生存环境与健康权保障,"厕所革命"最早由联合国儿童基金会提出。
② 黄琴等:《将健康融入所有政策:以"厕所革命"在县域的实施路径为例》,《中国健康教育》2020年第1期。
③ 新华社:《习近平考察延边:脱鞋进屋拉家常 嘱咐搞"厕所革命"》(2015年7月17日),中国青年网,http://news.youth.cn/jsxw/201507/t20150717_6877864.htm,最后浏览日期:2020年7月16日。
④ 陈琛:《总书记抓"厕所",这场"革命"决胜美丽中国!》(2017年11月28日),中国青年网,http://news.youth.cn/wztt/201711/t20171128_11076011.htm,最后浏览日期:2021年5月1日。

全国新改建旅游厕所6.8万座,提前超额完成"三年行动计划"目标任务的119.3%。① 2019年,《中共中央、国务院关于坚持农业农村优先发展做好"三农"工作的若干意见》明确表示,要改善农村人居环境,"厕所革命"赫然在列。"厕所革命"中的项目和行动都促进了卫生厕所普及率的快速提升,是真正使民众的生存环境得以改善、健康权利得以增进的例证。

此外,国家大力推行《健康中国行动(2019—2030)》、构建"医疗救助体系"的实践项目、"健康扶贫工程"项目、"全民健康生活方式行动"等,都是保障与增进民众实质性健康权利的积极举措。这些作为政策工具的项目,具有一定的社会覆盖面和适配性,(正在)建立起跨部门和跨领域的合作机制,逐步形成"将健康融入所有政策"的政策体系,推动中国基于权利的健康保障战略的实施与完善。

---

① 《厕所革命持续发力 新三年计划再建6.4万座》(2017年11月19日),新华网,http://www.xinhuanet.com/fortune/2017-11/19/c_129744501.htm,最后浏览日期:2020年9月1日。

第六章
健康权利的基本决定因素与消除障碍

前面两章从国家义务论和权利本位论两个维度阐明了在实现健康权利上的积极公共政策的含义：中国在保障和实现健康权问题上，是如何通过国家在法律和政策上确立其义务来体现积极公共政策的含义的；同时，这种义务的确立又是如何反映出积极公共政策正在朝向基于权利的途径来设计的。本书的逻辑很明确，积极公共政策需要把保障、增进和实现健康权确立为国家义务，并从权利而不仅仅从福利的角度来考虑民众的健康权利和国家义务。在这样的背景下，后两章将重点考察另外两个观察和衡量积极公共政策的维度，即消除障碍和协同治理。前两个维度属于积极公共政策的内涵，后两个维度属于实现积极公共政策的途径。

《经济、社会和文化权利委员会第 14 号一般性意见》第 8 条中的"健康权包括多方面的社会经济因素"内容被普遍理解为：充足的食物与营养、安全的饮用水、适当的住房和卫生条件、安全的工作环境与有益健康的生活环境等都是健康权的各种基本决定因素。这些基本决定因素构成了确保民众享有健康的基本条件。正如一些学者指出的，经济、文化和社会权利是可以实现

第六章　健康权利的基本决定因素与消除障碍

的,但其中一些权利的实现的确受到某些客观因素的限制。①这就是说,如果一个国家不具备这些客观条件,或者这些条件的准备工作做得还不够,这些因素就会成为实现健康权利的障碍。因此,积极公共政策仅从法律上确立健康权利的国家义务、从观念上声称对健康权利的尊重是不够的。国家还需要采取具体的行动来积极消除这些阻碍健康权利实现的障碍性因素。

第一节　健康权利的障碍性因素

健康权利是一项公民所享有的、需要通过国家法律保证的权利。在某些特定的形势下,比如 1958—1961 年,人民的一些基本生存权利和健康权利并没有得到国家很好地保证。而在有些情形下,比如改革开放后在以市场为导向的医疗制度的一段时间里,通过法律保证的健康权利也不一定能给多数人提供良好的健康保障。显然,如同其他任何权利一样,在增进和实现健康权利的过程中存在着诸多障碍,它们不会自动消除,也不可能一蹴而就,需要依赖持续的积极的公共行动。

一、健康权利的基本决定因素与积极行动的必要性

正如在本书绪论和分析框架里已经提及的,在消除健康权利障碍的过程中,之所以需要"积极的"公共政策,其首要的含义和理由在于,属于经济、社会和文化权利的健康权在本质上是一

---

① ［美］杰克·唐纳利:《普遍人权的理论与实践》,王浦劬等译,中国社会科学出版社 2001 年版,第 31—32 页。

种积极人权。法律和政策中所规定的权利,在性质上是一种形式权利,要把应然权利转化为实然权利,国家和社会就必须积极创造这种促使转化的条件。如果不消除阻碍健康权利实现的这些障碍性因素,作为人权的健康权,就说不上是一种"实质性人权"。经济学家阿玛蒂亚·森在对相关问题进行讨论时提出"实质自由"的概念,强调"基本可行能力",即避免饥饿和早亡、能够接受教育、享受政治参与等自由。① 实质自由包含和体现的价值,可以为我们分析作为一项积极人权的健康权应该通过什么样的积极公共政策从而成为人民真正可以享受到的权利。积极的公共行动的目的,可以被看作用以提高人们实现有价值的活动能力。② 亚里士多德在《尼各马可伦理学》一书中提出,财富并不是我们所追求的善,人类的善在于丰富"积极意义上的生活",即最高的善或目的就是人的美好生活或幸福,由此他论证了人类活动是价值客体。③

如果一个人的权利和能力是一个活动束(如选择食品和医疗等方面的商品和服务、选择生存和生活方式等)的集合,表示一个人以其经济、社会和个体特性所能获得的各种选择。那么作为一种权利的健康权,人们能否获得并拥有它,便与积极的公共政策能否解决诸如教育、卫生保健、基础设施与社会环境(包括供水、公共卫生措施等)等条件性因素密切相关。在健康(权

---

① [印]阿玛蒂亚·森:《以自由看发展》,任赜、于真译,中国人民大学出版社2002年版,第30页。
② [印]让·德雷兹、[印]阿玛蒂亚·森:《饥饿与公共行为》,苏雷译,社会科学文献出版社2006年版,第13页。
③ 参见[古希腊]亚里士多德:《尼各马可伦理学》,廖申白译,商务印书馆2003年版,第一、四、九节。

利)领域,疾病和不健康很多时候是"权利丧失"的结果,是由于没有积极的公共政策来解决这些障碍,或者解决得不充分,从而导致了权利丧失。在阿玛蒂亚·森那里,他用"剥夺"这个多少带有一点贬义的概念来解释和理解这种权利丧失,实际上,"剥夺"这个词汇是一个中性化的描述概念,是与限制、排斥、忽视、做得不够充分、不平等、不公正等这些现象联系在一起的。因此,前述阿玛蒂亚·森所讲的积极的公共政策或公共行动所要提高的能力,既包括诸如避免营养不良及相关的发病和死亡这类基本能力,还包括诸如参加社区生活和获得自尊等这类更复杂的社会能力。

2005年,WHO专门设立健康问题社会决定因素委员会(Commission on Social Determinants of Health),并于2008年发布最终报告《用一代人时间弥合差距:针对健康的社会决定因素采取行动以实现健康公平》,指出"社会决定因素"是导致疾病(不健康状态)"原因的原因",其中,社会不公是人类的"一大杀手"。① 显然,没有人能够独自应对或置身事外,这个困局需要全人类共同的积极行动来应对和化解。这是再次呼应了《渥太华健康促进宪章》《经济、社会和文化权利委员会第14号一般性意见》等国际公约或规范中提出的"健康权包括多方面的社会经济因素",具体包括可获得的基础教育和健康素养、可及的基本卫生设施、充足营养和安全饮用水、稳定的住房与收入、安全的生活工作环境与社会网络支持、公平的表达和参与机会等。

---

① CSDH, *Closing the Gap in A Generation: Health Equity through Action on the Social Dterminants of Health*, Final Report of the Commission on Social Determinants of Health, World Health Organization, 2008.

多年来，国际社会持续强调，承认、保护、保障和增进民众的健康权利是实现人们健康（权利）的基础，而多部门、跨领域和跨边界的相互协调、共同应对、形成合力的积极行动，则是优化健康（权利）治理的一项关键步骤。积极公共政策和积极行动就是要促进这些条件，消除各种障碍，使人民可以享有健康生活的条件。

二、障碍性因素及其分类

如前文所述，WHO等国际组织提出的"健康的社会决定因素"，涉及政治、经济、教育、环保等诸多领域，且相互关联、相互交织，因此，健康（权利）保障与增进这样的跨界问题，既需要政府体系内多个部门之间实现协调与合作，又需要重视和促进全社会多种力量合力的形成。然而，要实现这样的合作与合力并非轻而易举，仍存在很多障碍性因素，其中，脆弱性是健康权利障碍性因素的普遍特征，进一步探究就能发现，制度性因素是根源。

在影响健康权利的诸多基本决定因素中，有不少因素总是存在某些方面的脆弱性。比如，健康权利本身就是一个很脆弱的问题，如果不对侵害和加害健康的行为（如存在质量问题的食品和药品）进行积极地干预和控制，人们的健康和健康权利就极易受到损害。再如，那些被称为特殊群体的人口，在获得和拥有健康上存在着比其他人更大的脆弱性。就像妇女这个群体，即便我们不从性别和角色的社会平等角度来认识其脆弱性，也一样可以从妇女的生理和心理的角度看到这种脆弱性的存在。如果不对孕妇的健康进行积极地干预和提供有效的服务保障，如孕检和疾病筛选，孕妇和胎儿的健康就非常容易受到各种疾病

第六章　健康权利的基本决定因素与消除障碍

的损害。

障碍性因素的产生虽然带有一定的自然性原因，但最大的根源还是制度性的，也就是说，它们的产生主要还是人为的问题，有着相当大的制度和政策根源。比如，个人是渺小的，环境对个人健康的影响很多时候是巨大的，某些地方为了短期经济利益而污染环境或破坏生态，此时，个人的健康权利是不是就能够被强大的公权力忽视甚至侵犯？答案当然是否定的。但是，我们也清醒地认识到，包括健康权利在内的个人权利具有显而易见的脆弱性。这些权利的保护与增进就需要通过制度性的保障来防御和实现。

根据上述理解，本书把这些障碍因素分为防护型障碍、保障型障碍和参与性障碍。

防护型障碍的消除，与使民众获得不遭受或解脱于健康加害和愚昧的防护相关。促进教育和环境的改善就是这种障碍的消除。它是预防性的，比如通过环境保护可以有效地预防疾病的发生和传播；它也是促进性的，比如通过教育的发展可以有效地促进个人能力的提高，从而可以避免可能产生的健康加害。

保障型障碍的消除，与国家和社会在一些特定问题上或一些特定的群体基于社会平等和公正价值的考量而施加的积极保护联系在一起。这方面最典型的现象，就是解决贫困问题和对一些特殊群体的关怀与关照。毫无疑问，消除贫困、解决饥饿与营养剥夺问题、实现社会平等的过程，是明确的公共利益问题。社会保障不能仅仅依靠天然逐利的市场力量来提供，也不能仅仅依靠国家和政府家长式的政策行动，而必须依靠基于权利本位观念的全社会积极行动。因此,社会保障的目的——保障性障碍的消除——在于提高普遍应有的社会状况。

参与性障碍的消除,与民众表达和参与的机会不被限制和剥夺、信息的自由传递或者说民众获得充分的必要信息等问题联系在一起。因此,这类障碍性因素的消除,实际上是一个建设民主和法治的过程。正是在这个过程中,那些可能是基于个人能力的局限性而导致的参与能力不足,也可以借此得到解决和提高。

本章后面几节将描述和分析中国的积极公共政策是如何解决和消除这些健康权的障碍因素的。

第二节 防护型障碍的消除

一、环境污染与障碍消除

改革开放以来,中国长期以经济建设为中心,粗放型经济增长方式使物质生活迅速得以极大提升,但那段时期生态环境不断恶化,付出了巨大的社会经济代价。据2007年世界银行与国家原环保部合作完成的《污染的负担在中国:实物损害的经济评估》报告显示,环境污染每年给中国造成的经济损失约占GDP的5.8%,其中,与保障健康(权利)最直接相关的医疗卫生费用占GDP的比重高达3.8%。[1]

---

[1] The World Bank & State Environment Protection Administration of P. R. China, *Cost of Pollution in China: Economic Estimates of Physical Damage (Conference Edition)*, The World Bank Publications, 2012, p. 67.

第六章　健康权利的基本决定因素与消除障碍

与经济损失的可估量性不同,环境污染对健康的影响存在明显的滞后效应,因此,无法预先估量到环境污染和生态破坏对健康造成的威胁和侵害到底有多大。另外,污染造成的健康代价引发了一系列冲突性事件,在较长一段时间内显然让中国付出了高昂的社会成本。环境污染在高速城市化的进程中凸显并日益加剧,如果不消除由环境问题造成的健康权利障碍,健康权利就无法真正实现。

研究显示,在国际上,环境污染是疾病与过早死亡的首要诱因。2015 年,全球约有 900 万人由于环境污染而提早死亡,占当年全球死亡人数的 16%,达到艾滋、结核、疟疾等疾病病死人数总和的 3 倍。[1] 现代社会中,没有一个国家是孤岛。当前,中国面临的环境污染问题亦不能被忽视。与许多经历过工业化发展的国家一样,中国在那段时期日趋恶化的环境质量是经济高速增长的一个产物。[2] 经济高速增长付出了环境污染的代价,对民众健康造成一定程度的威胁。因此,环境与健康政策不能只是孤立的措施,[3]要使民众真正享有健康权利,必须先消除环境污染造成的障碍。

生活环境问题对健康权利造成的障碍与每个人息息相关。2014 年,原环保部发布的《中国人群环境暴露行为模式研究报告(成人卷)》显示:中国有高达 1.1 亿居民的住所附近的 1 公

---

[1] Landrigan, P., Fuller, R., et al., "The Lancet Commission on Pollution and Health", *The Lancet*, 2018, 391(10119), pp. 462-512.

[2] 王敏、黄滢:《中国的环境污染与经济增长》,《经济学》(季刊)2015 年第 2 期。

[3] 贺珍怡:《将环境与健康融入中国发展战略:新常态与新挑战》,《学海》2017 年第 1 期。

里范围内存在石化和炼焦等重污染制造业企业,空气污染与水土污染对健康造成影响的隐患较大;1.4亿居民住宅周边50米范围内有交通干道,存在噪声污染问题对健康造成的风险;仍有2.8亿居民使用不安全的饮用水,直接威胁生命健康。一般而言,暴露于污染或污染风险中的概率越高,所处环境对个人健康的负面效应越大。①

污染造成的健康(权利)障碍存在明显的人群差异。一般来说,弱势群体通常更容易暴露在污染源中,因此更容易展现出污染对健康的影响作用。② 原环保部2013年发布的《中国人群环境暴露行为模式研究报告》显示,城乡人口存在差异,城市居民平均每天进行3小时露天活动,每天每公斤体重的呼吸量为250升,分别比农村居民少1.3小时和10升,当大气污染物浓度一致时,城市居民面临的健康风险仅为农村居民的70%,即农村居民比城市居民的健康风险高出约42.9%。职业环境污染问题对健康权造成的障碍也不容忽视,《国家职业病防治规划(2016—2020年)》指出,中国每年新报告职业病病例近3万例,煤炭、化工、有色金属和轻工等重污染领域是主要的病发行业,也就是说,这些领域的从业者遭受的健康风险最高。原卫计委发布的《2014年全国职业病报告》提供了佐证,在全部报告的29 972例职业病中,职业性尘肺病为26 873例,占比高达近90%。因此,不同领域的人群要真正享有健康权,必须先采取积

---

① Coneus, K. & Spiess, C., "Pollution Exposure and Child Health: Evidence for Infants and Toddlers in Germany", *Journal of Health Economics*, 2012, 31, pp. 180-196.

② 祁毓:《环境健康公平理论的内在机制与政策干预》,《国外理论动态》2016年第4期。

极公共政策减少各类环境污染,消除民众生活与职业等环境中侵害健康(权利)的障碍。

环境污染是贫困和疾病的根源。为了消除阻碍健康权利实现的环境障碍,国家多年来对环境保护进行了多方面的投入。进入21世纪以来,中国经济社会发展逐步从重数量转向重质量、从以经济建设为中心转向可持续发展,在环境保护领域进行积极尝试,开展以人民健康为中心的环境治理。21世纪的第一个十年,政府的环境污染治理投资总额与城市环境基础设施建设投资总额不断上升,2010年以后在波动变化中有所上升,2015年以后再度回落,而工业污染源治理投资在21世纪初的15年间基本呈波动上涨态势(如图6.1所示)。2016年的国家多项宏观经济数据显示,通过"三去一降一补"[1]措施的积极推进,使用于环境保护和治理的投资增速高于全部投资的增速,同比增长达39.9%。[2] 环境保护,人人有责,随着经济社会的发展,如果仅靠政府投资污染治理不但使财政负担过重,而且忽视了市场与社会主体的积极作用。因此,国家出台多项政策积极引导社会资本投入环境保护,在"十二五"期间,推行政府与社会资本合作(public private partnership,PPP)模式以及污染的第三方治理方式,逐步形成了政府主导下的多元投融资格局。[3] 2016年,发展改革委和原环保部印发《关于培育环境治理和生

---

[1] "三去一降一补"是指2015年12月,中央经济工作会议提出2016年经济社会发展的去产能、去库存、去杠杆、降成本、补短板五大任务。

[2] 《统计局:2016年生态保护和环境治理领域投资成补短板重点》(2017年1月20日),人民网,http://finance.people.com.cn/n1/2017/0120/c1004-29038877.html,最后浏览日期:2020年11月25日。

[3] 逯元堂等:《我国环保投资分析及对策建议》,《环境保护》2017年第17期。

态保护市场主体的意见》,进一步优化环保领域的综合服务与协同发展能力,逐步将环境治理由过去以政府为主转变为政府主导与市场驱动相结合。这些举措既减轻了国家财政的负担,也激发了市场活力,逐渐形成全社会共同促进健康(权利)的治理格局。消除健康权实现的障碍是资本与组织等多方面共同合作的过程。

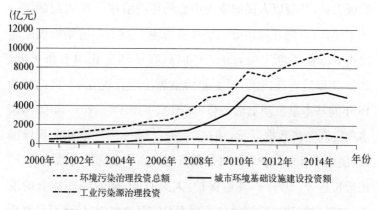

图 6.1　2000—2015 年环境治理领域政府投资走势

数据来源：国家统计局年度数据。

投资的增长和环境治理主体多元化结构的形成,是观察积极公共政策消除健康权利的环境污染障碍所取得成就的一个方面。就具体的环境治理成效来说,在这些年的投入和重视下,环境改善的效果正在显现。比如,城市污水治理能力得以提升,2016 年污水处理率比 2015 年提高 0.5 个百分点,达到 92.4%；截至 2016 年年末,污水处理厂的日处理能力为 14 823 万立方米,同比增长 5.6%。同时,清洁能源消费比重提升,2019 年,天然气、水电、核电、风电等清洁能源消费量占能源消费总量的

23.4%,同比上升1.3个百分点。① 除此之外,我们还可以从其他方面的现象和变化中看到消除障碍的进展。中国的发展战略已经不再以经济的增长为最主要的目标,因此,GDP的增长作为对官员进行考核和激励的手段逐渐让位于诸如实行环境成本会计等以可持续发展为考量的官员考核方式。② 从作为健康权利主体的民众方面来说,民众的环境意识和健康(或健康权利意识)也在不断提升。有研究显示,收入、教育、环保知识和环境污染感知都对个人的环保行为有正面影响,国家和政府多年来在环境和健康问题上对民众的宣传和引导,是民众这方面意识提高的一个重要因素。③ 上述这些方面的努力和进展,为消除环境污染上的障碍积累了较好的基础,至少是一个良好的开端。积极公共政策对民众免受环境污染的健康损害起到较好的防护作用。

二、教育发展与障碍消除

教育的发展对提高民众免受健康损害的防护能力是至关重要的。正如物质进步形成了物质生活的差异,健康领域的进展形成了不同群体之间的健康鸿沟。④ 一部分人的教育不足与机会不公是致使健康鸿沟不断扩大的重要原因。正是那些无法获得基本教育的人("权利丧失"的人),最容易产生贫困问题和健

---

① 参见国家统计局发布的2016—2019年的《国民经济和社会发展统计公报》。
② 王立彦:《环境成本与GDP有效性》,《会计研究》2015年第3期。
③ 王玉君、韩冬临:《经济发展、环境污染与公众环保行为——基于中国CGSS2013数据的多层分析》,《中国人民大学学报》2016年第2期。
④ [美]安格斯·迪顿:《逃离不平等——健康、财富及不平等的起源》,崔传刚译,中信出版社2014年版,第XXI页。

康问题,特别是,贫困和健康之间的相互影响会加大教育缺失所引起的严重后果的复杂性。比如,这种困境很容易在代际间传递,尤其是贫困的代际传递对健康有显著影响,①从而继续成为下一代人口健康权实现的障碍。因此,消除由教育问题造成的障碍是民众真正实现健康权利的必要条件。

基础教育的缺失导致的个人能力缺失包括很多方面,例如,阅读与理解能力不足的人,难以获得准确的健康与权利知识与信息;就业与收入能力低的人,难以获得一定的较为稳定的经济收入,就无法确定他们能否真正拥有健康权;沟通与表达能力缺失的人,无法准确表达并与相关机构或人员沟通健康诉求,更没有参与健康相关议题的决策机会。改革开放以来,中国的教育获得了较快的发展。截至2020年,文盲率进一步下降至2.67%。②这意味着教育的发展使两成多人口至少消除了制约健康的最基本的阅读障碍,从而拥有更多获得健康资讯的可能性及更多表达健康诉求的机会等。

不过,这种制约性的障碍仍不可忽视。虽然《义务教育法》第五条明确规定适龄少年儿童享有接受义务教育的权利,然而,在2020年脱贫攻坚决战决胜之前,很多贫困地区学生辍学较为严重,一些地方的农村学生辍学率甚至逐年波动回升。③当时,

---

① 刘欢、胡天天:《家庭人力资本投入、社会网络与农村代际贫困》,《教育与经济》2017年第5期。
② 国家统计局、国务院第七次全国人口普查领导小组办公室:《第七次全国人口普查公报(第六号)——人口受教育情况》(2021年5月11日),国家统计局网站,http://www.stats.gov.cn/tjsj/tjgb/rkpcgb/qgrkpcgb/202106/t20210628_1818825.html,最后浏览日期:2021年7月15日。
③ 王羚:《辍学率上升背后:劳动力市场扭曲的信号》,《第一财经日报》,2014年4月6日。

一个普遍性的原因是：这些家庭对于改善最基本生活条件的需求非常急迫，难以继续对孩子的教育进行时间、经济和精力上的投入，很多贫困家庭甚至连孩子必要的营养食品都无法承担，因此不得不放弃接受教育的权利。由于接受教育而产生的机会成本和对其未来收益的不确定性带来了较高的风险溢价，贫困家庭普遍无法或不愿让子女接受较高（甚至是基础）教育。这种情况的持续存在会产生严重的社会反应。有研究显示，贫困家庭对孩子的早期教育投入较少，导致其子女高等教育参与率较低，这是代际收入差距进一步扩大的根本原因。[①] 如果这些孩子缺乏基本的读写与表达训练，未来的他们在很大程度上将丧失或降低获取健康资讯的能力、获得更高收入的机会、做出恰当判断的可能性、养成更健康生活方式的习惯以及表达自身健康诉求与权利的能力。这些影响都是长期的。从这个角度来讲，消除障碍就是要使法律上的义务教育权利变为实质性权利。国家出台了一系列积极公共政策以消除障碍，比如：义务教育"两免一补"的政策使得初中生就学率得到明显提高；[②]由民间社会组织"免费午餐"推动的、国家政策积极跟进的"农村义务教育学生营养改善计划"于2011年起实施，在相当程度上扭转了贫困地区学生辍学的趋势。

在理解教育与健康促进的关系问题上，我们不能仅仅把目光局限于狭义的学历教育方面。教育的发展对促进和实现健康权的作用应该被放在更加广义的意义上来加以理解。在全社会

[①] 杨娟、赖德胜、邱牧远：《如何通过教育缓解收入不平等？》，《经济研究》2015年第9期。

[②] 王小龙：《义务教育"两免一补"政策对农户子女辍学的抑制效果——来自四省（区）四县（旗）二十四校的证据》，《经济学家》2007年第4期。

普遍实行和促进健康教育、健康权利教育是同样必要和重要的。在那些教育落后的国家,健康权利教育往往也相对滞后,这通常是这些国家民众健康(权利)意识缺乏与健康素养较低的一个重要原因。个人获取、理解并运用基本健康信息和服务做出正确决策以维护和增进健康(权利)的意识与能力不足,阻碍着健康权利的实现。中国已经认识到这个问题的严重性和重要性,在这些年里开展了各种形式的健康教育,并取得了显著成效。包含居民基本健康知识和理念、健康生活方式与行为、基本健康技能等内容的"居民健康素养"是一个重要指标,近年来,全国居民健康素养水平呈现出逐年稳步提升的态势,已由2016年的11.58%上升至2020年的23.15%。[①] 需要加以认真检讨的是,中国民众的健康素养总体水平仍然较低,而且城乡、地区、不同人群之间的发展不均衡尤为明显,要消除实现健康权利的障碍仍任重道远。

第三节 保障型障碍的消除

一、贫困的多维性与障碍消除

为保障健康权利而减贫,或者说,通过减贫保障健康是整个国际社会的一项重要议题。世界银行认为,贫困意味着饥饿、失

[①] 熊健:《全国居民健康素养水平稳步提升》,《人民日报》(海外版),2020年5月5日;张文婷:《去年全国居民健康营养水平达到23.15%》,《大众卫生报》,2021年6月17日。

业、资源匮乏、缺少机会(如教育)以及权利和自由的受限甚至丧失,是一种人们不愿遭遇的生存状态。① 贫困是实现健康权利的深重障碍,它造成了很多人的疾病和灾难,这是因为贫困是健康权利的多维相关因素。一方面,贫困是教育、环境、健康等多维社会问题的根源;另一方面,贫困也是这些多维社会问题带来的恶果。

贫困与健康之间的复杂关系——贫困作为很多疾病的根源,而疾病又是很多贫困现象的诱因——意味着它们之间是相互强化的。贫困限制了人的选择自由,造成人对于风险规避或权利保障的能力减弱,甚至陷入"贫困—健康(权利)受损—贫困加重"的恶性循环。这给健康权的实现构成了重大挑战。中国的减贫工作所取得的成就虽然获得了国际社会的广泛赞誉,但在增进健康权利问题上,依然还有很长的一段路要走。

从实现和保障健康权利的要求来说,那些致力于消除贫困本身尤其是斩断贫困与健康之间因果关联的那些公共行动,都是积极公共政策。不平衡的经济发展造成大量贫困人口主要集中于欠发达地区,贫困(低收入)与健康之间的关联在他们身上尤为明显。中国健康与营养调查(CHNS)的数据显示,自 1997 年起,中国城市、农村和城乡总体三类群体中最富裕人口的健康指数均大于最贫困人口的健康指数,并且这种差异呈扩大趋势,特别是 2000 年以后,低收入人群的健康状况尤为堪忧。解垩等人利用这些数据对 1991—2006 年的健康绩效所进行的分析发现,20 世纪 90 年代后期这些贫困人口缺乏医疗保险,他们可获

---

① World Bank, *World Development Report 2004: Making Services Work for Poor People*, Oxford University Press, 2003.

得的健康服务既比富人少得多,也是其自身能力无法承担的负担;同时,政府的卫生经费支出和健康绩效呈现正相关关系,失业率越高,健康绩效越低。[①] 因此,这些贫困人口一直陷入疾病—贫困—疾病的恶性循环之中。方迎风等人在运用这些数据时发现,医疗保险在贫困人群或贫困地区的普及率相对较低,高收入者中拥有医疗保险的人数比重约为低收入者的2.14倍;城市居民拥有医疗保险的比例为53.05%,农村居民的这一比例仅为27.71%。这说明贫困人口的健康能力投资较低,其健康冲击反过来又容易加剧贫困的脆弱性。[②]

与健康状况密切相关的环境污染和失业问题也是诱发贫困的直接根源。在前面我们已经描述了环境和生态对健康的影响,在这里再看一下污染对贫困人口的健康影响。环境对所有人的健康都会带来负面影响,但是,对贫困人口的影响尤为严重。贫困人口选择生存场景的自由度低,很多情况下面临环境污染而无力改变,比如,工业项目选址于其住所区域附近造成长期的空气与水土污染,工厂设施突发事件带来的化学品污染,都会对贫困人口的健康造成严重影响,并引致代际传递,[③]更严重的是形成了长期的脆弱性障碍。就失业、贫困与健康的关系而言,针对中国这方面的研究文献显示,就业状态直接影响个人的收入水平、社会地位、健康资源的可获得性,群体性失业对健康

---

① 解垩、涂罡:《中国健康绩效的动态演进:公平与效率的权衡》,《中国软科学》2011年第7期。
② 方迎风、邹薇:《能力投资、健康冲击与贫困脆弱性》,《经济学动态》2013年第7期。
③ 祁毓、卢洪友:《污染、健康与不平等——跨越"环境健康贫困"陷阱》,《管理世界》2015年第9期。

同时产生短期和长期的负面影响,心理因素与不健康的行为方式等是主要的途径。① 1978—1979 年,全国城镇登记失业率超过 5%,20 世纪 80 年代起大幅降低并保持在 2% 左右,但 90 年代又逐渐上升为 3% 左右,2002 年以后则超过 4%,2010—2015 年保持在 4.1%,至 2019 年回落为 3.62%,2020 年在遭遇全球新型冠状病毒肺炎疫情的情况下控制在 4.24%(显著低于 5.5% 左右的预期目标)。② 尽管需要更多的实证研究来加以证明,但是,失业造成的贫困以及由此造成的健康问题,应该是一个清晰可见的事实。比如,健康状况是影响农民工就业的重要因素之一,失业风险很可能是其医疗支出增加的原因,也对农民工(尤其是低消费)的家庭消费具有显著负向影响。③ 因此,从理论和经验上来说,解决失业问题、促进就业应当成为解决贫困与健康的积极公共政策选择。

针对贫困问题的解决办法,不能仅仅停留于物质补助(如低保)、促进就业等方面,必须基于权利的考虑,积极解决引起贫困问题的各种严重根源。在此,那些与社会排斥相关的"权利的贫困"问题尤其需要被重视。"权利的贫困"及其后果要比物质的贫困严重得多。比如,在世界范围内,失业的确会造成收入减少、消磨职业技能、产生劳动倦怠,更严重的是,还会导致失业者被社会排斥、打击其自信心和自立意愿,甚至会扰乱家庭关系和

---

① 陈秋霖、胡钰曦、傅虹桥:《群体性失业对健康的短期与长期影响——来自中国 20 世纪 90 年代末下岗潮的证据》,《中国人口科学》2017 年第 5 期。
② 邵未来:《2020 年全国年均城镇调查失业率 5.6%,低于预期目标》,《劳动报》,2021 年 1 月 18 日。
③ 温兴祥:《失业、失业风险与农民工家庭消费》,《南开经济研究》2015 年第 6 期。

社会稳定,加剧性别歧视,各种影响都直接损伤身心健康。① 因此,消除贫困的过程应该被视为权利增进和能力提高的过程。较高收入者虽然比那些较低收入者明显拥有较多的抵御健康风险危害的手段,抵抗风险能力也较高。但是,较高收入者未必一定能够享有良好的教育、保健及其他公共服务或产品。教育水平、生活与工作环境、住房条件等公共资源与公平机会的获得,不取决于收入本身,而取决于权利和制度。因此,在减贫工作的政策实践中,若不能识别和及时帮助知识贫困人口或健康贫困人口,常常会导致这些民众陷入长期贫困,给社会造成更大负担和损失。② 正如获得安全饮用水、生活社区环境整洁、使用清洁能源等属于健康权利的内容一样(这些因素本身与民众健康有着显著的正相关性),提高民众的健康能力也是权利所要求的。正因为如此,使贫困人口具备获得、享有和增进健康权利的能力,本质上是"对国家资源分配制度的优化过程"③。

健康权是一项基本人权,而民众健康的增进也有助于经济增长率的提高,不必等富裕起来再增进健康,应该大力发展健康领域的社会扶持。④ 也就是说,无论出于权利本位还是经济发展目标,发展中国家的健康扶贫工作都应尽早开展,这既有利于

---

① Goldsmith, A., Veum, J., & Darity, W. Jr., "The Psychological Impact of Unemployment and Joblessness", *Journal of Socio-Economics*, 1996, 25; Haan, A. & Maxwell, S., *Poverty and Social Exclusion in North and South*, Institute of Development Studies Bulletin 29 (special number), January, 1998.

② 陈立中:《收入、知识和健康的三类贫困测算与解析》,《改革》2008年第3期。

③ 熊惠平:《"穷人经济学"的健康权透视:权利的贫困及其治理》,《社会科学研究》2007年第6期。

④ Dreze, J. & Sen, A., *India: Economic Development and Social Opportunity*, Oxford University Press, 1995.

民众健康权利的实现,又可以促进经济的持续增长。显然,从消除健康权的贫困障碍来说,多维视角下的减贫效果要好于单一指标下的减贫效果。① 中国为真正实现健康权,在扶贫减贫领域正在积极消除各种健康障碍。2016年,贫困人口产生的住院费用可获得国家补偿,占到实际支付总额的67.6%,同时,全国74%的贫困县的贫困人口在本地县域内住院可以先诊疗后付费。② 这样的举措都直接减轻了贫困人口的健康负担,增加了他们获得健康的机会。人力资源保障和资源协调共享,则直接提升了贫困人口享有优质医疗资源的可及性和便捷性。近年来,医疗卫生领域的人才培养与人力资源培训等工作进一步向贫困地区倾斜,其中包括尝试开展全科医生特岗计划和继续开展农村订单定向医学生免费培养等工作。

二、特殊群体的脆弱性与障碍消除

从保障的角度来认识,我们还可以在特殊群体的健康保障中看到消除健康障碍的积极公共政策是如何发挥作用的。在这里,脆弱性构成了特殊群体健康障碍的重要方面,因此,积极公共政策的一个重要作用就是解决这种脆弱性。由于社会文明程度、历史文化背景、经济发展阶段等综合因素的影响,妇女、儿童、年长者、流动人口、重病患者、残疾人等脆弱群体一般而言面临更多的社会约束与漠视,他们的权利与诉求经常被忽视或被

---

① 张全红:《中国多维贫困的动态变化:1991—2011》,《财经研究》2015年第4期。
② 《新闻办就〈健康扶贫工程"三个一批"行动计划〉有关情况举行发布会》(2017年4月21日),中国政府网,http://www.gov.cn/xinwen/2017-04/21/content_5188005.htm#1,最后浏览日期:2021年4月25日。

关注不足。这是他们实现健康权的一个重大障碍。我们首先以妇女群体为例来说明这个问题。

妇女健康是人类社会可持续发展的关键。[①] 然而,由于生理差异与社会习俗等各方面的原因,女性长期以来总体上处于弱势地位,尤其是女性儿童在基本健康照护方面常常遭到忽略。[②] 这是一种全球范围内都较为普遍的现象。妇女健康权的脆弱性根源于多种因素。一是妇女的自由度较低。在资源匮乏和环境污染的地方,男性更容易去其他地区寻找新的机会与资源,拥有较高的流动自由,而由于社会风俗、传统观念或家庭负担,女性常常不得不继续在原住地承受生活压力与健康风险。[③] 二是妇女的经济地位较低。早有研究显示,在很多发展中国家,妇女就职于最低收入的经济部门,且同工不同酬,比如在制造业,女性的报酬通常只有男性的 50%—80%。[④] 私有化与新技术推动了社会进步,相应地要求提高劳动效率并降低生产成本,这从多个角度导致了一些发展中国家妇女健康的恶化。[⑤] 三是妇女的自我保护能力较弱。许多发展中国家的纺织女工,长

[①] Langer, A., et al., "Women and Health: The Key for Sustainable Development", *The Lancet*, 2015, 386(9999), pp. 1165-1210.

[②] Chen, L., et al., "Sex Bias in the Family Allocation of Food and Health Care in Rural Bangladesh", *Population and Development Review*, 1981, 7(1), pp. 55-70.

[③] Kettel, B., "Women, Health and the Environment", in Roberts, J. H., ed., *Gender, Environment and Health: A Working Directory to Issues, Networks and Initiatives*, Ottawa: International Development Research Centre (IDRC), 1996.

[④] UNIFEM, *A Commitment to the World's Women: Perspectives on Development for Beijing and Beyond*, United Nations Development Fund for Women, 1995.

[⑤] World Bank, *India: Five Years of Stabilization and Reform and the Challenges Ahead*, 1996.

期暴露在污染的生活与工作环境中,又缺乏充足的营养、休息和健康(权)意识,对健康造成了累积性损害,[①]这种保护能力的缺乏,与较低的自由度和较低的经济地位直接相关,究其根本,除了固有的社会风俗,还源于缺乏公平的教育机会和基本的健康意识。

近年来,国家和社会采取和实施的很多行动,的确在很多方面有助于消除妇女健康权上的障碍。这些行动包括但不限于如下情形。(1)资金投入。农村贫困患病母亲的脆弱性很高,既要负担沉重的医疗费用,又要养育孩子,因此,政府实行重点帮扶显得尤为必要。自2011年起,财政部安排中央专项彩票公益基金5 000万元救助农村贫困"两癌"患病母亲,2013年拨付达1万亿元,到2014年,共有31 077名贫困妇女与因病返贫的妇女接受此项救助。[②](2)技能培养。从长远角度来看,技能培养有助于提升妇女的收入能力与经济地位,更有助于消除脆弱性障碍。各级妇联组织积极促进贫困地区妇女提升技能,增加经济收入,[③]比如,尝试推广"公司+协会+基地+妇女"等产业发展模式,提高妇女擅长或易于掌握的手工产品附加值和市场竞争力。这一做法增强了这个脆弱群体的反贫困能力,进一步消除了她们真正实现健康权利的障碍。(3)项目推行。为改善贫困妇女的生存环境,提升健康权利的可及性和可获得性,全国妇联和中国妇女发展基金会等组织发起并实施了一些公益项目,

---

[①] 谭琳、吴帆:《经济全球化对妇女健康的影响及其理论框架》,《广东社会科学》2000年第6期。
[②] 倪婷、李文:《妇女与贫困》,《中国妇运》2015年第1期。
[③] 袁鹏:《深化"巾帼脱贫行动" 全力打好脱贫攻坚收官战》,《中国妇女报》,2020年7月30日。

获得了国家的大力支持。比如,载入国务院《中国农村扶贫开发白皮书》的"母亲水窖"项目始于2001年,至2019年年底,在以西部为主的25个省(自治区、直辖市)修建分散式供水工程13.97万个,校园安全饮水项目939个,逾318万人受益。①

在中国,阻碍女性健康权利的因素多且复杂,很多政策行动尚需更系统、更细致的完善。比如,在中国贫困监测体系中,与性别相关的指标较少且呈碎片化,妇女的贫困状况无法较为全面地体现出来,包括《中国农村扶贫开发纲要(2011—2020年)》等全面性的评估报告中都没有专门针对妇女的减贫情况。

除妇女这个特殊群体外,其他一些群体也面临着各种健康权利上的障碍。每个特殊群体都存在着特定的脆弱性。比如,年长者的健康问题已经成为中国老龄化社会的一个突出问题。人体衰老是不可逆的自然现象,但老年人的健康(权)问题则是一个社会性的问题。一般而言,年长者的社会角色与经济地位由此逐渐转弱、而脆弱性增强,影响着他们的生活体面与自由度,容易引发调适危机,进而损害其身心健康。研究发现,中国人口中的年长者抑郁症频发,②农村年长者的自杀率居高不下,③这些都是他们身心健康问题的极端体现。贫困与健康问题往往相互交织,尤其农村年长者在经济上最为弱势,其贫困发生率远高于城市同龄人,而减贫是改善农村年长者身体与精神

---

① 舒迪:《"母亲水窖"20年惠及318万人》,《人民政协报》,2020年3月24日。
② 伍小兰、李晶、王莉莉:《中国老年人口抑郁症状分析》,《人口学刊》2010年第5期。
③ 陈柏峰:《代际关系变动与老年人自杀对湖北京山农村的实证研究》,《社会学研究》2009年第4期。

健康状况的一种方式。① 此外,儿童的身、心、智发育尚未健全,流动人口长期奔波、居无定所,重病患者与残疾人自理能力低,这些脆弱群体常常被边缘化,都需要更有针对性的健康照护与实现健康权利的实质性社会机会。

消除脆弱群体的健康权利障碍,需要全方位的努力。2016年10月,中共中央、国务院印发的《"健康中国2030"规划纲要》是"健康中国"战略的顶层政策设计。同年11月,国家发展改革委印发《全民健康保障工程建设规划》,试图从多个方面进行消除健康障碍的努力。但是,在这些全局性的顶层设计框架下,消除特殊群体的脆弱性障碍需要有更详细的、更有针对性的政策设计。根据不同人群的特殊需求,专门针对特定问题的制度安排也是防护网的重要组成部分。在一些领域里,这样的细化设计甚至在全局性的战略规划之前已经开始。比如,专门针对儿童的扶贫机制,2010年国务院办公厅发布《关于孤儿保障工作的意见》,指出为这些孩子(尤其是艾滋病病毒感染儿童)建立基本生活保障制度,随后,中央财政对这些儿童的医疗、教育、康复及成年后的就业和住房等都做出了制度性安排。2011年国务院颁布的《中国儿童发展纲要(2011—2020年)》、2014年国务院办公厅发布的《国家贫困地区儿童发展规划(2014—2020年)》、2016年国务院印发的《关于加强困境儿童保障工作的意见》等一系列政策纲要,在督促各地出台相应配套的分类管理办法,根据不同儿童群体的具体需求提升保障水平方面,都具有指导作用,并逐步

---

① 范兆媛、程超、温兴祥:《贫困是否影响农村中老年人的精神健康?——基于CHARLS数据的实证研究》,《南方经济》2017年第12期。

建立对困境儿童的分类救助机制与保护体系。

第四节　参与性障碍的消除

在前面的论述里,我们在几个不同的地方都提到了参与性障碍问题。参与性障碍本质上是一种权利的丧失或缺失,它几乎存在于每一个经济、社会和文化权利领域。环境污染所形成的损害、不平等和不充分的教育对不同人群的权利能力造成的差异、产生贫困的过程中投入和就业的不足等现象背后都存在权利丧失的问题。本节尝试从基本公共服务供给不均衡、信息公开不足以及公众实际的有效参与不充分三个方面来描述和分析影响和制约健康权的参与性障碍,并总结中国在消除参与性障碍方面的积极公共政策取得的成就。

一、不均衡的基本公共服务

基本公共服务均等化意味着政府要根据实际资源能力和发展水平为所有民众提供基本的、能够体现公平正义原则的公共产品和服务。只有基本公共服务实现社会成员的全覆盖,社会发展才说得上是人人共享、普遍受益的发展。人的生存和发展的权利只有在最基本的条件上实现均等,才是有可能得到实现的。

在改革开放以后的很长时间里,公共服务的供给存在严重的非均等化现象,导致农村人口相较于城市人口、中西部地区人口相较于东部地区人口、脆弱性群体相较于普通人群,获得并享有健康相关服务的充足性和便利性更差。也就是说,很多人或人群比其他人缺乏更多的获得健康与健康权的机会,是因为基本公共服务供给不均衡的结果。

供给不均的最重要体现是制度供给不均。城乡二元化是其中最大的制度根源。长期存在的城乡二元体制,在义务教育、基础设施、健康保障等领域采用两套不同的制度。新型农村合作医疗制度的重点是大病统筹,而普通疾病的保障性仍显不足,这也是不同于城镇居民医疗保险之所在。

因此,在这样的制度结构下,基本公共服务的供给不均便很自然地会以城乡之间的财政供给不均的形式表现出来。20世纪90年代以来,城市与农村的人均卫生费用始终保持着较大的差距(如图6.2所示),这种差距的存在,意味着广大农民所获得的基本健康公共服务,在内容、方式、范围和标准上并没有满足广大农村居民的健康需求。

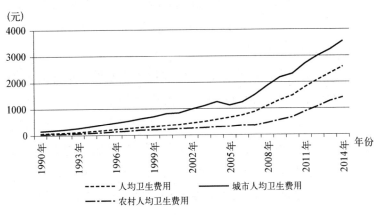

图 6.2　1990—2014 年人均卫生费用走势图

数据来源:国家统计局年度数据。

非均衡的另一种表现是区域间的差异。由于历史、地理、财政、发展战略等方面的原因,东部、中部、西部地区在健康领域的基本公共服务存在巨大差距。多年来,东部地区的财政收入远高于中西部地区,包括健康领域在内的公共服务供给水平都比中西部地区要高。随着区域经济差异的进一步增大,基本公共服务可获得性与便利性的差距也不断增大。尤为明显的指标之一是,东部、中部、西部各地区间的平均预期寿命存在较大差距,根据国家2010年人口普查资料,平均预期寿命最高和最低的省份之间相差12.09岁,这在相当程度上可以说明各地区公共健康服务水平的巨大差距。东部地区的平均预期寿命远高于中西部地区。其中,最高的上海和北京分别为80.26岁和80.18岁,位居第二的天津和浙江分别达到78.89岁和77.73岁,江苏、广东、山东、辽宁都在76岁以上。中部地区总体居中,最高的吉林达76.18岁,黑龙江和安徽都超过75岁,山西和内蒙古等六省/自治区均在74岁以上;西部地区总体较低,最高的重庆为75.7岁,四川和陕西在74岁以上,宁夏、新疆、甘肃、贵州在71.1—73.38岁,青海、云南和西藏还不足70岁。①

随着改革开放的深入,以经济建设为中心的政策导向带来了经济的飞速发展,但也造成了收入差距不断扩大、地区发展日渐不平衡等现实问题,对健康与健康权的保障带来了诸多挑战,因此,需要更加积极的公共政策推行基本健康服务均等化。其中就包括推进农村公共健康服务均等化。在前些年医疗卫生体制市场化改革的背景下,农村合作医疗不再具有普遍的适用性,

---

① 国务院人口普查办公室、国家统计局人口和就业统计司:《中国2010年人口普查资料》,中国统计出版社2012年版。

随着它逐渐解体,那时,农民失去基本医疗保障,健康问题日益凸显,城乡差距进一步扩大,农村发展受到严重制约。人们认识到,国家在解决农民医疗保障问题上负有重大责任,建立多层次的农村医疗保障体系是一个可能的解决方案,这需要政府以更加积极的态度采取更加积极的措施。① 再如,推进城市公共健康服务均等化。随着社会主义市场经济不断发展,居民收入水平显著提高,医护人员素质普遍提高,科技发展增加医疗便利;但收入差距不断增大,社会资源分配不均,环境污染不可忽视,人口特征与疾病谱显著改变,这些变化都要求改变传统计划体制,逐步完善新的城市医疗卫生事业体系,使其既能适应环境发展,又能实现内部要素间的协调互补,②这就需要政府以更积极的姿态发挥主导作用。

二、信息公开不足

知情权是一项基本人权,与健康权的实现密切相关,民众有权利了解与健康相关的政策内容与过程。政府对与健康相关的政策信息的不公开、不透明,直接损害了民众的知情权,不利于健康权的实现。政府是基本健康公共服务的供给者、决策者和监督者,如果政策制定与执行过程的透明度不足,则公共健康服务的内容、范围、质量和效果等难以得到客观评价,还会导致公共健康服务均等化差距扩大等状况。当前,政府信息公开制度中仍存在一些问题,一些部门不够重视信息公开工作,对相关规

---

① 朱俊生、齐瑞宗、庹国柱:《论建立多层次农村医疗保障体系》,《人口与经济》2002年第2期。
② 杜创、朱恒鹏:《中国城市医疗卫生体制的演变逻辑》,《中国社会科学》2016年第8期。

定执行不力，甚至出现信息公开申请面临阻力的情况，提升立法位阶和机构建设并细化执行标准等是一些可能的解决方式。①实际上，目前政府信息公开存在的问题体现了政策制定与执行仍以政府为中心、忽视了以权利为本位的理念。比如，环境信息公开对保障与增进健康权利是一项基础性的工作。但目前中国仍存在关键环境信息严重缺失等现象，无法满足民众对相关信息的需求，有时甚至影响社会和谐，法律法规不够完善、组织监管不够健全和沟通协调机制尚未有效建立等问题都阻碍了环境信息的透明，②也阻碍了民众健康权的保障与增进。

"政府行为必须透明公开"③，不仅因为在任何情况下的公众监督都是有益的④，还因为知情权是民众应有的基本权利。阿玛蒂亚·森提出"透明性保证"的概念，指人们对信息公开的需求体现的是政府信用。⑤民众有获得与健康相关信息的需求与权利，政府的透明性保证有助于实现与增进健康权利。

信息公开不足体现在健康领域的多个方面。在公共卫生事业中，医疗市场化改革以来，民众健康权利尚未得到足够重视，基本公共健康服务没有得到有效保障，信息不对称是最重要的

---

① 吕艳滨：《政府信息公开制度实施状况——基于政府透明度测评的实证分析》，《清华法学》2014年第3期。
② 王华、郭红燕、黄德生：《我国环境信息公开现状、问题与对策》，《中国环境管理》2016年第1期。
③ [美]斯蒂格利茨：《自由、知情权和公共话语——透明化在公共生活中的作用》，宋华琳译，《环球法律评论》2002年第3期，第263页。
④ Mill, J., "On Liberty", in Cohen, M., ed., *The Philosophy of John Stuart Mill*, Modern Library, 1961(1859), pp. 185-319.
⑤ [印]阿马蒂亚·森：《以自由看待发展》，任赜、于真译，刘民权、刘柳校，中国人民大学出版社2013年版，第33页。

问题之一,制度性缺陷是其中的主要原因。① 民众有强烈的意愿和需求去了解较为确切和客观的诊断效果评估、收费细目情况与医疗服务质量指标等内容,但由于医疗信息公开制度的不完善,缺乏有效的信息传输渠道,直接限制了民众的权利获得与享有。2016年1月11日,据悉一名中国科学院理化技术研究所(以下简称"理化所")的科技骨干在北京大学第三医院(以下简称"三院")产科住院期间抢救无效离世,理化所要求三院对此原因做出公正、透明、翔实的调查,并公布真实和完整的结论,而三院在及时发布本院规范意义上的信息外,关注的焦点是认为家属等相关人员扰乱了医院秩序,由此激发了广泛的社会关注。② 此事件中的信息公开不足问题在于,没有及时、准确、客观的官方/权威调查信息发布机制,导致社会舆论风波。在环保事业中,信息公开不仅是实现民众环境知情权的重要方式,也是民众维护健康和财产等权利的必要条件,在突发环境污染事件中,信息公开也是民众有效参与的前提。③ 信息公开不足损害了政府的公信力和民众的知情权。2014年4月10日,兰州威立雅水务公司检测出自来水中苯的含量严重超标,到市政府向民众公开发布消息时,已经时隔将近24小时,进而引发社会强烈不满与质疑,导致恶劣的社会效应。在这次事件中,民众与政府(公用事业企业)在信息公开问题上存在严重分歧,本质上是

---

① 陈云良、何聪聪:《医疗服务市场失范的经济法规制》,《中南大学学报》(社会科学版)2012年第6期。
② 《北京大学第三医院产妇死亡事件舆情分析》(2016年1月27日),人民网,http://yuqing.people.com.cn/n1/2016/0127/c210114-28089530.html,最后浏览日期:2020年12月15日。
③ 朱谦:《突发性环境污染事件中的环境信息公开问题研究》,《法律科学》2007年第3期。

政府不能有效回应公众的信息公开需求造成的。① 说明地方政府在健康领域的治理实践离"以人民为中心"和以权利为本位还有不小的距离。在食品监管方面,前些年在生活消费市场中,毒辣椒、毒大米、高残留农药蔬菜等现象频发,造成民众利益和健康受损,主要原因之一正是消费者缺乏充分的信息。当市场交易信息供给失灵时,政府有责任和义务发挥在食品安全监管中的信息获取与发布职能,满足公民知情权的基本要求。② 民众有权知晓与健康相关的信息,在健康(权利)领域的方方面面,知情权的保障是获得与享有健康权的重要前提。

虽然政府信息公开制度在实施中面临诸多挑战,但在政府内生改革动力和外在社会压力的共同作用下,将持续推动信息公开与政务公开的常态化,并更加注重公开的精细化及实效性。③ 民众获取与健康相关的政府信息的可及性和便利性正在逐步提升。国家于2007年公布《环境信息公开办法(试行)》、2014年公布《国家卫生计生委政府信息公开管理办法》《企业事业单位环境信息公开办法》、2017年公布《国家体育总局政府信息公开办法》等,在环境、卫生和体育等领域构筑了公众对健康相关信息知情权的政策网络。虽然这些信息公开办法的法律位阶还有上升空间,具体规则还有可以细化之处,但至少体现了政府在健康权保障领域的积极态度以及提供透明性保证的积极作

---

① 苟正金:《我国突发环境公共事件信息公开制度之检讨与完善——以兰州"4·11"自来水苯超标事件为中心》,《法商研究》2017年第1期。
② 潘丽霞、徐信贵:《论食品安全监管中的政府信息公开》,《中国行政管理》2013年第4期。
③ 姜明安:《中国政府信息公开制度的发展趋势》,《比较法研究》2017年第2期。

为。政府对餐饮行业的规范管理体现出这种积极作为,餐饮业与民众的健康甚至生命安全息息相关,由于其行业特殊性,端上消费者餐桌的食物已经改变了原有形态,不便于对其实际卫生状况的直接观察与获取,但民众有权知晓自己所食用的食品材料来源与加工过程的卫生信息,这是保障健康(权利)的基础。上海在这方面做了较好的尝试,自2014年起,上海市食药监管总局推动开展餐饮业"明厨亮灶"工作,有的区推行"互联网＋明厨亮灶"试点,将"视频厨房"与远程视频监管和食品溯源信息公示等监督环境相结合。自2016年起,上海市全面开展"放心餐厅"和"放心食堂"建设。[①] 2017年4月,上海市食药监管局发布通知,推进餐饮业食品安全公开透明的制度化建设。这项通知的依据是《食品安全法》第五十五条"倡导餐饮服务提供者公开加工过程、公示食品原料及其来源等信息"的规定,以及2017年1月通过的《上海市食品安全条例》,对餐饮服务提供者的信息公开方式给予具体指导,包括鼓励采用电子显示屏、透明玻璃墙等多种途径,对食品加工过程、原料及来源予以公开。政府通过倡导、督促、监管、试点等方式对推进餐饮业健康信息的公开透明进行探索,是保障民众知情权和健康权的积极行动。

三、民众有效参与不充分

民众参与度低和缺乏实质性参与是最为显著的参与性障碍。在中国,民众参与有明确的法律依据,例如,《宪法》第二条规定"一切权利属于人民",民众可以依法通过各种途径和形式

---

① 金豪:《上海"互联网＋监管"严控食品安全》,《上海法治报》,2017年6月13日。

管理国家事务和社会事务。同时,社会主义市场经济的发展提升了收入水平与教育程度,拓宽了民众的自主空间,有利于推进公民参与。①

现实中,民众的有效参与明显不充分,这体现在两个方面。一方面,民众缺乏有效参与的机会。在忽视人权的全球经济模式下,各国民众健康的平等获得是不可能的,如果要实现健康权,必须转换发展模式,②以人民健康为中心的发展是可持续发展的基础,而实现民众的健康权需要保障民众在健康政策制定与实施过程中的实质性参与权。2006年,国家体育总局制定《关于实施农民体育健身工程的意见》,其中的标准化篮球场建设对许多农村地区的体育发展发挥了积极作用。但不同地区的体育需求存在差异性,比如云南景谷县被誉为"陀螺之乡",人人以打陀螺为日常健身活动,标准化篮球场的使用率很低,为了满足健身偏好,部分村民甚至自筹资金将村里的篮球场改建为陀螺场,篮球架等标准化设施基本锈蚀殆尽。如果在推行这项政策之前充分考虑当地民众的真实诉求,或给予地方部门适当的选择权,至少可以避免财政损失。③ 这类事件暴露出公共服务与民众需求不匹配的问题,本质上就是对民众参与权的忽视,民众没有获得表达自己意愿和需求的机会,而这是民众应有的权利。实际上,如果可以让民众参与预算,建立一种共同治理的模

---

① 陈福平:《强市场中的"弱参与":一个公民社会的考察路径》,《社会学研究》2009年第3期。

② see Macdonald, T., *The Global Human Right to Health: Dream or Possibility?*, Radcliffe Publishing, 2007.

③ 刘峥、唐炎:《公共体育服务政策制定中民意参与的困境与消解》,《北京体育大学学报》2014年第11期。

式,能够使公共资金分配更加满足民众需要,进而提高资源配置效率,降低国家治理成本。① 这个过程正体现和实现了民众的参与权。

另一方面,民众缺乏有效参与的能力。经济增长是保障与改善人口健康的重要条件,但要采取有利于社会公平的公共政策,才能使人人共享经济增长的成果,要实现每个人真正享有健康权利,公平的经济发展至关重要,因为这在很大程度上决定了民众参与的能力。公共决策的民主化与科学化要求公民参与的形式与价值相统一。② 在民众能够获得充分参与机会的前提下,参政议政等方面的能力就成为影响有效参与的决定性因素。而民众个体能力的获得与提升内含着中国社会发展的特征,表现出区域与群体之间的不平衡,民众能力的普遍发展与平衡提升是推进社会不断进步的动力。民众参与决策的能力往往与其自身素养呈正相关关系,受教育程度是其中的重要原因,中国经济较发达的地区集聚了大部分受教育程度较高的民众,而偏远地区和欠发达地区的民众受教育程度则普遍偏低。③ 这导致不同经济地区的民众参与能力不同,可能享有的实质性参与权和健康权存在差异。近年来发生的贵州瓮安事件、甘肃陇南事件、云南孟连事件,一方面是由于参与渠道不通畅,另一方面则是农民通过正式渠道参与决策的能力有限,导致"无路可走"而引发

---

① 马骏:《盐津县"群众参与预算":国家治理现代化的基层探索》,《公共行政评论》2014 年第 5 期。
② 陈萍、梁仲明:《试论公共决策中公民参与方式的有效实施》,《兰州大学学报》(社会科学版)2007 年第 11 期。
③ 李倩、严强:《县级政府公共政策执行中公民参与的逻辑与路径》,《南京社会科学》2015 年第 1 期。

的暴力事件。① 可见,忽视民众参与权会严重影响社会安全稳定。

健康(权利)关系民众的切身利益。国家鼓励与之相关的重大决策通过居民会议、议事协商和民主听证等形式来保证广泛有效的参与。村务公开、居务公开和民主评议等加强民众监督评估的途径也是民众参与的重要部分。

"没有全民健康,就没有全面小康"是国家对民众的重要政治承诺。中共十八大以来,创新、协调、绿色、开放、共享的五大发展理念体现了人民健康处于优先发展的战略地位。政府致力于普及健康生活、优化健康服务、完善健康保障、建设健康环境和发展健康产业的"健康中国"建设,是提升健康权保障水平的有效途径。在健康权保障领域,民众广泛有效地参与政策过程,有助于提升决策的民主化与科学化。国家"十三五"规划纲要指出,要依法保障居民的知情权、参与权、决策权和监督权,并不断完善公众参与治理的制度化渠道,实际上,这也是保障民众健康权利的基本条件。因此,要使民众有效参与健康权的相关决策与实现过程,一是要提供有效的参与机会,二是要赋予有效的参与能力。然而现状是,民众形式上的参与远多于实质性的参与。要改变这种现状,真正提升民众的有效参与,仍有不少困难需要克服。

---

① 张锋:《为何农村区域易发"暴力型"群体性事件》(2013年4月18日),人民网,http://theory.people.com.cn/n/2013/0418/c49369-21184572.html,最后浏览日期:2020年11月1日。

第七章
健康权利与协同治理：积极公共政策的中国实践

如同本书前文多处所提及的协同治理在此更多地被看作促进健康权利实现的一个重要途径。不过，需要说明的是，把协同治理视为促进健康、实现健康权利的一个途径和方法，很容易引起误解。协同治理的制度、结构与过程包含丰富的政治学意义上的内涵，也有它自身特殊的价值。本书并非有意忽视协同治理的这些方面，只是由于它们更多是属于政治学和社会学的内容，并已被这些学科广泛研究，因此，本书侧重从方法和途径的角度来透视协同治理是如何促进健康权利的。

协同治理对于推动和促进健康权利的实现而言是至关重要的途径，它构成了积极公共政策的一个重要方面。在中国的促进健康的行动中，既强调健康的全社会共享共建，也强调协同治理中政府的主导作用。这与保障健康权利的国家义务并不矛盾。强调整个社会对健康权利的实现负有各自的义务，并不意味着政府推卸责任的消极态度，毋宁说是政府在认识上的一个积极转变。毕竟，政府可以大包大揽一些事务的时代已经过去，特别是，人们从健康权利概念包含的内容与外延上可以看到，政府并不需要对健康涉及的一切方面和人们对健康权利的所有希望负起全部的责任。因此,承认、允许和鼓励政府之外的各社会主体参与到健康治理的过程中来,恰恰能够说明公共政策正在朝向积极的方面转变。

本书的积极公共政策概念与让德雷兹和阿玛蒂亚·森使用的公共行为(public action)十分相似。在他们那里,公共行为并不是国家特有的或排他的活动与行为,而且还包括民众采取的多种形式的社会行为,尽管国家在贫困、卫生、健康等领域起主导作用。他们提出,在现代社会,公共行为领域包括诸多非国家行为体活动,这些行为体都应该也可以在社会中有所作为,因此,国家的积极作用绝非取代了其他行为体而行事。[①] 随着改革开放以来社会的成长和社会行为体参与能力的提高,各种非政府行为体在促进健康中的作用日益显现。然而,在中国的治理情景中,国家和政府主导着协同治理的过程,它们在促进健康与健康权利上的作用是无可替代的。本章通过对协同治理的结构与过程的描述,可以较清楚地说明这一点。

第一节 协同治理的机理及其中国表述

一、协同治理的含义

随着近几十年来新公共管理运动的发展,协同治理

[①] [印]让·德雷兹、[印]阿玛蒂亚·森:《饥饿与公共行为》,苏雷译,社会科学文献出版社2006年版,第19页。

(collaborative governance)的概念和观念越来越受到公共行政领域的广泛关注。民营化(privatization)、分权化(decentralization)、去官僚化(debureaucratization)等术语被用来描述和分析协同治理的内涵和特征,而合作治理(cooperative governance)、网络治理(network governance)、整体性治理(holistic governance)、多中心治理(polycentric governance)等概念经常被不同的研究者当作与协同治理共通的概念加以使用。

研究者给出的关于协同治理的很多定义,在严格的意义上并没有多少差异。一种普遍的看法是,协同治理是指政府和非政府行为体在既定政策领域内进行常态化互动,政府不再一手包揽对政策问题的界定及执行方式的选择。① 罗伯特·阿格拉诺夫(Robert Agranoff)和迈克尔·麦圭尔(Michael McGuire)用协作性公共管理(collaborative public management)的概念来描述同样的治理情景,认为公共组织与非公共组织的协作过程形成了一种新型的政府间互动关系,这种关系体现在多元组织通过协作来解决单个组织无法/不易解决的问题。②

从各种定义和各国的有关实践来看,协同治理强调的是多元化行为体之间的互动与合作,它可以是组织内(intra-organizational)的协同,也可以是不同组织的组织间(inter-organizational)协同。协同的具体内容,按照英国学者希克斯

---

① see Culpepper, P., *Institutional Rules, Social Capacity, and the Stuff of Politics*, Harvard University, 2003.
② [美]罗伯特·阿格拉诺夫、[美]迈克尔·麦圭尔:《协作性公共管理:地方政府新战略》,李玲玲、鄞益奋译,北京大学出版社 2007 年版,第 3 页。

(Perri 6)的说法,存在着四个维度上的跨界合作,具体包括在政策制定、项目管理、服务供给合作、面向个体过程中的协同。[1]总之,政府不再是治理过程中的唯一行为体,它自己不得不依赖于寻求与其他行为体(包括非政府的组织甚至公众个人)的帮助和合作,才能有效解决问题,以便为民众提供更加多元化、多样性和结构化的参与机会、公共产品及服务。因此,协同治理能够聚集公共部门、非营利性组织、营利性机构与民众个人的力量与资源。它既是一种组织模式或组织关系模式,它要求破除传统官僚制政府中的等级壁垒;它也是一种在既定的限制条件下寻找一个解决复杂问题的方法,希望通过制度化与常态化的跨领域机制建设,使不同组织间以及组织与外界能够更好地分享信息等资源,为共同目标而进行制度化合作。

二、协同治理的形成机理

协同治理是当前公共管理者的核心活动。在某种程度上,对它的形成机理的考察实际上就是对其形成的条件和需求的考察。

协同治理的首要形成机理是:解决复杂的跨界问题(cross-cutting issues)的需要。问题之所以具有跨界性质,既在于问题本身,也在于组织的功能及其边界。就前者而言,当今世界的几乎所有的公共事务,很少是具有单一性质、单一根源的问题,它们与其他问题高度相互依赖,且在问题的根源上常常互为因果。

---

[1] Perri 6, "Joined-Up Government in the Western World in Comparative Perspective", *Journal of Public Administration Research and Theory*, 2004, 14(1), pp. 103-138.

这是问题的复杂性。就后者而言,组织之间在资源和信息上的共享推动了政府管理表现出"共享的功能"特征,加上问题之间的相互依赖,使得组织和部门的界线更多地成为概念(或分析)上的而非事实上的区别。

问题跨越组织边界的一个直接结果,是这些复杂问题难以再像传统上那样由单一组织或部门给予解决,而需要通过建立、促进、推行和监督跨部门的组织安排才能达到目标。① 这也迫使政府承认其自身能力的局限性,让它认识到单靠其一己之力是无法有效地满足当代社会愈发多样化的需求。② 在前面的一些章节里,我们阐述的健康问题和健康权利问题,正是这种具有高度复杂性的跨界问题。健康是一个需求问题,也是一个权利问题。它是一个公共卫生领域的问题,但又不只限于卫生领域,还涉及环境、保障、教育、就业等诸多的其他领域。对于民众的健康而言,它首先是一个特定地域范围(如国家、地区和社区)里的问题,但疾病和人口在不同空间里的流动已经使地域失去了原先管理上的意义和含义。所有这些方面的变化或事实,意味着要寻找出有关健康问题上的界线和边界是极其困难的。因此,无论是全球治理,还是中国的实践,都使政府认识到只有通过某些类型的有效协作才能对健康问题做出恰当的应对。

与问题边界发生的变化相关联,协同治理的第二个形成机理是:政府能力的局限性促使政府认识到必须在实现和提高与

---

① 邓穗欣、丹尼尔·马兹曼尼安、湛学勇:《理性选择视角下的协同治理》,敬义嘉主编:《网络时代的公共管理》,上海人民出版社 2011 年版,第 7 页。
② see Donahue, J. and Zeckhauser, R., *Collaborative Governance: Private Roles for Public Goals in Turbulent Times*, Princeton University Press, 2011.

其他部门的相互依赖中来解决自身的问题。过去几十年的实践已经使治理者认识到,这些跨边界的问题往往是复杂的问题。借用一些学者的说法,它们是公共政策中难以解决的棘手问题(knotty problems)。[①] 或者说,它们是那些"没有解决办法的恶劣议题"[②]。针对这类问题,僵化的官僚制组织已经没办法来应对,因为传统官僚制组织下所面临的那些问题,既很容易界定,目标也很明确。协同治理或协作性公共管理处在从传统官僚体制的概念到后官僚体制的范式转变的前沿。在后官僚体制下,政策制定和公共管理要求的能力、技巧与传统行政管理相关的能力、技巧是不同的。由于国家和各个层面上的政府机构与市场和社会领域中的各种组织之间的相互依赖关系——这是一种共生关系——普遍存在且日趋紧密,公共管理者不得不将大部分时间用来处理其组织和其他组织之间的相互依赖关系。[③] 对共生关系的管理,是对边界的管理,即通过"共同决策和集体执行"[④]来应对棘手的政策议题。正是在这个意义上,有学者提出:"强调国家-社会协同治理的原因主要是因为重建新的治理秩序的需要。"[⑤]

相互依赖关系当然会增加管理和治理的复杂性,给管理者带来各种新的挑战,但也为公共管理带来潜在的协作伙伴。毕

---

① Sharkansky, I., *Politics and Policymaking: In Search of Simplicity*, Lynne Rienner Publishers, 2002, p. 177.
② Harmon, M. & Mayer, R., *Organization Theory for Public Administration*, Scott Foresman, 1986, p. 9.
③ see Kettle, D., *Sharing Power: Public Governance and Private Markets*, Brookings Institution Press, 1993.
④ see Alter, C. & Hage, J., *Organizations Working Together*, Sage, 1993.
⑤ 俞可平:《重构社会秩序走向官民共治》,《国家行政学院学报》2012年第4期。

竟,参与者的相互依赖促进了协作治理的需要不断强化,而每个参与者都拥有自己的资源、技术和优势,他们都希望能在资源依赖(资源交换的相互依赖)过程中获益并实现目标。在具有极端复杂与多样化特点的当代世界——在那里,权力分散而不是集中,任务趋同而不是分化,社会普遍要求更多的自由和个性化而不是单一化——政府按照传统的方法和制度来进行治理的能力越来越难以为继,它必须将自己的能力与不同的非政府参与者相融合,才会变得更有效。正如克莱伦斯·斯通(Clarence Stone)所指出的,通过适当的资源可以将合作伙伴连接起来,这些资源可以是来自非政府的,也可以源于政府,经由这个过程,政府能力得以产生、维持与提升。①

三、协同治理的中国表述

作为一个跨域问题,在促进健康、保障健康权领域,根据全球卫生和健康治理以及中国的实践,我们看到至少存在三个层面上的协同治理过程与现象。一是国家—国际的互动。利用国际和国内两种资源进行合作,是全球和国家在人权治理上的现实需要。中国同 WHO 就健康促进开展了多方面的合作,就是这样的互动现象。二是跨领域协同。这是在政府、市场与社会之间展开的合作。政府通过服务外包与企业进行合作、政府与社区合作进行健康权宣传、NGO 与政府合作进行医疗救助等,就是跨领域协同的例子。三是政府体系内的跨部门协同。这是

---

① Stone, C., "Urban Regimes and the Capacity to Govern", *Journal of Urban Affairs*, 1993, 15(1), pp. 1-28.

狭义意义上的跨部门合作。① "健康中国"战略目标下,国家卫生健康委员会(原卫计委)、财政部、教育部、环保部、食品药品监督管理总局、人力资源和社会保障部、体育总局等部门之间已经产生了跨部门合作的需求,并开始了相应的行动。上述三个层面的协同关系的形成及其过程,借用劳伦斯·奥图尔(Laurence O'Toole)的说法,就是通过跨越组织结构来应对棘手问题。②但是,协同治理或协作性公共管理作为一个独特的制度形式,它不同于市场自发协作或等级制度下有意识的管理的诸多过程,③而且,在中国的制度和语境下,协同治理还有它特殊的表述。

在中国的治理实践中,协同治理无论是作为一个概念或观念,还是作为一套制度和方法,都已经不是一个新鲜的事物。从高层到地方直至基层,各个层次的治理者都已经意识到协同治理的重要性。不过,官方所说的协同治理,主要是就社会管理领域的治理而言的,规范的官方表述是社会协同这个术语。学术界在很多领域里对中国协同治理的描述和分析,大多是从社会治理领域的社会协同概念下所做的延伸。而且,在中国,社会治

---

① 在国际学术界,跨部门合作是一个广义的概念,不仅指政府内的各部门之间的互动行为与协作关系,而且指政府体系与社会和市场领域的行为体之间的合作关系。与跨部门合作概念共通的概念府际关系管理(inter governmental management, IGM)也是这样一个广义的概念。在这些概念下,跨部门合作可以创造和增进公共价值几乎成为共识。参见[美]尤金·巴达赫:《跨部门合作——管理"巧匠"的理论与实践》,周志忍等译,北京大学出版社2011年版,第13页。

② O'Toole, L., "Treating Network Seriously: Practical and Research-based Agendas in Public Administration", *Public Administration Review*, 1997, 57(1), pp. 45-52.

③ Powell, W., "Neither Market Nor Hierarchy: Network Forms of Organization", in Staw, B. & Cummings, L., eds., *Research in Organizational Behavior*, JAI Press, 1990.

第七章　健康权利与协同治理：积极公共政策的中国实践

理概念的提法及其含义也经历了一个变化过程。

"社会治理"是最近几年才被官方频繁使用的，以显示与早先所使用的"社会管理"的区别。2002年，在中共十六大报告中，政府职能转变步伐加快得到肯定，社会管理被纳入政府的主要职能。这是高层对中国发展战略和治理实践进行反思的结果。长期以来，中国的现代化发展战略是以经济建设为中心的，社会建设并没有成为最重要的议题而受到应有的重视，从而出现了所谓的经济建设和社会建设"一条腿长一条腿短"的问题。十六届四中全会提出"推进社会管理体制创新"，是一个积极的转变。但是，与"管理"只有一字之差的"治理"此时尚未进入正式的官方文件，尽管此前的十多年里，国内外学术界已经把"治理"当作一个时髦概念而进行广泛的探讨。2007年党的十七大虽然延续了"社会管理"的提法，但在体制架构上已经明确提出要"建立健全党委领导、政府负责、社会协同、公众参与的社会管理格局"。"社会协同"的正式官方表述，应该是在这个时候提出和确立的。

中共十八大再次强调构建中国特色社会主义社会管理体系的重要性，在中共十七大提出的四个要素的基础上，把"法治保障"纳入社会管理体制之中。中共十八届三中全会提出要"创新社会治理体制、改进社会治理方式"，这是"社会管理"升级到"社会治理"的开始。从此，无论是国家和政府治理，还是社会协同治理，都包含了更多新的内涵，包括系统治理、依法治理、源头治理、综合施策等这些新的观念、认识和做法。

从社会管理到社会治理的转变，是中国社会治理的发展主线。中共十八届五中全会的决议中出现了"社会治理精细化"的提法，这是要将社会治理真正有效运行起来的一个实践要求，而不是意味着社会治理从社会管理演变到社会治理之后的又一个新的阶段。但由此形成的社会治理格局，在内涵和价值上更加丰富了。中共十八届五中全会提出的要"构建全民共建共享的社会治理格局"，突出了"全民共建共享"的价值。2017年中共十九大进一步提出"以人民为中心"的理念，并在这一理念下提出要"打造共建共治共享的社会治理格局"。

第二节 促进健康权利的协同治理：结构与过程

在"共建共治共享的社会治理格局"的理念和发展趋势下考察中国在促进健康和健康权利领域的协同治理，能够形成很多新的认识。首先可以肯定的一点是，有众多主体参与协作的治理模式正在形成过程中。一方面，国家和政府不再包揽健康领域的一切事务，允许并鼓励其他社会行为体积极参与治理；另一方面，国家和政府期望通过经由与其他行为体之间的协同与合作，来提高公共服务的能力与水平。在这里，行政体系的"社会分权"，以及参与协同的各主体的"自组织"行为，[1]共同推动了协同治理的形成。不过，需要指出的是，在党委领导、政府负责（主导）的治理结构中，参与协同治理的各社会行为体不可能成为主导性力量，但既然是全社会共建共治共享，就需要让参与协

---

[1] 杨华锋：《协同治理的行动者结构及其动力机制》，《学海》2014年第5期。

第七章　健康权利与协同治理：积极公共政策的中国实践

同治理的社会行为体有获得发展和提高能力的机会，因为在参与治理的过程中，这些行为体也有其自身利益的追求。然而，在目前的条件下，社会行为体仍受到各种限制，尤其是其权利方面。有研究者在考察地方政府的创新时，已经注意到这种限制对于协同治理带来的影响。①

协同治理不仅涉及多元行动主体，还体现出空间和时间等多种维度及不同深度或层次的复杂性，涉及结构性和程序性多种机制。② 保障健康、促进和实现健康权，不是孤立的国家制度，而是多项制度安排与要素构成的系统工程，包括政治、经济、文化、法律和观念等方面的保障，要求各要素之间相互协同配合，形成综合保障力量。③ 这就要求系统性的战略设计、行为主体间的良好合作以及政策措施的有效执行和监测评估，本书将从国际协同、跨部门协同和社会协同三个方面展开分析。

一、国际协同

中国与国际社会的协同，可以从多方面得到观察。我们首先把中国参与国际公约并在国内的政策实践中内化国际制度和规范视为国际协同的一个重要方面。本书第四章已经对中国的履约情况做了一些解释和分析。从履约的过程来检视国际协同，这种国际互动与协作形式具有多方面的功能。对中国来说，

---

① 与协同治理相关的结社权和意见表达权等权利仍受种种限制。参见何增科：《国家和社会的协同治理——以地方政府创新为视角》，《经济社会体制比较》2013 年第 5 期。

② 周志忍、蒋敏娟：《整体政府下的政策协同：理论与发达国家的当代实践》，《国家行政学院学报》2010 年第 6 期。

③ 胡锦光、韩大元：《当代人权保障制度》，中国政法大学出版社 1993 年版，第 26 页。

协同起着监督、指导、帮助、建议等方面的作用,这是国际制度对国家行为的塑造。对国际社会和国际制度来说,通过这种塑造,使中国能够成为全球治理中的一个重要角色,并对全球的卫生和健康治理以及健康权利的实现贡献中国智慧。

中国以履约形式表现出来的国际协同,其态度与进展得到了国际社会的肯定。中国较早签署并批准了《世界卫生组织组织法》,而且在中国已经加入的 27 项国际人权公约(包括《经济、社会及文化权利国际公约》《儿童权利公约》等)中,已经多次接受有关国际机构的检查、督促和审议。此外,在直接或间接跟健康(权)相关的国际行动方面,中国加入了《国际卫生条例》《麻醉药品单一公约》《精神药物公约》等国际公约,积极响应《儿童生存、保护和发展世界宣言》,参与制定《阿拉木图宣言》,签署《维也纳宣言和行动纲领》《开罗行动纲领》《联合国千年宣言》《联合国可持续发展目标》等一系列相关国际会议文件。在国际社会的推动下,中国积极履行自己的义务。比如,中国在积极推动《国际卫生条例(2005)》的落实中,采取过如下举措:2013 年,确保及时报告人感染 H7N9 禽流感病例;2014 年,确保国家埃博拉防范预案就绪;通过协调国家 22 个相关部委、在全国 259 个口岸中(共 285 个)推广采用《国际卫生条例》的标准要求。[①] 2011 年和 2014 年,国家食品药品监督管理总局两次通过了

---

① 中华人民共和国国家卫生和计划生育委员会、世界卫生组织西太平洋区域:《中国-世卫组织国家合作战略(2016—2020)》,2016 年,第 11 页。文件来源:https://iris.wpro.who.int/bitstream/handle/10665.1/13117/WPRO_2016_DPM_003_chi.pdf,最后浏览日期:2021 年 5 月 18 日。

第七章　健康权利与协同治理：积极公共政策的中国实践

WHO 对国家疫苗监管体系的评估。① 积极履约产生了多方面的成果。例如，在增进儿童健康上，WHO 提出的目标是希望成员国将 5 岁以下人群乙肝表面抗原流行率降到 1‰以下，这一目标应于 2017 年前完成，而中国在 2014 年就已提前超额完成。在重大疾病控制上，中国也提前实现了联合国千年发展目标确定的结核病控制指标。

除履约外，国际协同的第二个重要形式是中国与国际社会的合作。中国与国际社会的合作是衡量对外开放以来中国的国际化水平的一个重要维度，经由这种合作，中国获得了国家发展的机会、资源和能力。早在 20 世纪 90 年代，中国便开始积极展开与国际社会的互动合作。例如，世界银行、全球环境基金（GEF）与中国原经贸委曾共同合作，开展"中国节能促进项目"和"中国可再生能源商业化促进项目"。根据《蒙特利尔议定书》，世界银行为中国提供赠款金额 1.68 亿美元，用于在中国分四批次推动 102 个淘汰消耗臭氧层物质的项目，淘汰量达到约 7.07 万吨。但由于当时中国政府能源管理部门多头分散，职能交叉，影响了项目的进展和效益。②

最近一些年来，中国与国际社会在促进健康议题上的合作取得很大进展。2016 年，联合国驻华系统与中国政府共同发布《2016—2020 年联合国对华发展援助框架》。根据框架的规定，这一合作优先关注的三大重点领域是：减贫与促进公平发展、

---

① 李瑶：《疫苗国家监管体系高分通过 WHO 再评估》，《医药经济报》，2014 年 7 月 7 日。
② 杨丹辉：《能源与环境领域的国际合作及对策》，《国际经济合作》2001 年第 8 期。

生态环境改善与可持续发展、加强中国参与全球事务。其预期成果也非常明确,强调让更多人能够享受更好生活条件和更多发展机会,让更多人享受更洁净、更健康和更安全的环境,在此过程中,脆弱人群和弱势人群是重点关注对象,此外,实现中国与世界的互利互惠。该项发布意味着中国与联合国系统的战略合作伙伴关系将继续得到加强。2016—2020年与中国"十三五"规划的时间正好一致,也是落实SDGs的第一个五年。从联合国方面来说,它希望通过该框架能对联合国驻华国别小组进行指导,目标是配合中国"十三五"规划推动中国重点领域的发展。而对中国来说,中国不仅希望获得国际社会的帮助和指导,也希望通过合作为全球发展事业作出中国应有的贡献。①

如果说上述的国际协同案例更多地体现了消除健康权利障碍的意义,中国与WHO的合作案例则直接关乎健康权促进的内容。中国与WHO的合作领域十分广泛。目前中国共有65个WHO合作中心,它们也在为国际卫生和安全作出贡献。2014年,国家食品药品监督管理总局与WHO签署了合作意向书,次年又与WHO驻华代表处签署了关于药品监管与食品安全的合作框架文件。2016年,中国与WHO实现了更进一步的合作,双方签署发布了"2016—2020合作战略",确定了卫生政策、技术、人力资源等领域的合作。在这个合作框架中,双方确定了六个战略优先领域,包括:实现全民健康覆盖;降低公共卫生风险;提高对食卫产品与技术的监管能力;实现所有政策的健

---

① 联合国驻华协调员和中国商务部领导人对该框架的意义,做出了各自的表述。参见暨佩娟、叶娟:《〈2016—2020年联合国对华发展援助框架〉在京发布》(2016年1月12日),人民网,http://world.people.com.cn/n1/2016/0112/c1002-28042989.html,最后浏览日期:2021年2月1日。

第七章　健康权利与协同治理：积极公共政策的中国实践

康承诺；应对环境变化对健康的影响；扩大中国对全球卫生工作的贡献。

在考察国际协同时，我们也不能忽视中国与国际社会的一些非政府行为体的合作产生的积极影响。毕竟，在当今变动中的全球相互依赖体系的影响下，各种非国家行为体都拥有程度不等的能量，它们都参与了国际社会的价值分配过程，或在努力寻求这种价值分配。① 一些学术研究文献已经注意到，国际上各种不同的非政府组织在很多方面对中国产生影响。朱健刚认为，国际NGO在中国缺乏足够的法律和制度保障，但逐步发现了它和中国推动可持续发展的国家战略存在许多契合点，即具备自身活动一定的正当性，因而通过文化嵌入的方式影响和改变当地的治理文化和价值观念。② 因此，中国也应该积极利用这些行为体的能量和能力，通过合作来共同应对一些重要的政策议题。有一些这方面的案例可以说明中国的国际协同进展。早在十多年前，中国政府政策咨询对象的范围已经逐渐多元化，③合作者涵盖营利组织和非营利组织、学术机构与金融机构等多种类型。例如，原卫生部和兰德公司曾合作开展创新性和实践性的研究，主题为"中国农村健康保险实验"。原卫生部统计信息中心、亚洲开发银行、哈佛大学公共卫生学院联合开展中

---

① 参见[日]星野昭吉：《变动中的世界政治》，刘小林等译，新华出版社1999年版，第376、377、381页。
② 朱健刚：《国际NGO与中国地方治理创新——以珠三角为例》，《开放时代》2007年第5期。
③ Tsang, S., "Consultative Leninism: China's New Political Framework", *Journal of Contemporary China*, 2009, 18(62), pp. 865-880.

国农村卫生安全问题研究。① 2015年,国家自然科学基金委员会与英国研究理事会(RCUK)联合发起"大气污染与健康效应"重大国际合作计划项目,对北京等超大城市大气污染物的来源与排放、污染过程、暴露科学和对人类健康影响、解决干预等四个方向开展合作支持。② 2017年,盖茨基金会与国家原卫计委合作,共同在四川省凉山彝族自治州启动了艾滋病防治和健康扶贫项目,2020年项目评估结果显示,项目三年来通过提升包括艾滋病在内的疾病防控能力、儿童保健和基本卫生服务能力,有力增进了当地整体健康水平。③

综上,国际协同的过程既是中国经由国际协同来促进中国健康问题的解决过程,也是中国参与全球治理的过程。中国是医疗卫生、健康、发展和人权等领域国际合作的倡导者、推动者和践行者。

二、跨部门协同

政府体系内各部门之间的协同,是实现整体性治理的需要。这种形式的协同,在学术界关于政府间关系或府际管理的研究文献中占有重要的地位。从协同的角度来定义,府际管理是解决政府间问题的过程,其环境具有高度不确定性和复杂性,途径

---

① 王绍光:《学习机制与适应能力:中国农村合作医疗体制变迁的启示》,《中国社会科学》2008年第6期。
② 范英杰、鲁荣凯:《重大国际合作研究计划项目的发起、组织与实施:以中英"大气污染与人类健康"重大国际合作计划为例》,《中国科学基金》2016年第3期。
③ 苏华:《国家卫生健康委-盖茨基金会凉山州艾滋病防治和健康扶贫项目总结会召开》,《凉山日报》,2020年11月16日。

第七章 健康权利与协同治理：积极公共政策的中国实践

是通过创造和利用政府网络和非政府网络来实现。① 经济合作与发展组织（OECD）将跨部门协同机制分为结构性（structural）和程序性（procedural）两大类。②

长期以来，中国政府行政体制改革面临的一个难题是，所有的改革在促进政府间的协作和合作问题上似乎效果不大。一些研究者从资源制约、组织的合理性与正当性证明、组织间的信任三个角度来解释政府部门之间没能产生协作或者协作不够充分的原因。③ 行政体制等问题是其中的重要原因之一，虽经过多轮改革，中国现行的行政体制仍然存在一些问题，比如有些部门仍然机构臃肿、人浮于事；部门之间的人、财、事权划分不够合理，存在权力与利益的博弈；部门之间的职能相互分离并在实践中难以融合，存在管理盲区等。很多时候，部门间难以形成相互依赖与协作可能是因为缺乏一个外部的权威力量来推动它们的协作。顺着这样的思路，某种类型的协调机构可能会被建立起来。国务院扶贫办、全国爱国卫生运动委员会、国家信息化领导小组和全国绿化委员会等的设立，是在跨领域政策上进行协同合作的尝试与举措。为了有效推行河长制这种跨部门的机制，广东省成立了省级流域管理委员会，广州市则相应成立了包括建委、环保局、规划局、市政园林局等多个部门在内的水系建设指挥部，目的就是对水域进行更有效的

---

① Wright, D. & Krane, D., "Intergovernmental Management (IGM)", in Shafritz, J., ed., *International Encyclopedia of Public Policy and Administration*, Westview, 1998, p.1162.

② OECD, PUMA/MPM, *Government Coherence: The Role of the Centre of Government*, 2000.

③ 余亚梅、唐贤兴：《政府部门间合作与中国公共管理的变革》，《江西社会科学》2012年第9期。

协同治理。① 然而,在实践中依然存在诸多的复杂性和不确定性,主管部门照样可以找到工作不力的借口,比如,"部门行政级别低于被协调机构"在以往经常成为这样的一种托词。② 与此同时,"大部制"改革(2013年)或许是解决原先部门间协作不力的另一种思路和尝试。这种尝试是希望通过多个政府部门的整合来提供整体化公共服务的方式,比如原卫生部和原计划生育委员会合并为后来的国家卫计委。2018年出台的《国务院机构改革方案》涉及公共卫生健康部门的调整内容有:"组建国家卫生健康委员会。……不再保留国家卫生和计划生育委员会。不再设立国务院深化医药卫生体制改革领导小组办公室。"如此,有利于不断完善健康政策制定与健康服务开展,全方位推动与优化改革健康治理,更好地保障和增进全民健康。

随着"将健康融入所有政策"被确定为中国健康促进政策设计的重要方向,上述那些试图促进部门间协作的思路和途径可能无法满足需要了。在这样的情况下,"联合的政策制定"③和"共同行政管理过程"④来促进部门间的协同,可能是

---

① 任敏:《"河长制":一个中国政府流域治理跨部门协同的样本研究》,《北京行政学院学报》2015年第3期。
② 周志忍、蒋敏娟:《整体政府下的政策协同:理论与发达国家的当代实践》,《国家行政学院学报》2010年第6期。
③ Hanf, K., "Introduction", in Hanf, K. & Scharpf, F. W., eds., *Intergovernmental Policy Making: Limits to Coordination and Central Control*, London: Sage, 1978, p.3.
④ see Pressman, J., & Wildavsky, A., *Implementation: How Great Expectations in Washington are Dashed in Oakland; or, Why It's Amazing that Federal Programs Work at All, This Being a Saga of the Economic Development Administration as Told by Two Sympathetic Observers Who Seek to Build Morals on a Foundation of Ruined Hopes*, University of California Press, 1973.

一种更为迫切和现实的途径。WHO的《渥太华健康促进宪章》要求各国"制定跨部门跨层级的健康促进政策",中国积极响应"将健康融入所有政策"的政策理念,在规划和实施"健康中国"战略框架时,明确提出要鼓励、支持与促进各部门间的合作。经过近几年的努力,中国通过党和政府颁布纲领性文件、再由部门出台细化文件的方式,初步形成了促进健康权的跨部门治理结构。

较为典型的有以下几个部门间的协同。一是卫生健康部门和环境保护部门的协同。根据《中共中央国务院关于加快推进生态文明建设的意见》和《"健康中国2030"规划纲要》等纲领性文件,原环保部与原卫计委建立了跨部门合作机制,共同进行环境与健康影响调查,以提供咨询和科学论证等多种方式互动,并于2017年共同制定了《国家环境保护"十三五"环境与健康工作规划》,明确提出保障公众健康是其工作的一个核心目标。二是卫生健康部门和教育部门的协同。根据《"健康中国2030"规划纲要》等纲领性文件,国务院印发了《"十三五"卫生与健康规划》的通知(国发〔2016〕77号),试图促进众多相关部门就卫生和健康问题实现协同与合作。原卫计委发布的两个部门文件,即《关于加强健康促进与教育的指导意见》(国卫宣传发〔2016〕62号)、《"十三五"全国健康促进与教育工作规划》(国卫宣传发〔2017〕2号),则进一步细化了卫生与教育工作的联动。另外,卫生健康部门积极协助各部门建立实施健康影响评估制度,并与学校、社区、企业和医院等协同开展健康促进活动。

事实上,促进健康的跨部门协同并不限于上述部门间的关系。2020年起,国务院应对新型冠状病毒肺炎疫情的联防联控机制持续向公众发布相关防疫措施、物资保障、心理疏导、消毒操作技术、特定人群防护等多方面的方案、指南、通知等文件,指导与协调跨部门和跨领域的多元行为体开展相关工作。过去几年来,实施农村义务教育学生营养改善计划等项目,也是由众多职能部门联合开展的。同样,在落实《国民营养计划(2017—2030年)》的过程中,原卫计委、农业部、体育总局等多部门联合召开工作会议,并举办各种培训班,深入宣讲计划内容,部署具体的实施工作。[①]

国家不同领域政府部门权力与资源的不平衡、决策主体对政策形势认知与研判的分歧,都会加剧政策的外部性效应,从而阻碍协同的推进。好在这些方面的阻碍因素正在实践中逐步得到解决。完善公共政策的战略框架、培育协同合作的行政文化、开展部门间的系统性对话等[②],这些有利于推进部门协同的条件正在形成过程中。

三、社会协同

促进健康的积极公共政策,是一种能把全社会都动员起来参与到健康治理的过程中的公共政策。政府有它自身的局

[①] 《贯彻落实国民营养计划(2017—2030年)工作会议暨培训班召开》(2017年12月28日),中国政府网,http://www.nhc.gov.cn/sps/s7886/201712/b38489a297b34341bac230376a37c053.shtml,最后浏览日期:2021年2月1日。

[②] Matei, A. & Dogaru, C., "Coordination of Public Policies in Romania: An Empirical Analysis", *Procedia-Social and Behavioral Sciences*, 2013, 81(2), pp. 65-71.

限性,但允许、鼓励和促进其他多元行为体的积极参与,可以弥补其局限性。经过长时期的改革开放,社会中的多元化主体已经逐渐开始参与社会治理,虽然其中很多是被动式的参与①,但政府至少可以通过不同的组织形态来提供公共物品②。可以说,与非政府行为体多种形式的合作,表明国家已越来越意识到调动各种社会和市场主体发挥其在治理中的积极作用的重要性。

下文从市场、社区、非政府组织(NGO)、民众个人等几个方面,来认识政府与社会的协同治理在促进健康的过程所体现的价值和特点。

首先,就市场协同而言,从总体上来说,把基本公共服务的提供推给市场是不可取的,已经被证明是一种失败的战略。但是,这并不意味着市场因素和市场主体在促进健康的过程中毫无作为之处。企业作为市场主体,虽然是以追求自身利益最大化为目的,但在公共利益的维护上,企业依然负有相应的责任。比如,企业必须依据《中华人民共和国劳动法》的规定,为员工缴纳社会保险、同工支付同酬、及时足额发放酬金。这就是说,企业雇员的健康依赖于企业提供必要的资金支持。与此同时,企业还必须为员工提供符合健康要求的工作环境,例如,化工企业必须为员工提供充足的防护措施,以使员工免受有毒有害工作环境的损害。并不是每个企业都愿意承担起这些责任,但国家必须通过有效的管制政策对企业进行必要

---

① 薛澜、陈玲:《中国公共政策过程的研究:西方学者的视角及其启示》,《中国行政管理》2005 年第 7 期。
② 邓国胜:《公共服务提供的组织形态及其选择》,《中国行政管理》2009 年第 9 期。

的强制。

在另外一些情况下,企业自身也愿意积极参与到健康促进的行动中来。很多企业具有其自身的专业和技术优势来推出健康促进项目。比如,辉瑞药业推出了戒烟医师培训项目和阳光社区慢病管理学院,[1]飞利浦公司为原卫生部发起的农村妇女宫颈癌检查项目提供资金、培训教材和技术支持,[2]这些企业在促进健康、创造社会价值的同时,也因此扩大了自身的知名度,增强消费者的好感,收集健康大数据,为进一步盈利创造了条件,将企业的可持续发展与社会责任相结合。当市场主体愿意在健康促进行动中扮演积极角色时,市场因素或对市场因素的运用就可以成为政府有效的政策工具。对这种政策工具的运用,已有了一些成功的做法,对于积累市场协同的经验是很有意义的。例如,针对异地就医结算回款周期长的问题,原卫计委引入企业的力量,由中国人寿出资 1 亿元用于新农合跨省就医结算周转金,缓解了医疗机构和参合省份的资金周转压力,也建立起跨省快速回款机制,[3]以减轻资金压力。

另一个值得肯定的市场化政策工具的运用,是推动民营非营利性医疗机构的发展。根据中国官方的通常说法,这叫激活社会力量,促进社会力量办医。的确,在医疗领域的市场准入方面,这些年中国的管制有所放松,其中,优先支持社会

---

[1] 郭锦:《辉瑞赞助阳光社区慢病管理学院》,《健康时报》,2011 年 5 月 2 日。
[2] 林蔚然:《关注农村医疗 全程关护健康》,《经济观察报》,2010 年 11 月 1 日。
[3] 赵广道:《中国人寿助力跨省就医结算》,《中国保险报》,2017 年 9 月 12 日。

力量举办非营利性医疗机构,推进其获得与公立医院同等的待遇,是一个具有重要意义的健康促进政策。有数据显示:近年来中国民营医院数量与增速持续增加,至 2019 年年底,全国医院总数 34 354 个,其中,民营医院 22 424 个,已逾全国医院总数的 65%。[①]

其次,健康促进中的社区协同是中国社会协同治理中一种很有特色的形式。社区是社会治理的基本单元,在基层治理中发挥越来越重要的作用;同时,社区是民众生活的基本区域,是联通健康保障事业的重要场景。正因为如此,中国的健康促进政策非常重视社区在协同治理中的功能。在 2017 年 6 月发布的《关于加强和完善城乡社区治理的意见》中,对社区参与健康治理寄予了很高的期望,提出要提升能力,"满足居民基本医疗卫生服务需求"。

的确,在中国当前的社会治理体系下,社区正在通过丰富多样的途径和形式,来形成健康治理上的合力。社区是网格化服务或治理的一个空间载体,在这里,社区居民经常参与到基层群众性自治组织的行动中来。在众多社区里,经常存在这样一种生动的治理场景:社区居民志愿者督促垃圾分类积分换取环保袋,倡导少油少盐、坚持健身的生活方式,鼓励社区居民共同营造人人爱健康的人文环境,等等。值得关注的是,很多社区组织和机构(尤其是居委会)发挥着强大的社会动员能量,不断联合社区内的政府机构、企业和事业单位、

[①] 数据来源:《2019 年我国卫生健康事业发展统计公报》(2020 年 6 月 6 日),中华人民共和国国家卫生健康委员会网站,http://www.nhc.gov.cn/guihuaxxs/s10748/202006/ebfe31f24cc145b198dd730603ec4442.shtml,最后浏览日期:2020 年 7 月 16 日。百分比由笔者根据统计公报中的数据计算而得。

NGO/民间组织等力量,在新型冠状病毒肺炎疫情防控中发挥着重要作用。而在非防疫时期的日常工作中,这些社区组织和机构也积极进行疾病防治宣传和健康理念宣讲,甚至联合政府和医药企业对社区卫生及医务人员进行培训(比如,为了探索与实践更有效的慢性病管理新模式,医药健康企业赛诺菲和中国社区卫生协会等多家机构于2016年6月联合启动"健康社区"项目①)。在这里,社区再生产对于治理而言是极为重要的社会资本。社区不仅是吸引资源的磁铁,从而扩展了协作的地点,社区还在不断开发它们的社会存量(social stock)。正如罗莎贝斯·坎特(Rosabeth Kanter)所指出的,社区需要社会凝聚力量,其中一种方式就是聚拢居民,目的是共同确定本社区的公共利益和联合计划、共同商定有利于社区中组织和居民的发展战略等。②

再次,非政府组织在全球健康领域发挥着越来越重要的作用,③它在中国的社会协同治理中所发挥的作用,也正越来越被中国认识和承认。NGO被称为政府与市场之外的"第三部门",联合国经济及社会理事会指出NGO的行动是由其成员的集体意志决定的。④ 不以营利为目的NGO具有奉献精神,是为公众

---

① 叶正兴:《赛诺菲"健康社区"项目在京启动》,《健康时报》,2016年6月15日。
② Kanter, R., *World Class: Thriving Locally in the Global Economy*, Simon & Schuster, 1995, p. 32.
③ The Lancet, "Who Runs Global Health?", *Lancet*, 2009, 373(9681), p. 2083.
④ 参见联合国文件 *General Review of Arrangements for Consultations with Non-governmental Organization*, 文件编号: E/AC.70/1994/5。

第七章 健康权利与协同治理：积极公共政策的中国实践

利益着想的。① 相较于政府公共部门而言，NGO一般更具灵活性、敏感性和专业性；相较于市场主体而言，NGO普遍没有经济利益导向等制约，能够为有需要的群体提供有针对性的公益服务。

在中国，从对促进健康的专注度来分，主要有两类NGO：一类是专注于保障健康和健康权利的组织，如红十字会、大爱清尘、免费午餐等；另一类是兼顾保障健康和健康权利的组织，如妇女儿童基金会、科学松鼠会、壹基金等。在促进健康的协同治理中，众多NGO在提供与保障健康和健康权利相关服务方面承担了很多社会责任，比如对危害公共健康的传染病的预防、提升健康素养的方法和途径、保障健康权益相关信息与知识的宣传等。本书后面的几个案例能够说明有关的NGO在社会协同治理中的活力和能力。但是，在中国，作为协同治理的一个行为体，NGO在健康促进中的作用受到多方面因素的制约。这既有其自身不成熟的因素，也有国家和政府对它的限制因素。

最后，健康权利的受益主体是民众个人，因此，有必要考察民众在健康促进的协同治理中所扮演的角色。个人是保障健康权的权利主体和义务主体的统一。个人毫无疑问首先是享有健康保障的权利主体。同时，个人要承担保持自身健康的义务，既要对自身的健康状况负责，包括预防疾病和保持身心健康，否则，会对社会尤其是对家庭造成一些负担；也要对

---

① ［美］彼得·德鲁克：《非营利组织的管理》，吴振阳等译，机械工业出版社2009年版，第2—6页。

他人的健康负责,比如个人承担不影响或损害他人健康的义务,包括不污染环境、配合防控传染病等。健康中国行动倡导全民健身、养成健康的生活方式,强调每个人都是自己健康的第一责任人。①

显然,靠个人自身并不意味着健康权利的实现不需要依赖国家的保护和社会的促进,毋宁说个人健康权利的实现,依赖于个人积极参与社会协同治理。如果从这个角度来解释,中国正在积极推进的全民健身运动,就是要将民众个人纳入健康协同治理的行动。目前,中国已经将全民健身事业提升到国家战略的高度来加以重视,国家要求各级政府的国民经济和社会发展规划、财政预算及年度工作报告将全民健身工作纳入其中。2009年,中国颁行了《全民健身条例》,并将每年的8月8日定为"全民健身日"。与之相应的地方政策措施是各省按本省情况分别制定《全民健身实施计划》,目前,全国31个省(自治区、直辖市)已全部实现。经常参加体育锻炼的人数是显示民众对健身重视程度的重要指标之一,至2015年年底,全国这一比例已经达到33.9%,人均体育场地面积为1.57平方米。② 社会化全民健身组织网络的轮廓已逐步显现。在这里,由政府主导、部门协同、全民共享的健身事业发展蓝图已经初步形成。

总体而言,中国多元主体之间在健康权问题上的合作有较好的互信基础,并已在国际协同、跨部门协同、社会协同三个层面上初步形成了协同治理的格局(如图7.1所示)。

---

① 金振娅:《每个人都是自己健康的第一责任人》,《光明日报》,2019年7月19日。
② 王东:《"十二五"体育人口达33.9%》,《光明日报》,2015年12月14日。

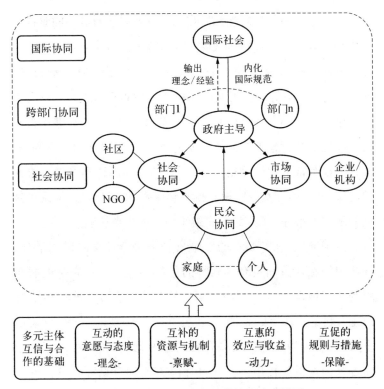

图 7.1 中国实现健康权利的协同治理模型

第三节 协同治理与健康促进：关于社会组织角色的案例

一、案例1：妇联与"两癌"免费检查项目

妇联是保障与增进妇女健康权利不可或缺的重要力量。中

国妇女为争取进一步解放与发展,于1949年4月联合起来成立了中华全国妇女联合会(简称"全国妇联"),其基本职责是:(1)充分发挥主观能动性与积极性,代表和维护妇女权益;(2)促进男女平等。全国妇联的功能是党和政府联系妇女群众的桥梁纽带。妇女健康权利是一项基础性的人权,把健康权利与妇女地位结合起来考察就会发现,由于性别歧视和不平等,妇女平等权利常常受到侵犯,女性更容易遭到虐待和暴力等方面的健康侵害,而妇女健康权利得不到保障,则又反过来加重了她们的地位不平等。[1] 这是妇联组织关注的重点议题。

促进健康、保障妇女的健康权利需要全社会的协同治理,妇联组织在这方面具有其独特的优势和作用。首先是妇联组织的法律地位。《妇女权益保障法》第10条第2款和第3款规定:制定法律、法规、规章和公共政策,对涉及妇女权益的重大问题,应当听取妇女联合会的意见;妇女和妇女组织有权向各级国家机关提出妇女权益保障方面的意见和建议。这些方面的规定赋予了妇联组织参与法律和政策制定的权力。其次是妇联组织的政治地位。妇联的组织定位和工作职能是随着党的执政方式、政府的职能转变以及社会的变迁而发生变化的,但一直以来它是国家政权的重要社会支柱之一。[2] 全国妇联是中国人民政治协商会议的组成单位之一,履行代表、反映和维护妇女权益的职能。这种政治地位决定了妇联组织具有参政议政的能力。

---

[1] 朱伟:《人权视角下的健康问题》,《中共中央党校学报》2009年第3期。
[2] 王文:《妇联组织的发展变迁与职能定位》(上),《中国妇运》2010年第1期。

第七章　健康权利与协同治理：积极公共政策的中国实践

除了利益表达、政策议程建构、立法参与、维权等方面的功能外，妇联组织在促进健康、保障妇女健康权利的行动方面，常常通过项目化的手段来履行其职能，发挥其优势，从而在国家治理体系中扮演积极角色。① 妇联是很多项目的组织者、实施者和推动者。"两癌"免费检查项目就是其中最典型的一个。

2009年6月24日，全国妇联和原卫生部联合印发《农村妇女"两癌"检查项目管理方案》（卫妇社发〔2009〕61号），该方案对各地各级卫生部门和妇联组织提出具体工作要求，并设置了联合的检查工作领导小组，从规范层面和操作层面上保障了两个组织的全面合作。该文件的发布主体虽然是全国妇联，但是，从项目的决策、组织、实施、监督和评估等整个过程来看，该项目始终是妇联组织和卫生管理部门之间的协作项目。启动农村妇女"两癌"（宫颈癌、乳腺癌）检查项目，其目的是配合与推动国家医药卫生体制改革，贯彻《中共中央国务院关于深化医药卫生体制改革的意见》（中发〔2009〕6号）及《国务院关于印发医药卫生体制改革近期重点实施方案（2009—2011年）的通知》（国发〔2009〕12号）等有关决策的精神。但从项目推进的结果来看，它体现了不同组织之间通过协同来促进妇女健康的价值。

在此，我们通过这个项目案例来检视妇联作为一个非政府的社会组织——在中国官方的定位中，妇联组织是党的群团组织，因此，与西方学者研究文献中提及的非政府组织存在很多方面的差异，本书不试图对此进行比较分析——是如何参与到协

---

① 罗宁：《在推进国家治理现代化进程中更好发挥妇联组织作用》，《中国妇运》2015年第3期。

同治理中来的,这一检视同时也是对国家和政府如何与其他社会行为体进行协同的考察。

在这个跨部门协同行动案例中,妇联组织的协同策略体现在多个方面。首先,推动政策议程的设置。宫颈癌、乳腺癌都是严重威胁女性健康的恶性疾病。特别是在广大农村,数量巨大的妇女长期以来受到"两癌"问题的困扰。或者由于经济原因(农村经济基础薄弱,农民家庭经济条件差),或者由于知识和信息原因(农村家庭和妇女对这类疾病的了解不足),或者由于农村医疗条件相对落后(这是公共服务的结构性问题),很多"两癌"患者在得病之前并没有进行必要的健康检查。为了解决农村妇女的健康问题,全国妇联一直在呼吁国家对妇女健康问题的关注和重视,并与国家的多个部委联合对这个问题进行调研。最终,农村妇女"两癌"检查的必要性和重要性得到了国家的重视,并被纳入2009年的《政府工作报告》中。从这一年起,农村妇女"两癌"免费检查的项目都被纳入国民经济和社会发展年度计划、国家新医改方案以及国家重大公共卫生服务项目。①

其次,妇联的政策倡议转化为正式的国家政策后,全国妇联会同原卫生部、财政部制定了《农村妇女"两癌"检查项目管理方案》,设立了明确的行动目标,并出台量化考核指标。该项目方案的目标是:2009—2011年,利用中央财政专项补助经费,在全国范围内开展农村妇女"两癌"检查,其中,分别要对221个县和200个县的1 000万名和120万名农村妇女进行宫颈癌检查与

---

① 《开展"两癌"检查　关注妇女健康》,《中国妇女报》,2017年5月3日。

第七章 健康权利与协同治理：积极公共政策的中国实践

乳腺癌检查。从项目的协同管理和协同推进的机制来看，全国妇联在协同治理中显然不是主导者的角色，而是政府主导下的协同工作机制，即卫生部和财政部主导、全国妇联以及妇联组织协同配合、社会各界支持民众参与的景象。① 但是，妇联组织在其中的角色依然十分积极，尤其是在争取政府和社会各界的广泛支持方面，妇联组织做了大量工作。因此，观察妇联组织协同策略的第三个方面是争取资源支持。2010 年，全国妇联向国务院上报《关于农村妇女"两癌"免费检查项目执行情况的汇报及建议》，时任国务院副总理的李克强给予充分肯定，指示逐步扩大该项目的覆盖面，要求原医改办和财政部对这一问题进行协同统筹研究和切实推进。另外，全国妇联努力为项目争取到必要的资源和资金。2011 年 4 月，全国妇联启动实施了贫困母亲"两癌"救助专项基金，财政部予以具体支持的方式是每年拨付 5 000 万元给予充实，这笔资金来自中央彩票公益金。专项基金的另一个来源是社会力量募集。全国妇联动员各方社会力量，通过公益平台募集资金以扩充救助基金总量。这些长期稳定的配套资金与妇联的专项基金形成了协同效应。2009—2012 年，总共有 5 142 名贫困妇女在查出患有"两癌"并得到治疗后，每人获得了 1 万元的救助金。②

妇联组织的第四个协同策略是发挥组织优势，进行广泛的动员。从全国妇联到基层妇联组织存在着体系化的组织网络，这为传播健康知识、宣传相关健康政策资讯提供了有效的组织

---

① 全国妇联妇女发展部：《为农村妇女带来健康福音——全国试点项目三年成效综述》，《中国妇运》2012 年第 10 期。

② 同上。

载体。全国妇联组织编写《妇女健康知识 100 问》宣传册，2009—2012 年，共对 200 多个试点县发放 300 万册，并举办知识讲座和大赛、在国家媒体平台播放维护妇女健康的公益广告。各地各级妇联也积极配合和行动，通过多种媒体形式开展妇女健康知识宣传培训。特别是很多基层妇联组织的干部，深入项目村向农村妇女面对面地宣讲政策，挨家挨户上门服务，帮助填写《自愿免费检查知情同意书》，耐心地说服农村妇女消除疑惑、打消顾虑前往指定医院进行检查。"两癌"项目在农村的知晓率明显提高、农村妇女的健康意识得到一定改善。①

这个由妇联参与协同治理的政策项目，其实施是有成效的。自 2009 年项目推行以来到 2015 年，该免费检查项目共为 4 287 万名和 600 多万名农村妇女分别进行了宫颈癌和乳腺癌的免费检查。② 目前，妇联组织在这个项目的推进过程中继续发挥作用。各级各地妇联根据当地的资源禀赋和社情民俗等实际情况积极争取财政、民政和原卫生等部门的支持，扩大"两癌"救助范围，上海市妇联开展"姐妹情"慈善手术救助项目，甘肃省妇联协调县级民政部门将农村妇女"两癌"患者治疗补助纳入医疗救助范围，山东省妇联专门设立"两癌"捐赠账户。③

通过"两癌"免费检查这个案例，我们既可以看到妇联组织在

---

① 全国妇联妇女发展部：《为农村妇女带来健康福音——全国试点项目三年成效综述》，《中国妇运》2012 年第 10 期。
② 国务院新闻办：《国家为"两癌"妇女实施了一系列政策救助措施》，(2015 年 9 月 22 日)，中华人民共和国国务院新闻办公室网站，http://www.scio.gov.cn/xwfbh/xwbfbh/wqfbh/2015/20150922/zy33484/Document/1449777/1449777.htm，最后浏览日期：2021 年 2 月 1 日。
③ 全国妇联妇女发展部：《为农村妇女带来健康福音——全国试点项目三年成效综述》，《中国妇运》2012 年第 10 期。

促进妇女健康、维护和保障妇女健康权利上的积极作用,也可以看到中国在这个政策议题上是如何通过协同治理来体现积极公共政策对妇女健康权利的促进的(详见表7.1)。就妇联组织的角色来说,妇联具有政策议程的建构能力,能够为政府决策提供参考,妇联组织还能够通过自身的职能定位和关系网络,很好地起到协助和监督政策执行的作用。就政府来说,由于有妇联组织的协同治理,政府能很好地利用妇联"上面千条线、下面一张网"的组织网络来向民众进行知识传播、健康倡导和社会救助。[①]

表7.1 妇联组织在促进妇女健康权利上的协同治理过程表

	主要优势资源	主要协同过程	主要约束	影响力
内部协同机制	群团组织结构/网络	推动发展战略、行动策略、资源要素流动、项目执行、评估考核	组织制度、人力资源、透明性	强
纵向协同机制	是党和政府联系妇女群众的桥梁纽带;全国妇联是全国政协会议的成员单位	通过提案、内参、座谈、报告、各类会议、意见征询、学术研究等方式影响议程设置、政策制定;通过调查研究、项目推进或停止等方式影响政策执行;通过调研报告、专业咨询、学术研究、项目报告、媒体报道等方式影响政策评估、政策终结、政策监督	人力资源、参政议政能力、自主性、透明性	中/强
横向协同机制	重大项目被列入政府工作报告和发展规划等文件	逐步建立卫生健康和财政部门主导、妇联协同、社会支持和民众参与的工作机制;通过项目合作等方式与社区、企业、学校等协同	组织能力、人力资源、自主性、透明性	中/强

资料来源:笔者整理相关文件、项目等相关信息制作本表。

---

① 刘声:《妇联基层工作力量空前壮大》,《中国青年报》,2017年2月22日。

然而,妇联组织在参与保障妇女健康权利的治理中仍存在一些问题。其中经常被批评的可能是它在组织上对政府的高度依赖性。有学者认为,当社会组织在资源和管理上更靠近政府而不是靠近社会大众时,它便高度嵌入地方行政网络,[①]这可能造成组织自身独立性和公众属性的缺失。针对这种批评,我们必须十分谨慎。因为妇联组织不是一般的社会组织,在中国,它是执政党的群团组织,而在制度结构的实际运行中,妇联组织表现出较强的政治和行政能力,在某种程度上甚至与政府机构的运作模式完全一样。这类群团组织的改革及其方向不是本书研究的任务,但本书希望读者了解的是:这种非政府的社会群团组织在促进健康的公共行动中有重要的作用,它是政府进行协同治理的一个可靠伙伴。

二、案例2:大爱清尘与尘肺病救助项目

如果说妇联这种社会组织在协同治理中具有很强的行政化色彩,本书选择的大爱清尘案例则是一个真正意义上的公益性的非政府组织。通过这个案例的描述,人们可以看到,在健康(权利)促进的公共行动中,NGO正在表现出它特有的活力和能力,起着不可替代的重要作用。

作为一种典型的职业病,尘肺病是一种身体疾痛,更是"一种具有医学面向的社会疾病"。[②]成立于2011年的大爱清尘基金,是尘肺病救助领域的纯民间性的NGO,它专注于关爱尘肺

---

① 黄晓春:《当代中国社会组织的制度环境与发展》,《中国社会科学》2015年第9期。

② Rosner, D. & Markowitz, G., *Deadly Dust: Silicosis and the On-going Struggle to Protect Workers' Health*, The University of Michigan Press, 2006, p. 4.

病农民的救助,在职业健康权保障领域发挥了积极作用。

像其他许多经历过工业化发展的国家一样,中国也面临较为严峻的尘肺病问题。仅2014年的数据统计,中国共报告了29 972例职业病,其中,尘肺病就占近90%的比例,因此,它是最主要的职业病。① 在1949—1999年的50年间,中国先后颁布了33项粉尘卫生标准和尘肺病诊断标准。② 而作为系统性和权威性的立法,则是在2001年的第九届全国人大常委会第24次会议上通过的《中华人民共和国职业病防治法》。这部法律对劳动者的职业健康保护做出了各方面的规定。其中,第23条规定:"用人单位必须采用有效的职业病防护设施。"而且,这些防护用品必须符合防治职业病的卫生标准与规范要求。第34条规定:"用人单位……应当将工作过程中可能产生的职业病危害及其后果、职业病防护措施和待遇等如实告知劳动者……不得隐瞒或者欺骗。"然而,很多企业并未很好地执行国家的法律和政策。据大爱清尘《中国尘肺病农民工生存状况调查报告(2014)》显示,在工作中未佩戴防护面具的尘肺病农民工比例高达62.67%的,25.34%只是间歇性或阶段性地佩戴,全程佩戴的仅为11.31%,更严重的是,大部分农民工对罹患尘肺病的隐患及危害并不知情,这对健康(权利)的保障是巨大的隐患。

这表明,在解决职业病、促进职业健康的问题上,现有的法律、政策和治理制度存在严重的局限。这不是说国家和政府在保障人的职业健康上没有履行其责任和义务,而是说,职业健康

---

① 《强化源头治理 保障合法权益——解读〈关于加强农民工尘肺病防治工作的意见〉》,《中国安全生产报》,2016年1月26日。
② 李德鸿:《我国尘肺防治工作50年》,《中华劳动卫生职业病杂志》1999年第5期。

的促进和保护受到一系列复杂因素的制约,如国家与地方之间以及政府、企业与职工之间存在的复杂的利益博弈,对劳动者的职业健康权利的保护制度的构建和实施,形成了巨大的掣肘。[①] 在本书的分析框架下,像尘肺病这种复杂的跨界问题的解决,需要通过全社会的协同治理才是有可能的;而缺乏社会组织的参与,缺乏全社会的关心和重视,仅靠国家和政府独自做出有效应对是非常困难的。在对尘肺病侵害的防范存在政府监管盲区、对患者的救治和救助存在明显不足的情形下,很多社会组织积极行动起来,它们对权利受到用工企业侵害的患者献出了自己的关爱,并通过相应的行动来积极影响政府的决策。这种使命感和责任心,在大爱清尘这样的 NGO 身上有很好的反映。

2011 年,由著名记者和媒体人王克勤和中华社会救助基金会联合发起了"寻救尘肺病农民兄弟大行动",大爱清尘基金也由此成立。这项公益基金的目的是救助中国 600 万名尘肺农民,并最终推动预防和消除尘肺病。经过这些年的运作和发展,这一 NGO 已经形成了完善的组织架构(如图 7.2 所示),其行动能力也不断得到提升。

大爱清尘的行动能力可以从其庞大的志愿者队伍得到折射。至 2020 年 9 月,大爱清尘在全国的志愿者总量已达 11 834 余名,他们分布在北京、上海、广东、陕西、甘肃、宁夏、福建、重庆、湖北、河南、江西、云南、辽宁、黑龙江等全国大部分省(直辖市/自治区)。该组织设计和推行的"大爱项目"具有多样化的特征,几乎囊括了尘肺病救助的所有方面,包括尘肺病农民医疗救

[①] 参见刘乐明:《公民权理论视野下的工人职业健康研究——以尘肺病农民工为分析对象》,复旦大学政治学专业博士学位论文,2015 年。

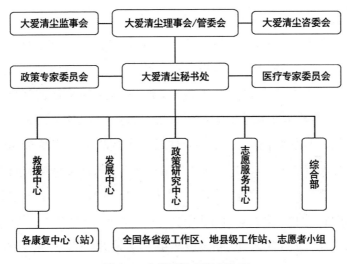

图 7.2　大爱清尘组织架构图

资料来源　大爱清尘"组织架构",大爱清尘网站,https://www.daqc.org.cn/content/content/index/fid/80.html,最后浏览日期:2021年2月1日。

治、尘肺病农民子女助学、政策调研及推动、尘肺病农民制氧机捐赠、预防尘肺病健康呼吸、尘肺病农民康复、政府合作、尘肺病家庭寻访与助困等。

为了提升组织的行动能力和实际效果,大爱清尘制定了切实可行且不失为有抱负的阶段性目标。其短期目标是以2014年到2018年为第一个五年规划期,内容包括如下三个方面。(1)全面提升专业化水平,形成以七大版块为核心的全景式救援体系,这七大板块包括救命、助学、助困、救心、康复、创业、制氧机。(2)全面推广立体化宣传,目标是让中国20%的农民都知晓或了解尘肺病。(3)全面推进制度化建设:项目基础是开展调研,持续出版中国尘肺病白皮书;智慧支持是联合人大代表、政协委员及专家学者,推进尘肺病方面的立法与制度完善、公共政策制定与实施；实践方案是与地方政府合作，共同推进具体救助与治理工作。它确立的中期目标是推动政府全面解决600万名尘肺病农民工在医疗和生活上的双重保障，时间节点是努力在2035年之前实现；同时，推动相关领域立法的完善与执行，实现通过制度来遏止尘肺现象的再生。其宏大的长期目标则是努力使中国在100年内彻底消除尘肺病。① 就大爱清尘的救助行动来说，2011—2020年，大爱清尘累计救治尘肺病农民工5 944人次，助学尘肺病农民子弟累计14 017人次，向患重病的农民工捐赠制氧机5 435台。② 至2019年年中，已累计救助8万名尘肺病人。③ 至2019年年底，大爱清尘在全国累计发展志愿者达13 289名。至2020年9月，大爱清尘已在全国建立92个工作区站点。至2020年年底，大爱清尘康复中心通过康复项目，共开展活动1 249次，累计服务人数约23 828人次，建立健康档案1 877份。④ 这些都说明该组织是一个行动有效能的组织。

在这样的描述和判断基础上，我们来考察一下大爱清尘是如何参与健康促进行动的协同治理的。

大爱清尘的协同模式可以用聚沙成塔来概括和描述。大爱清尘基金在成立之初，其自身所拥有的社会资源极为有限。但是，它具有尘肺病领域创始NGO的身份优势，并以此进入政府主导的倡议联盟子系统，将人大和政协作为重要的政治舞台，从

---

① 《大爱清尘简介》，大爱清尘网站，https://www.daqc.org.cn/content/content/index/fid/9.html，最后浏览日期：2021年2月1日。
② 大爱清尘：《大爱清尘年度报告（2020年）》。
③ 王倩：《大爱清尘已救助8万尘肺病人》，《健康报》，2019年7月23日。
④ 张熙：《大爱清尘：邀请两会代表委员参与，推动政策出台，助力解决尘肺病问题》，《公益时报》，2021年3月16日。

而影响政策议程,争取财政支持。同时,通过社会动员和公众舆论等多种方式获取社会资源,逐步推进政策倡导。[①] 大爱清尘参与实现健康权的协同,逐步发展到具有健康促进机制、健康服务机制、社会动员机制和协同支持机制四个维度的"聚沙成塔"协同模式(详见表7.2)。

表7.2 大爱清尘"聚沙成塔"协同模式

机制名称	优势资源	协同过程	主要约束	影响力
健康促进机制	品牌、优秀的志愿者、专注于尘肺病、救援体系	推进战略目标、网络融媒体传播	资金、人力资源、专业性、透明性	由弱到中,转向强
健康服务机制	品牌、优秀的志愿者、专注于尘肺病、救援体系	推进战略目标、网络融媒体传播	资金、人力资源、专业性、透明性	由弱到中/强
社会动员机制	品牌、优秀的(明星)志愿者	通过媒体传播、各类宣传、明星示范效应等方式引发社会关注	社会信任、人力资源、专业性	由弱到中,逐渐转向强
协同支持机制	创始NGO、专注于尘肺病、政策研究中心、政策专家委员会、政府开始关注	通过连续的年度调查报告、决策参考和媒体传播等方式影响议程设置、政策制定;通过救援体系和援助项目等影响政策执行;通过研究报告、政策咨询、媒体报道等方式影响政策评估、政策终结、政策监督	参政议政能力、调查研究能力、人力资源、政策支持	由弱到中,逐渐转向强

资料来源:笔者根据相关报道及大爱清尘网站信息制成本表。

---

① 王洛忠、李奕璇:《信仰与行动:新媒体时代草根 NGO 的政策倡导分析——基于倡导联盟框架的个案研究》,《中国行政管理》2016 年第 6 期。

第一，健康促进机制。主要对粉尘工作环境中的农民工进行防控尘肺病的知识宣传、能力提升与疾病预防帮助。它与山东和贵州等地方政府建立了相应的合作项目。在山东省开展大爱清尘免费救助贫困尘肺病患者行动，鼓励患者建档立卡，对其中的贫困者实行一次性免费救治。在这项行动中，大爱清尘基金和山东省职业病医院采取共同资助的模式，前者为每名患者提供5 000元的医疗费用，后者配套提供不超过500元的路费和生活费。① 第二，健康服务机制。通过观察、检查、治疗和救援来增进尘肺病农民工的健康权利。如前所述，大爱清尘基金会通过全方位救援体系，在救治生命、助学助困、心理健康、身体康复、创业和制氧机提供等方面帮助尘肺病病患及家庭。第三，社会动员机制。主要通过与尘肺病相关的资讯传播，促进全社会对尘肺病和患病农民工的关注，进而倡导社会力量对尘肺病农民工开展帮助。这个机制聚集了大量社会各界的志愿者，其中，学者和大学生志愿者利用自身优势参与调研与撰写报告。不同于一些明星作秀式的所谓慈善活动，大爱清尘聚集的演艺界人士（如袁立）长期开展真诚的帮扶行动，赢得了社会的信任。第四，协同支持机制。主要表现为对政府的决策支持，通过调研报告和政策建议等影响政策议程、提供决策参考或对政策执行进行监督等。2012年，大爱清尘启动"尘肺农民政策调研及推动"项目，主要对尘肺病农民集中的地区进行实地调研，并与各级人大与政协的代表和委员、相关领域专家进行交流与研讨、联合编写政策指导手册，目的是为政府出台政策提供理论依据，从

---

① 《山东省合作项目》(2017年11月7日)，大爱清尘网站，https://www.daqc.org.cn/content/content/show/id/3494.html，最后浏览日期：2021年2月1日。

2014年起持续每年发布相关报告,最新的有《中国尘肺病农民工调查报告(2020)》《尘肺病国际治理经验汇编(2020)预防特辑》等。①

经过多年的努力,大爱清尘的协同行动受到决策层和社会的持续关注。自2014年起,该组织连续三年发布《中国尘肺病农民工生存状况调查报告》,当年的报告就获得国务院副总理和全国人大常委会副委员长的批示,接着,原卫计委和民政部联合召集大爱清尘负责人听取关于患病农民的现状报告及政策建议。随后,近十个部委的负责人也分别听取了报告及建议,包括国务院发展研究中心、国务院法制办、国家网信办等,形成了一定的联动效应。2015年和2016年的全国"两会",分别有13位和26位人大代表和政协委员为尘肺病现象提交议案提案。自2016年起,该组织连续四年出版《尘肺病国际治理经验汇编》。2017—2019年,该组织相继发布《中国尘肺病问题预防现状调查报告》《中国尘肺病农民生存状况调查报告》《中国尘肺病农民工调查报告》等。大爱清尘通过多种渠道和行动不断为政府、市场和社会提供进一步的决策支持。

第四节 多重协同:健康治理的中国经验

国家和政府通过协同治理的途径来促进健康、增进民众的健康权利,是考察积极公共政策的一个重要维度。中国在促进

---

① 参见大爱清尘网站的"政策倡导"栏目下的"研究报告",https://www.daqc.org.cn/content/content/index/fid/35.html,最后浏览日期:2021年2月1日。

健康权上的协同治理,既有特定的背景和需求,也有其自身的特点。国际协同、跨部门协同、全社会协同等多个维度融合的多重协同,是中国健康治理的一个重要经验。

国际协同治理体现了中国不断深化对外开放的国际化战略的需求,这一战略既是为了给国家的成长和发展获取更多的外部资源和机会,也是为了给中国自身确立在全球治理中的合适位置。在全球化和国际相互依赖不断增强的趋势下,健康问题是一个跨越国家主权边界的政策议题。现在的国际关系理论研究,在使用国际—国内—国际的循环互动分析框架(国内政治与国际政治的双向互动模式)来解释国家行为的变化上,没有出现大的分歧。如果用这个互动模式来分析国际协同,中国在健康促进和治理问题上的国际协同,表现出彼得·卡赞斯坦(Peter Katzenstein)所说的"国际关系的内部化和国内结构的外部化"特征。① 国际协同构成了中国健康促进和治理、健康权建设上协同治理的重要结构。它反映了中国在人权问题上的国际合作的认知、态度和行动上的转变。这种转变是积极的。

跨部门协同是中国对国内政府过程和公共政策的碎片化做出的反应。长期以来,中国政府体系内部的各部门之间存在严重的利益区隔,无法应对越来越多的跨域问题。如果部门之间认识不到通过协同和联动能够带来更大的协同利益,如果政府间关系的管理不能实现资源共享,部门之间的协作动力就不足。

---

① 彼得·卡赞斯坦认为,这种内部化和外部化在国家的对外经济政策的决策过程中同等重要。参见 Katzenstein, P. , "International Relations and Domestic Structures", *International Organization*, 1976, 30, pp. 1-45. 卡赞斯坦虽然只是在讨论这种互动对国家对外经济政策的影响,但是,它同样适合我们对健康权利问题上的国际协同的分析。

第七章 健康权利与协同治理：积极公共政策的中国实践

有研究对中央社会性监管机构进行评估后发现，卫生与计划生育监督中心的监管能力相对较弱，部门有限理性选择和外部政策窗口都是主要影响因素。① 这说明部门利益超越了协同利益。将健康融入所有的政策，不仅意味着各部门的政策制定要更多地体现健康方面的内容，更重要的是，要在相关部门之间形成联合决策和共同执行的制度框架，只有这样，才能更好地让整个有关健康权的公共政策体系体现出以民众权利为取向的价值。正在变化中的部门协同正日益成为健康促进中的协同治理的重要结构。

健康促进的全社会协同结构的形成之所以构成积极公共政策的一个重要维度，在于它体现了健康的共建共治共享的思路和价值理念。政府还像以前全能主义国家②那样排斥各种非政府的社会行为体的参与，是一种消极的政策。公众参与是现代国家治理的有效路径，③在市场和社会的能量得到大幅提升的今天，市场和社会领域的行为体不仅产生了强烈的参与治理的需求，还为政府有效运用和驾驭这些政策资源和政策工具提供了机会。像大爱清尘这样的 NGO，对于健康问题的关注、研究和相应的行动，具有极强的专业化，它们的技术、知识、信念和资源，使它们有足够的能力介入或参与到协同治理中来。社会协同的效应正在体现和聚集，2016 年出台的《慈善法》明确鼓励和

---

① 刘鹏、刘志鹏：《社会性监管机构的能力差异及原因——基于八个中央机构的定性评估》，《公共管理学报》2017 年第 1 期。

② 邹谠：《中国廿世纪政治与西方政治学》，《经济社会体制比较》1986 年第 4 期。

③ 陈炳辉：《国家治理复杂性视野下的协商民主》，《中国社会科学》2016 年第 5 期。

支持社会组织依法开展慈善活动,契合了这种社会协同的需求。2016年1月,原卫计委、发改委、科技部、工信部、民政部、财政部、人社部、国务院国资委、国家安全生产监督管理总局和全国总工会十部委联合发布《关于加强农民工尘肺病防治工作的意见》,进一步明确了用人单位的主体责任地位和角色,要求各地对尘肺病农民工做到应诊尽诊。2017年,国家原卫计委成立了尘肺病诊疗专家委员会。到2019年,国家卫生健康委专门印发尘肺病防治攻坚行动方案,强化尘肺病预防控制和尘肺病患者救治救助工作。国家这种积极行动的产生,在很大程度上得益于国家(政府)与社会组织的协同。

第八章
结　语

　　本书对中国是如何通过积极公共政策优化健康治理进而促进健康权利的实现进行了详细的描述和阐释，旨在说明：在健康权利的增进、保障和实现已经成为当今中国人权建设的一个重要议题的情况下，我们应如何去反思那些对人的健康及其权利构成损害的因素。本书并不回避中国存在这些方面的因素，但本书更充分肯定的是中国的公共行动在改善和解决这些因素方面取得的积极进展。对健康的损害存在重要的评价和评估的问题，对健康的促进也存在同样的估值问题。本书的研究在不少地方解释和解决了这类问题，但本书关注的重点是公共政策行动或公共行动，而不是评估。

　　为此，本书建构了一个解释中国在保护、保障和促进健康权利实现的政策议题领域为什么会发展出特定的公共行动新框架，这个新框架实际上是一个分析中国人权治理的新框架。以积极公共政策来促进健康权利的实现，是世界范围内的新课题。"健康中国"发展战略的实施，将健康权利定位为一项民众的基本人权，这契合了公共政策与人权发展的重大趋势。

　　人类一直在探究什么是幸福和幸福的生活。这是一个带有主观性的和不确切的概念，几乎在所有国家，对所有的人来说，健康和获得医疗卫生服务都是极其重要的。它是人之为人的幸福和尊严的重要条件，换句话说，拥有健康的身体是构成幸福（生活）的关键性因素。这不仅体现出人们要求拥有良好自然环境的一种意识，而且也是他们有能力进行工作的前提条件。今天，对这一切的认识必须从权利的角度进行。既然人们追求美好生活是一种权利，那么，拥有健康本质上就是一个权利实现的过程。正如美国著名经济学家约翰·肯尼斯·加尔布雷斯（John Kenneth Galbraith）描述的那样：让人们拥有过上一种有价值、有尊严生活的权利或机会，是美好社会的目标，"在美好社会里不会撇开任何人，让他们没有收入——挨饿、无家可归、有病无处医或类似的受剥夺的状况"①。

健康权利的实现并不是一个自然的过程，也就是说，如果没有积极的公共行动，人们所期望的健康和过有尊严的生活的权利并不会不请自来。积极的公共行动通常被认为是国家或政府必须承担的特定责任或义务。这也是很多国际公约和很多国家的法律把健康确立为人权来保障，并对国家提出相应义务的一个重要原因。虽然任何国家都无法保证每一个人的个人健康，但国家的确是最适合创造个人健康得到保护的一类行为体。在中国促进健康权利实现的实践经验中，正是国家或政府起着领导、规划和主导作用。但这并不是本书的发现，因为不仅在健康促进领域，国家在改革开放以来的现代化发展中的几乎所有领域中都发挥着这样的作用。

---

① ［美］约翰·肯尼斯·加尔布雷斯：《美好社会——人类议程》，王中宝等译，江苏人民出版社 2009 年版，第 23 页。

第八章 结 语

本书的一个发现是,中国已经加入或批准了很多国际人权公约,健康权在这些公约中已经被明确规定为一项独立的基本人权,但在中国的宪法和其他法律里,健康权还没有被作为这样一项独立的基本人权被规定下来。在这样的情况下,中国在健康领域里还是取得了值得肯定的进展。为什么会出现这种情况?透过本书建构的积极公共政策与健康权实现的分析框架,笔者发现,健康权的实现并不仅仅依赖于国家的立法行动,尽管这种行动通常来说是至关重要的。确立健康权利的国家立法并非健康权利实现的充分条件。法律上确立的权利,在性质上属于形式性或程序性的权利,这种权利要转化为实质性的权利,即真正为人们所拥有和享受的权利,还依赖于国家和社会其他方面的公共行动。在这个公共行动框架里,包括国家义务的确立、权利本位的强调、健康障碍的消除和协同治理的推进。本书归纳和概括的这个行动框架,在分析中国实现和保障健康权问题上是有解释力的。分析框架的解释力来源于实际的公共行动框架的有效性,因为中国人民的健康得到较好的保护,至少那些影响健康的基本条件或因素正在得到有力的改善。无论是国家层面上的行动,还是地方层面上的实践,都取得了这些方面的进展。

从积极公共政策的框架来认识、评估和反思中国在促进健康,尊重、保护和保障健康权利的实践,就会促使人们从更为宽广的视角来重新认识中国的发展和治理历程。比如,经济增长对健康产生的影响或意义,就可以在本书的分析框架下得到重新评估。本书并没有回避以经济为中心的战略给健康造成的一定程度的负面影响,但本书不能因此得出促进增长的公共政策对于健康权利来说是消极的结论。在任何国家,政府政策的作用就是要促进增长,提升大多数公民的生活水平。美国哈佛大学经济学家本杰明·M.弗里德曼(Benjamin M. Friedman)对经济增长的价值抱乐观的态度,他提出,经济增长"常常形成更多的机会、对多样性的容忍、社会流动性、坚持公平以及对民主的尊重"①。这意味着,经济增长具有道德上的价值,或会带来道德上的价值。在改革开放以来经济高速增长的时期里,经济增长的确对环境和生态造成了巨大的损害,从而带来了一系列严重的健康问题。但这只是问题的一个方面。就健康和健康权的促进与发展来说,正如本书在第六章中阐明的,像贫困、饥饿、教育落后以及因此而产生的受排斥、被剥夺等问题,都是阻碍健康权实现的结构性障碍因素。但是,正是促进经济增长的公共政策改变了这一切。对此,弗里德曼做出了积极的评价。他认为,改革开放以来中国人的物质生活水准大幅提升,营养、住房、卫生、交通、教育等领域的公共服务得到了显著的改善,中国公民的经济选择自由已经比以往大得多。② 一个强大而稳定的经济及其提供的机会,是美好社会的根本。③

从法理和道德上来说,如果一个国家不做出足够的努力,向每个人提供其需要的健康服务,或者努力改善那些影响健康的基本条件,则可能违反实现健康权的义务。中国不断加大在健康服务上的投入,并努力变革以往不够合理、不够公正的公共卫

---

① [美]本杰明·M.弗里德曼:《经济增长的道德意义》,李天有译,中国人民大学出版社2008年版,第4页。
② 同上书,第10页。
③ [美]约翰·肯尼斯·加尔布雷斯:《美好社会——人类议程》,王中宝等译,江苏人民出版社2009年版,第22页。

生和健康服务体系;中国不断加大整治生态环境的力度,并在这个过程中倒逼经济发展模式的转型;中国的反贫困战略已经进展到巩固脱贫攻坚成功并进一步推动乡村振兴的阶段;等等。所有这些方面的积极公共行动都反映了国家和政府在履行健康权的义务,尽管不少法律上的义务条款还有待进一步明确或完善。本书的结论和发现是:健康权是一项积极人权,经由积极的公共政策来优化健康治理,是中国实现和保障民众健康权利的一个重要途径。因此,认识到下面这一点是非常重要的:对于仍是发展中国家的中国来说,并不需要按照西方国家的人权观念和话语来理解健康权,中国在一些基础性的人权领域(如生存权和健康权)采取的积极公共政策或公共行动,在很多方面并不逊于西方国家。

本书的研究仍有很大值得开拓的空间。本书仅对通过积极公共政策推动健康治理从而保障与增进健康权利的分析框架作了初步探索,难免存在一些局限性。笔者未来的学习与研究至少包括以下两个方面。

首先,积极公共政策对促进健康权利的效果和价值,还需要进一步评估。虽然本书的研究更多的是考察行动及其变化,分析这种行动变化的原因和蕴含的逻辑,而不重点考察其效果和价值的测量,但是这种测量依然是重要的,因为通过测量,可以发现积极的公共行动必须加以改进的方面。现在的问题是,基于权利的"健康中国"发展战略,其实施的时间还很短,目前要对它的效果和价值进行系统的测量,还存在数据和技术等方面的困难。

当健康权利的实现成为促进健康的公共政策的价值目标,

当"将健康融入所有的政策"成为基于权利的政策设计的方向，政府各个部门的健康政策设计，或者说各个与健康相关的政策问题领域的政策安排，便必然面临如何进行有效协调的问题甚至难题。因此，未来的积极公共政策必须建立健全"将健康融入所有政策"的监测与评估体系。以往分散在卫生、体育、环保、就业、扶贫、权益维护、参政议政等各领域或方面的健康信息聚合方式与分析思路需要更新与升级，建立融合性的公共健康信息系统，以有效监测各部门、各领域、各地区、各层面和各阶段等对于民众健康权利的维护与增进情况。这个实践课题也是健康权的未来研究课题。

其次，对于积极的公共行动促进健康权利的评估，依赖于大量的实证研究。本书的分析框架提供的是一个较为宏观的解释：在健康权利的每一个领域，积极的公共行动需要被实施和展开。同时，分析框架也展示了这种行动正在每一个政策领域内展开。如果要进一步提高它的解释力，未来的研究还需要在很多领域进一步深化。比如，在反贫困领域，笔者应去深入探讨，旨在促进健康的反贫困政策如何考虑政策实施结果与健康权利之间的关联。贫困问题的解决当然对健康促进有极为紧密的价值关联，但实现了脱贫目标的人口的健康和健康权利的真实改进情况和程度如何，则需要精密的定量分析。这也是未来的反贫困政策需要认真考虑的。在目前的扶贫政策中，很多行动解决了贫困问题，但有关部门不一定都是从权利的角度来采取行动的。

虽然健康促进和健康权利的实现在人权的价值上是基本的，但在不同的群体之间，因为存在一些特殊性而表现出某些方面的差异。比如,妇女的健康和残疾人的健康,他们诉求的权利内容和面临的权利障碍是不同的。因此,在积极公共政策的框架下,具体的公共行动会有不同的战略和策略选择。本书并不是一项对于某个特定群体的健康权的实证研究,尽管在不少章节里我们探讨了妇女的健康权利问题。因而,积极的公共行动对于特定群体的健康权利促进,是一个什么样的结构与过程,存在哪些方面的问题,需要今后做进一步的实证研究。有了这样的实证研究,本书的分析框架就有了更为丰富的内容和更为有效的解释,或许笔者还会做出进一步的修正。

就中国的健康权利实现来说,存在大量的未来的研究领域和研究方向。严格地说,本书分析框架里提出的四个维度中的每一个都是独立的(当然是相关联的)研究主题,都需要专文来进行研究。这也意味着,积极的公共政策、健康治理的优化与健康权利的促进是一个有巨大研究空间的主题。无论是从研究的角度,还是从实践推进的角度,积极公共政策的未来值得憧憬。

主要参考文献

一、中文文献

【论文】

[1] 陈炳辉:《国家治理复杂性视野下的协商民主》,《中国社会科学》2016年第5期。

[2] 陈立中:《收入、知识和健康的三类贫困测算与解析》,《改革》2008年第3期。

[3] 陈秋霖、胡钰曦、傅虹桥:《群体性失业对健康的短期与长期影响——来自中国20世纪90年代末下岗潮的证据》,《中国人口科学》2017年第5期。

[4] 陈云良、何聪聪:《医疗服务市场失范的经济法规制》,《中南大学学报》(社会科学版)2012年第3期。

[5] 程关松、王文:《自然权利的自明性与证明性——以洛克为中心》,《东方法学》2011年第2期。

[6] 程令国、张晔、沈可:《教育如何影响了人们的健康?——来自中国老年人的证据》,《经济学》(季刊)2015年第1期。

[7] 邓穗欣、丹尼尔·马兹曼尼安、湛学勇:《理性选择视角下的协同治理》,敬乂嘉主编:《网络时代的公共管理》,

上海人民出版社 2011 年版。

[8] 杜承铭、谢敏贤:《论健康权的宪法权利属性及实现》,《河北法学》2007 年第 1 期。

[9] 杜创、朱恒鹏:《中国城市医疗卫生体制的演变逻辑》,《中国社会科学》2016 年第 8 期。

[10] 段明月:《世界银行贷款卫生项目对我国卫生发展的影响》,《中国卫生经济》2004 年第 12 期。

[11] 范英杰、鲁荣凯:《重大国际合作研究计划项目的发起、组织与实施:以中英"大气污染与人类健康"重大国际合作计划为例》,《中国科学基金》2016 年第 3 期。

[12] 方迎风、邹薇:《能力投资、健康冲击与贫困脆弱性》,《经济学动态》2013 年第 7 期。

[13] 复旦大学国家人权教育与培训基地课题组:《环境治理、绿色发展与美好生活——来自浙江的实践探索》,李君如主编:《中国人权事业发展报告(2016)》,社会科学文献出版社 2016 年版。

[14] 高梦滔、王健:《中国卫生总费用、GDP 与个人付费——三个比例关系及传导机制分析》,《卫生经济研究》2005 年第 2 期。

[15] 顾昕:《全民健康保险与公立医院的公益性:加拿大经验对中国新医改的启示》,《中国行政管理》2011 年第 11 期。

[16] 何增科:《国家和社会的协同治理——以地方政府创新为视角》,《经济社会体制比较》2013 年第 5 期。

[17] 贺珍怡:《将环境与健康融入中国发展战略:新常态与

新挑战》,《学海》2017 年第 1 期。

[18] 胡晨光、程惠芳、俞斌:《"有为政府"与集聚经济圈的演进——一个基于长三角集聚经济圈的分析框架》,《管理世界》2011 年第 2 期。

[19] 胡建:《从"韬光养晦"到"积极作为"——中国外交思维、战略与策略的转变刍论》,《理论导刊》2012 年第 4 期。

[20] 胡琳琳:《将健康融入所有政策:理念、国际经验与启示》,《行政管理改革》2017 年第 3 期。

[21] 郇建立:《慢性病的社区干预:芬兰北卡项目的经验与启示》,《中国卫生政策研究》2016 年第 7 期。

[22] 黄琴等:《将健康融入所有政策:以"厕所革命"在县域的实施路径为例》,《中国健康教育》2020 年第 1 期。

[23] 纪颖等:《NGO 在公共卫生服务中的角色分析》,《中国行政管理》2012 年第 5 期。

[24] [美]江忆恩:《中国参与国际体制的若干思考》,王鸣鸣译,《世界经济与政治》1999 年第 7 期。

[25] 姜明安:《中国政府信息公开制度的发展趋势》,《比较法研究》2017 年第 2 期。

[26] 蒋月、林志强:《健康权观源流考》,《学术论坛》2007 年第 4 期。

[27] 焦洪昌:《论作为基本权利的健康权》,《中国政法大学学报》2010 年第 1 期。

[28] 解垩、涂罡:《中国健康绩效的动态演进:公平与效率的权衡》,《中国软科学》2011 年第 7 期。

[29] 晋继勇:《全球公共卫生治理中的国际人权机制分

析——以〈经济、社会和文化权利国际公约〉为例》,《浙江大学学报》(人文社会科学版)2010年第5期。

[30] 李德鸿:《我国尘肺防治工作50年》,《中华劳动卫生职业病杂志》1999年第5期。

[31] 李海明、王有强:《卫生资源投入与健康中国建设:基于价值的卫生系统视角》,《中国行政管理》2018年第8期。

[32] 李洁:《数字鸿沟背景下中国"智慧医疗"的发展》,《电子政务》2018年第2期。

[33] 李培林:《另一只看不见的手:社会结构转型》,《中国社会科学》1992年第5期。

[34] 林毅夫:《中国经验:经济发展和转型中有效市场和有为政府缺一不可》,《行政管理改革》2017年第10期。

[35] 刘欢、胡天天:《家庭人力资本投入、社会网络与农村代际贫困》,《教育与经济》2017年第5期。

[36] 刘继同:《健康社会化与社会健康化:大卫生与新公共卫生政策时代的来临》,《学术论坛》2005年第1期。

[37] 刘继同、郭岩:《从公共卫生到大众健康:中国公共卫生政策的范式转变与政策挑战》,《湖南社会科学》2007年第2期。

[38] 刘丽杭:《国际社会健康治理的理念与实践》,《中国卫生政策研究》2015年第8期。

[39] 刘梦非:《国际人权非政府组织的困局及释解》,《法学评论》2014年第5期。

[40] 刘鹏、刘志鹏:《社会性监管机构的能力差异及原因——基于八个中央机构的定性评估》,《公共管理学报》2017

年第 1 期。

[41] 刘小勤:《基于生命权视域的农民工职业健康权制度伦理构建》,《医学与哲学》2014 年第 4 期。

[42] 罗宁:《在推进国家治理现代化进程中更好发挥妇联组织作用》,《中国妇运》2015 年第 3 期。

[43] 马婷、唐贤兴:《健康障碍的消除与人民幸福生活的实现:习近平人民健康思想研究》,《毛泽东邓小平理论研究》2018 年第 6 期。

[44] 马婷、唐贤兴:《脱贫攻坚中的健康扶贫》,中国人权研究会编:《中国人权事业发展报告(2019)》,社会科学文献出版社 2019 年版。

[45] 倪婷、李文:《妇女与贫困》,《中国妇运》2015 年第 1 期。

[46] 牛红娟、肖卫华:《论职业健康权相关法律关系》,《中国职业医学》2013 年第 5 期。

[47] 潘丽霞、徐信贵:《论食品安全监管中的政府信息公开》,《中国行政管理》2013 年第 4 期。

[48] 祁毓:《环境健康公平理论的内在机制与政策干预》,《国外理论动态》2016 年第 4 期。

[49] 祁毓、卢洪友:《污染、健康与不平等——跨越"环境健康贫困"陷阱》,《管理世界》2015 年第 9 期。

[50] 曲相霏:《国际法事例中的健康权保障——基于〈国际法上作为人权的健康权〉的分析》,《学习与探索》2008 年第 2 期。

[51] 阮丽娟等:《农村少数民族女性生育权的实现障碍及对策》,《贵州社会科学》2011 年第 12 期。

[52] 沈慰如:《关于国家卫生投入投向转移的讨论》,《卫生经济研究》2004年第1期。

[53] 孙萌:《中国与联合国人权保障制度:以普遍定期审议机制为例》,《外交评论》2015年第2期。

[54] 谭琳、吴帆:《经济全球化对妇女健康的影响及其理论框架》,《广东社会科学》2000年第6期。

[55] 汤蓓:《PHEIC机制与世界卫生组织的角色演进》,《世界经济与政治》2020年第3期。

[56] [荷]汤姆·茨瓦特:《"二战"以来中国在推动国际人权方面的贡献》,《中共中央党校学报》2015年第5期。

[57] 唐贤兴、马婷:《积极的公共政策与健康权保障:新议题和新框架》,《复旦政治学评论》2018年第1期(总第19辑)。

[58] 唐贤兴、马婷:《中国健康促进中的协同治理:结构、政策与过程》,《社会科学》2019年第8期。

[59] 唐贤兴、王竞晗:《转型期公共政策的价值定位:政府公共管理中功能转换的方向》,《管理世界》2004年第10期。

[60] 田开友:《健康权的贫困:内涵、根源和对策》,《中南大学学报》2012年第5期。

[61] 田野、林菁:《国际劳工标准与中国劳动治理———一种政治经济学分析》,《世界经济与政治》2009年第5期。

[62] 王华、郭红燕、黄德生:《我国环境信息公开现状、问题与对策》,《中国环境管理》2016年第1期。

[63] 王洛忠、李奕璇:《信仰与行动:新媒体时代草根NGO

的政策倡导分析——基于倡导联盟框架的个案研究》，《中国行政管理》2016年第6期。

[64] 王敏、黄滢：《中国的环境污染与经济增长》，《经济学》（季刊）2015年第2期。

[65] 王荣华、陈寒溪：《国际制度与中国红十字会立法》，《国际政治科学》2007年第1期。

[66] 王绍光：《政策导向、汲取能力与卫生公平》，《中国社会科学》2005年第6期。

[67] 王绍光：《学习机制与适应能力：中国农村合作医疗体制变迁的启示》，《中国社会科学》2008年第6期。

[68] 王玮：《国际制度与新进入国家的相互合法化》，《世界经济与政治》2010年第3期。

[69] 王彦斌、杨学英：《制度扩容与结构重塑——农民工职业安全与健康服务的适应性发展》，《江苏行政学院学报》2015年第6期。

[70] 王逸舟：《中国崛起与国际规则》，《国际经济评论》1998年第2期。

[71] 王勇：《社会治理创新与积极政府作为》，《国家行政学院学报》2017年第1期。

[72] 王玉君、韩冬临：《经济发展、环境污染与公众环保行为——基于中国CGSS2013数据的多层分析》，《中国人民大学学报》2016年第2期。

[73] 温兴祥：《失业、失业风险与农民工家庭消费》，《南开经济研究》2015年第6期。

[74] 吴松林、朱敖荣：《卫生保健市场为什么失灵》，《卫生软

科学》1998年第4期。

[75] 吴蔚:《国际法规则的"邮轮困境"与人类卫生健康共同体建设》,《亚太安全与海洋研究》2020年第4期。

[76] 伍小兰、李晶、王莉莉:《中国老年人口抑郁症状分析》,《人口学刊》2010年第5期。

[77] 熊惠平:《"穷人经济学"的健康权透视:权利的贫困及其治理》,《社会科学研究》2007年第6期。

[78] 薛澜、陈玲:《中国公共政策过程的研究:西方学者的视角及其启示》,《中国行政管理》2005年第7期。

[79] 杨娟、赖德胜、邱牧远:《如何通过教育缓解收入不平等?》,《经济研究》2015年第9期。

[80] 俞可平:《重构社会秩序走向官民共治》,《国家行政学院学报》2012年第4期。

[81] 袁雁飞、王林等:《将健康融入所有政策理论与国际经验》,《中国健康教育》2015年第1期。

[82] 张开宁等:《流动人口生殖健康权利意识及影响因素分析》,《中国公共卫生》2008年第1期。

[83] 张明吉等:《中国全球健康相关非政府组织的发展策略浅析》,《中国卫生政策研究》2016年第11期。

[84] 张全红:《中国多维贫困的动态变化:1991—2011》,《财经研究》2015年第4期。

[85] 赵德余:《政策制定中的价值冲突:来自中国医疗卫生改革的经验》,《管理世界》2008年第10期。

[86] 朱健刚:《国际NGO与中国地方治理创新——以珠三角为例》,《开放时代》2007年第5期。

［87］ 朱俊生、齐瑞宗、庹国柱：《论建立多层次农村医疗保障体系》，《人口与经济》2002年第2期。

［88］ 朱谦：《突发性环境污染事件中的环境信息公开问题研究》，《法律科学(西北政法学院学报)》2007年第3期。

［89］ 朱伟：《人权视角下的健康问题》，《中共中央党校学报》2009年第3期。

［90］ 邹谠：《中国廿世纪政治与西方政治学》，《经济社会体制比较》1986年第4期。

［91］ 邹开军：《公共卫生危机中的伦理学思考》，《医学与哲学》2004年第1期。

【著作】

［1］ 程燎原、王人博：《赢得神圣——权利及其救济通论》，山东人民出版社1993年版。

［2］ 邓海娟：《健康权的国家义务研究》，法律出版社2014年版。

［3］ 胡锦光、韩大元：《当代人权保障制度》，中国政法大学出版社1993年版。

［4］ 晋继勇：《全球公共卫生治理中的国际机制分析》，上海人民出版社2019年版。

［5］ 林志强：《健康权研究》，中国法制出版社2010年版。

［6］ 唐贤兴：《产权、国家与民主》，复旦大学出版社2002年版。

［7］ 唐贤兴：《民主与现代国家的成长》，复旦大学出版社2008年版。

［8］ 王利明：《人格权法研究》，中国人民大学出版社2005

年版。

[9] 王绍光、樊鹏：《中国式共识型决策——"开门"与"磨合"》，中国人民大学出版社2013年版。

[10] 尹口：《健康权及其行政法保护》，中国社会科学出版社2015年版。

[11] [印]阿马蒂亚·森：《以自由看待发展》，任赜、于真译，刘民权、刘柳校，中国人民大学出版社2013年版。

[12] [美]安格斯·迪顿：《逃离不平等——健康、财富及不平等的起源》，崔传刚译，中信出版社2014年版。

[13] [法]邦雅曼·贡斯当：《古代人的自由与现代人的自由》，阎克文等译，上海人民出版社2017年版。

[14] [美]保罗·A.萨巴蒂尔编：《政策过程理论》，彭宗超等译，生活·读书·新知三联书店2004年版。

[15] [美]本杰明·M.弗里德曼：《经济增长的道德意义》，李天有译，中国人民大学出版社2008年版。

[16] [美]彼得·德鲁克：《非营利组织的管理》，吴振阳等译，机械工业出版社2009年版。

[17] [英]弗里德里希·奥古斯特·冯·哈耶克：《通往奴役之路》，王明毅等译，中国社会科学出版社1997年版。

[18] [美]杰克·唐纳利：《普遍人权的理论与实践》，王浦劬等译，中国社会科学出版社，2001年版。

[19] [美]路易斯·亨金：《权利的时代》，信春鹰、吴玉章、李林译，知识出版社1997年版。

[20] [美]罗伯特·阿格拉诺夫、[美]迈克尔·麦圭尔：《协作性公共管理：地方政府新战略》，李玲玲等译，北京大

学出版社 2007 年版。

[21] [英]洛克：《政府论》，叶启芳、瞿菊农译，商务印书馆 2019 年版。

[22] [奥]曼弗雷德·诺瓦克：《国际人权制度导论》，柳华文译，孙世彦校，北京大学出版社 2010 年版。

[23] [印]让·德雷兹、[印]阿玛蒂亚·森：《饥饿与公共行为》，苏雷译，社会科学文献出版社 2006 年版。

[24] [美]史蒂芬·霍尔姆斯、[美]凯斯·R.桑斯坦：《权利的成本——为什么自由依赖于税》，毕竞悦译，北京大学出版社 2004 年版。

[25] [日]星野昭吉：《变动中的世界政治》，刘小林等译，新华出版社 1999 年版。

[26] [古希腊]亚里士多德：《尼各马可伦理学》，廖申白译，商务印书馆 2003 年版。

[27] [美]伊恩·布朗利：《国际公法原理》，曾令良等译，法律出版社 2007 年版。

[28] [英]以赛亚·伯林：《自由论》，胡传胜译，译林出版社 2011 年版。

[29] [美]约翰·金登：《议程、备选方案与公共政策》，丁煌等译，中国人民大学出版社 2004 年版。

[30] [美]约翰·肯尼斯·加尔布雷斯：《美好社会——人类议程》，王中宝等译，江苏人民出版社 2009 年版。

[31] [美]约翰·罗尔斯：《正义论》，何怀宏等译，中国社会科学出版社 1988 年版。

二、英文文献

【论文】

[1] Backman, G. & Hunt, P., et al., "Health Systems and the Right to Health: An Assessment of 194 Countries", *The Lancet*, 2008, 372(9655).

[2] Bakker, S., Berg, M., & Düzenli, D., et al., "Human Rights Impact Assessment in Practice: The Case of the Health Rights of Women Assessment Instrument (HeRWAI)", *Journal of Human Rights Practice*, 2009, 11(3).

[3] Barro, R., "Health and Economic Growth", *Annals of Economics and Finance*, 2013, 14(2).

[4] Beaglehole, R. & Bonita, R., "Global Public Health: A Scorecard", *The Lancet*, 2008, 372(9654).

[5] Burris, S., Lazzarini, Z., & Gostin, L., "Taking Rights Seriously in Health", *Journal of Law, Medicine & Ethics*, 2002, 30(4).

[6] Coneus, K. & Spiess, C., "Pollution Exposure and Child Health: Evidence for Infants and Toddlers in Germany", *Journal of Health Economics*, 2012, 31.

[7] Cook, R., "Gender, Health and Human Rights", in Grodin, M., Tarantola, D., Annas, G., & Gruskin S., eds., *Health and Human Rights in a Changing World*, Routledge, 2013.

[8] Cortell, A. & Davis, J., "The Domestic Impact of International Rules and Norms", *International Studies Quarterly*, 1996, 40(4).

[9] Cortell, A. & Davis, J., "Understanding the Domestic Impact of International Norms", *International Studies Review*, 2000, 2(1).

[10] Crammond, B., "The Instrumental value of human rights in health", in Taket, A., *Health Equity, Social Justice and Human Rights*, Routledge, 2012.

[11] Csete, J., "Missed Opportunities: Human Rights and the Politics of HIV/AIDS", *Development*, 2004, 47(2).

[12] Dolowitz, D. & Marsh, D., "Learning from Abroad: The Role of Policy Transfer in Contemporary Policy-making", *Governance*, 2000, 13(1).

[13] Fidler, D., "To Fight a New Coronavirus: The COVID-19 Pandemic, Political Herd Immunity, and Global Health Jurisprudence", *Chinese Journal of International Law*, 2020, 19(2).

[14] Gloppen, S., "Litigation as a Strategy to Hold Governments Accountable for Implementing the Right to Health", *Health and Human Rights*, 2008, 10(2).

[15] Goldsmith, A., Veum, J., & Darity, W. Jr., "The Psychological Impact of Unemployment and Joblessness", *Journal of Socio-Economics*, 1996, 25.

[16] Goodman, T., "Is There a Rights to Health?", *Journal of Medicine and Philosophy*, 2005, 30(6).

[17] Gostin, L., "Health of People: The Highest Law?", *The Journal of Law, Medicine & Ethics*, 2004, 32(3).

[18] Grossman, M., "On the Concept of Health Capital and the Demand for Health", *Journal of Political Economy*, 1972, 80(2).

[19] Gruskin, S., "Approaches to Sexual and Reproductive Health and HIV Policies and Programs: Synergies and Disconnects", in Reichenbach, L. & Roseman, M., eds., *Reproductive Health and Human Rights: The Way Forward*, University of Pennsylvania Press, 2009.

[20] Gruskin, S., Ferguson, L., & Bogecho, D., "Beyond the Numbers: Using Rights-based Perspectives to Enhance Antiretroviral Treatment Scale-up", *AIDS*, 2007, 21(5).

[21] Gruskin, S. & Tarantola, D., "Health and Human Rights", in Gruskin, S., Grodin, M., Marks, S., & Annas, G., eds., *Perspectives on Health and Human Rights*, Routledge, 2005.

[22] Hein, W. & Kohlmorgen, L., "Global Health Governance", *Global Social Policy*, 2008, 8(1).

[23] Hogerzeil, H. & Samson, M., et al., "Is Access to Essential Medicines as Part of the Fulfilment of the Right to Health Enforceable through the Courts?",

The Lancet, 2006, 368(9532).

[24] Katzenstein, P., "International Relations and Domestic Structures", *International Organization*, 1976, 30.

[25] Kent, A., "China's International Socializations: The Role of International Organizations", *Global Governance*, 2002, 8.

[26] Kinney, E. & Clark, B., "Provisions for Health and Health Care in the Constitutions of the Countries of the World", *Cornell International Law Journal*, 2004, 37(2).

[27] Langer, A. & Meleis, A., et al., "Women and Health: The Key for Sustainable Development", *The Lancet*, 2015, 386(9999).

[28] Mann, J., Gostin, L., & Gruskin, S., et al., "Health and Human Rights", *Health and Human Rights*, 1994, 1(1).

[29] Marmor, T., Freeman, R., & Okma, K., "Comparative Perspectives and Policy Learning in the World of Health Care", *Journal of Comparative Policy Analysis*, 2005, 7(4).

[30] Menon-Johansson, A., "Good Governance and Good Health", *BMC International Health and Human Rights*, 2005, 5(4).

[31] O'Toole, L., "Treating Network Seriously: Practical and Research-based Agendas in Public Administration",

Public Administration Review, 1997, 57(1).

[32] Perkin, F., "A Rights-based Approach to Accessing Health Determinants", *Global Health Promotion*, 2009, 16(1).

[33] Perri 6, "Joined-up Government in the Western World in Comparative Perspective", *Journal of Public Administration Research and Theory*, 2004, 14(1).

[34] Powell, W., "Neither Market Nor Hierarchy: Network Forms of Organization", in Staw, B. & Cummings, L., eds., *Research in Organizational Behavior*, JAI Press, 1990.

[35] Reichenbach, L., "The Global Reproductive Health and Rights Agenda: Opportunities and Challenges for the Future", in Reichenbach, L. & Roseman, M., eds., *Reproductive Health and Human Rights: The Way Forward*, University of Pennsylvania Press, 2009.

[36] Shang, X., "Looking for a Better Way to Care for Children: Cooperation between the State and Civil Society in China", *Social Service Review*, 2002, 76(2).

[37] Stone, C., "Urban Regimes and the Capacity to Govern", *Journal of Urban Affairs*, 1993, 15(1).

[38] The Lancet, "Who Runs Global Health?", *The Lancet*, 2009, 373 (9681).

[39] The Lancet, "What Can Be Learned from China's Health System", *The Lancet*, 2012, 379(9818).

[40] Toebes, B., "Toward an Improved Understanding of the International Human Right to Health", *Human Rights Quarterly*, 1999, 21(3).

[41] Tsang, S., "Consultative Leninism: China's New Political Framework", *Journal of Contemporary China*, 2009, 18(62).

[42] Wright, E., "Working-Class Power, Capitalist-Class Interest and Class Compromise", *American Journal of Sociology*, 2000, 105(4).

【著作】

[1] Alter, C. & Hage, J., *Organizations Working Together*, Sage, 1993.

[2] Blas, E., Sommerfeld, J., & Kurup, A., eds., *Social Determinants Approaches to Public Health: From Concept to Practice*, WHO, 2011.

[3] Dittmer, L. & Liu, G., eds., *China's Deep Reform: Domestic Politics in Transition*, Rowman & Littlefield Publishers, 2006.

[4] Dreze, J. & Sen, A., *India: Economic Development and Social Opportunity*, Oxford University Press, 1995.

[5] Economy, E. & Oksenberg, M., eds., *China Joins the World: Progress and Prospect*, Council on Foreign Relations Press, 1999.

[6] Forsythe, D., *Human Rights in International Relations*, Cambridge University Press, 2012.

[7] Gillies, A., *What Makes a Good Healthcare System?: Comparisons, Values, Drivers*, Radcliffe Medical Press Ltd., 2003.

[8] Gostin, L. & Lazzarini, Z., *Human Rights and Public Health in the AIDS Pandemic*, Oxford University Press, 1997.

[9] Jones, C., *Global Justice: Defending Cosmopolitanism*, Oxford University Press, 1999.

[10] Jonsson, U., *Human Rights Approach to Development Programming*, UNICEF, 2003.

[11] Kanter, R., *Thriving Locally in the Global Economy*, Simon & Schuster, 1995.

[12] Kettle, D., *Sharing Power: Public Governance and Private Markets*, Brookings Institution Press, 1993.

[13] Lasswell, H., *A Preview of Policy Science*, American Elsevier, 1971.

[14] Macdonald, T., *The Global Human Right to Health: Dream or Possibility?*, Radcliffe Publishing, 2007.

[15] Mann, J. & Gruskin, S., *Health and Human Rights: A Reader*, Routledge, 1999.

[16] Meier, B. & Gostin, L., *Human Rights in Global Health: Rights-based Governance for a Globalizing World*, Oxford University Press, 2018.

[17] Rosner, D. & Markowitz, G., *Deadly Dust: Silicosis and the On-going Struggle to Protect Workers' Health*,

University of Michigan Press, 2006.

[18] Taket, A., *Health Equity, Social Justice and Human Rights*, Routledge, 2012.

[19] Wong, C., Lo, V., & Tang, K., *China's Urban Health Care Reform: From State Protection to Individual Responsibility*, Lexington Books, 2006.

[20] Zweig, D., *Internationalizing China: Domestic Interests and Global Linkages*, Cornell University Press, 2002.

后 记

2020年起全球新型冠状病毒肺炎疫情持续蔓延，时至今日仍严重威胁着多国民众的生命安全，在这场人类必须共同应对的巨大危机下，没有一个人或国家可以独善其身，健康(权利)及其治理成为世界级的焦点议题。中国政府和社会各界的多元行为体在抗击疫情过程中付出了艰辛的努力，积累了大量宝贵经验，努力推动构建人类卫生健康共同体。作为公共政策、人权和健康治理交叉领域的一名研究者，也作为公共管理话语体系本土化建构的参与者，我从未有过像今天这样强烈的紧迫感和使命感。

2018年，我完成的博士学位论文在激烈的竞争中入选"复旦博学文库"，这使我深感荣幸，本书正是在我的博士学位论文的基础上修改而成的。三年来，中国在优化健康治理和增进健康权利方面涌现出新的政策实践与协同经验，本书尽可能地对相关部分进行了资料更新与内容迭代，也适当地进行了一些结构上的调整。

毫无疑问，我的研究受惠于学术界前辈的教诲、指导和点拨，也受益于学术同仁和朋友的帮助、支持与鼓舞。

首先感谢我的导师唐贤兴教授。他治学严谨、思路开阔、才华横溢、诲人不倦,指引我在学术道路上脚踏实地地大胆前行,悉心培养我独立开展科研工作的能力。在我遇到困难的时候,总是耐心帮助分析形势,引导我找出问题的关键,并做出最优解。在本书修改过程中,他提出了高屋建瓴的建议,给书稿增添了不可或缺的靓丽色彩。更难能可贵的是,唐老师对学术和生活的无限热情与精益求精,促使我也不断追求专业素养、学术情怀和生活乐趣的相得益彰。

母校复旦大学的无穷力量一直滋养着我。感谢母院国际关系与公共事务学院竺乾威教授、朱春奎教授、顾丽梅教授、李春成教授、唐莉教授在书稿写作中给予的宝贵意见和帮助。感谢唐亚林教授、陈明明教授、苟燕楠教授、郭定平教授、黄崑教授用心地传道授业解惑。感谢陈志敏教授、苏长和教授、刘季平书记、陈周旺教授、黄河教授、扶松茂副教授、蒋昌建副教授、熊易寒教授、李辉教授、张建新教授、李瑞昌教授在我求学和写作期间给予的温暖帮助与勉励。感谢包刚升教授、张骥研究员、陈水生教授、张平副教授、赵剑治副教授、黄以天副教授、秦倩副教授一直以来如亲人般的关怀与爱护。感谢方明老师、樊智强老师、钟惟东老师在学习生活中给予的坚强支持。感谢研究生院、党委宣传部和复旦大学出版社的老师们为"复旦博学文库"的辛勤付出,感谢各位遴选专家的肯定,感谢学校的全方位培养。

国家公派联合培养的经历坚定了我开展跨学科研究的信心和决心。感谢我在纽约城市大学期间的合作导师陈斌教授,他带领我深入了解了美国公共管理领域的相关研究与实践,并给予持续的鼓励和支持。感谢复旦大学母院敬义嘉教授和刘晔副教授对我赴美期间科研发展的无私指教和大力帮助。感谢纽约

后 记

城市大学巴鲁克学院 David Birdsell、Sanders Korenman、Karl Kronebusch 教授在课堂内外的精彩观点与坦诚交流。同时，感谢纽约哥伦比亚大学 Yasmine Ergas 教授、魏尚进教授、吕晓波教授、王能教授，感谢时任联合国妇女署副执行主任 Lakshmi Puri 女士，与他们的交流拓宽了我的视野。感谢我的发小——纽约州立大学石溪分校陈超副教授和谷歌纽约总部工程师张希博士夫妇的倾情相助。

感谢复旦大学法学院张梓太教授、复旦大学人权研究中心副主任陆志安副教授、复旦大学管理学院苏勇教授和胡君辰教授、上海临床研究中心朱畴文教授分别从法学、管理学和公共卫生学视角给予的宝贵建议。感谢上海社会科学院吴泽林博士、华东理工大学刘伟博士、浙江理工大学堵琴囡博士、华东政法大学刘乐明博士和华东师范大学马华灵副教授在我写作过程中给予的无私帮助。

还要感谢国务院发展研究中心李志军研究员，厦门大学陈振明教授，中国人民大学何艳玲教授、杨宏山教授和张伟教授，清华大学申卫星教授和王亚华教授，武汉大学张万洪教授，南开大学常健教授，华东政法大学张明军教授，国防大学高民政教授，复旦大学泛海国际金融学院李清娟研究员，俄亥俄州立大学易洪涛副教授，上海外国语大学汤蓓副研究员，上海交通大学朱德米教授、刘宏松教授和赵小平副教授在交流中给予的指点和鼓励。感谢上海理工大学李好好教授和田发教授、西北师范大学曹进教授和陈开军副教授的持续鞭策。感谢广东财经大学袁立超博士、中国海洋大学毛万磊博士、上海外国语大学王凯博士、南开大学贾卓威博士，以及诸位学友和同门姐妹兄弟始终如一的暖心鼓舞。

特别感谢上海对外经贸大学法学院张庆麟教授、饶云燕书记、邵德兴教授及各位领导和同事对我科研与教学等各项工作的关心和帮助。感谢学校的培养与关爱，感谢各职能部门的领导和老师给予的可贵支持。同时也感谢我可爱的学生对我的充分信任，让我们持续教学相长。

本书付梓之际，尤其要感谢本书的责任编辑孙程姣女士。孙老师既认真通读了全书，非常细致且专业地提出了文稿中存在的偏误，又竭尽全力统筹各项事宜，以高效推进本书的顺利出版。当然，本书出版后若仍存在一些谬误，应由我本人负责。

要感谢的人太多，难免挂一漏万。衷心感谢所有爱我、帮助我、支持我的亲爱的人们，人生路上有你们相伴是我莫大的荣幸与财富。

最后，深深感恩我的母亲父亲对我的养育、呵护与无限支持。旦复旦兮，日月光华。愿人民康健、祖国昌盛、世界和平！

马　婷

2021年6月1日

图书在版编目(CIP)数据

健康权利、健康照护与公共政策:中国的家庭与经验/弓箫箫著. —上海:
复旦大学出版社,2021.9
ISBN 978-7-309-15644-7

Ⅰ.①健… Ⅱ.①弓… Ⅲ.①妇幼保健-中国 Ⅳ.①D621.5

中国版本图书馆 CIP 数据核字(2021)第 080967 号

健康权利、健康照护与公共政策:中国的家庭与经验
JIANKANG QUANLI、JIANKANG ZHIHU YU GONGGONG ZHENGCE: ZHONGGUO DE
SHIJIAN YU JINGYAN
弓箫箫 著
责任编辑/孙程姣

复旦大学出版社有限公司出版发行
上海市国权路 579 号 邮编:200433
网址: fupnet@ fudanpress. com http://www.fudanpress. com
门市零售:86-21-65102580 团体订购:86-21-65104505
出版部电话:86-21-65642845
上海崇明裕安印刷厂

开本 890×1240 1/32 印张 9.625 字数 208 千
2021 年 9 月第 1 版第 1 次印刷

ISBN 978-7-309-15644-7/D·1087
定价:49.00 元

如有印装质量问题,请向复旦大学出版社有限公司出版部调换。
版权所有 侵权必究